CSONTVÁRY 170

BUDAPEST–PÉCS

CSONTVÁRY 170

Emlékkiállítás
a Magyar Nemzeti Galéria
és a pécsi Janus Pannonius
Múzeum gyűjteményéből

Commemorative Exhibition
from the Collections
of the Hungarian National Gallery
and the Janus Pannonius Museum
in Pécs

SZÉPMŰVÉSZETI MÚZEUM, BUDAPEST | MUSEUM OF FINE ARTS BUDAPEST

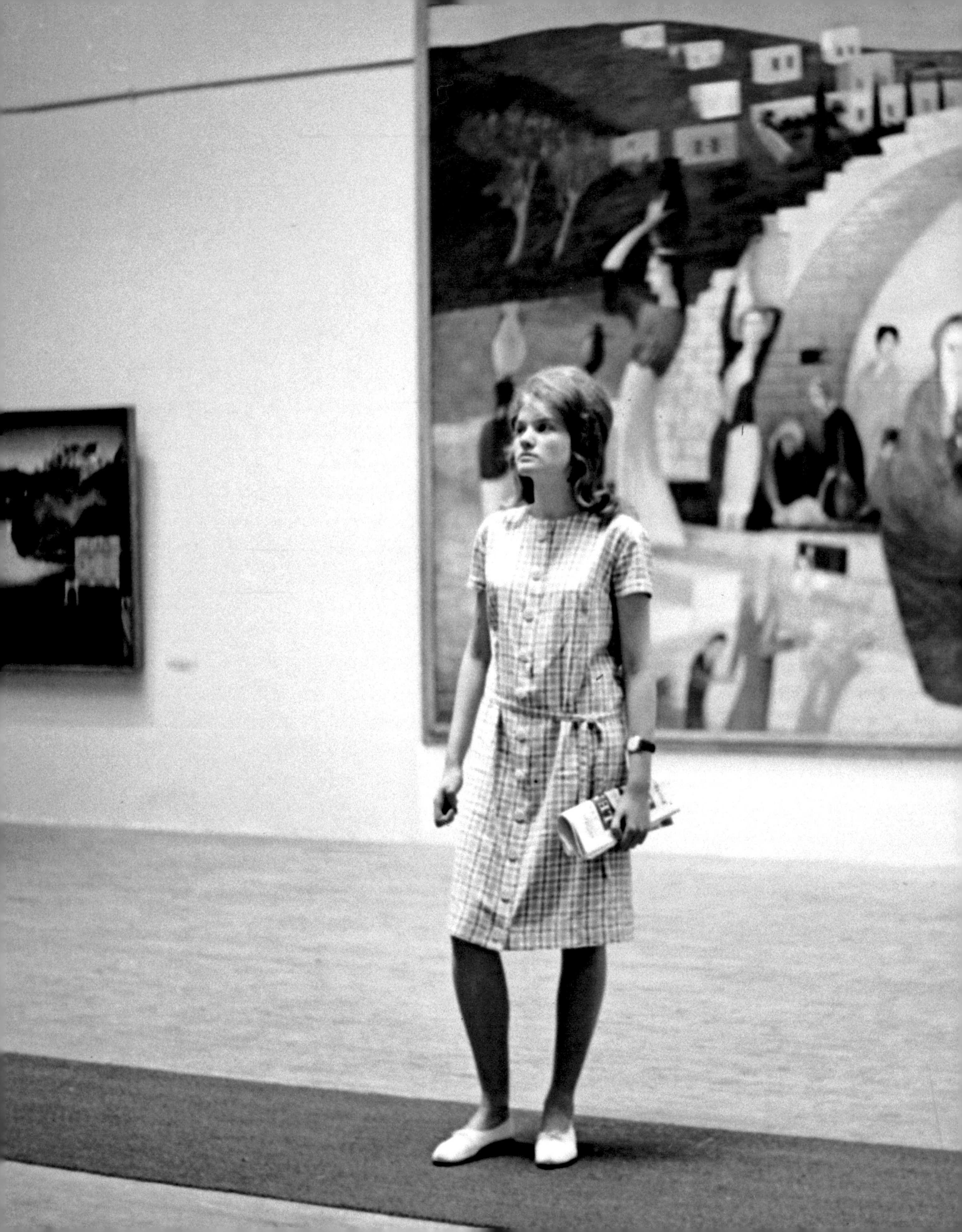

TARTALOM | CONTENTS

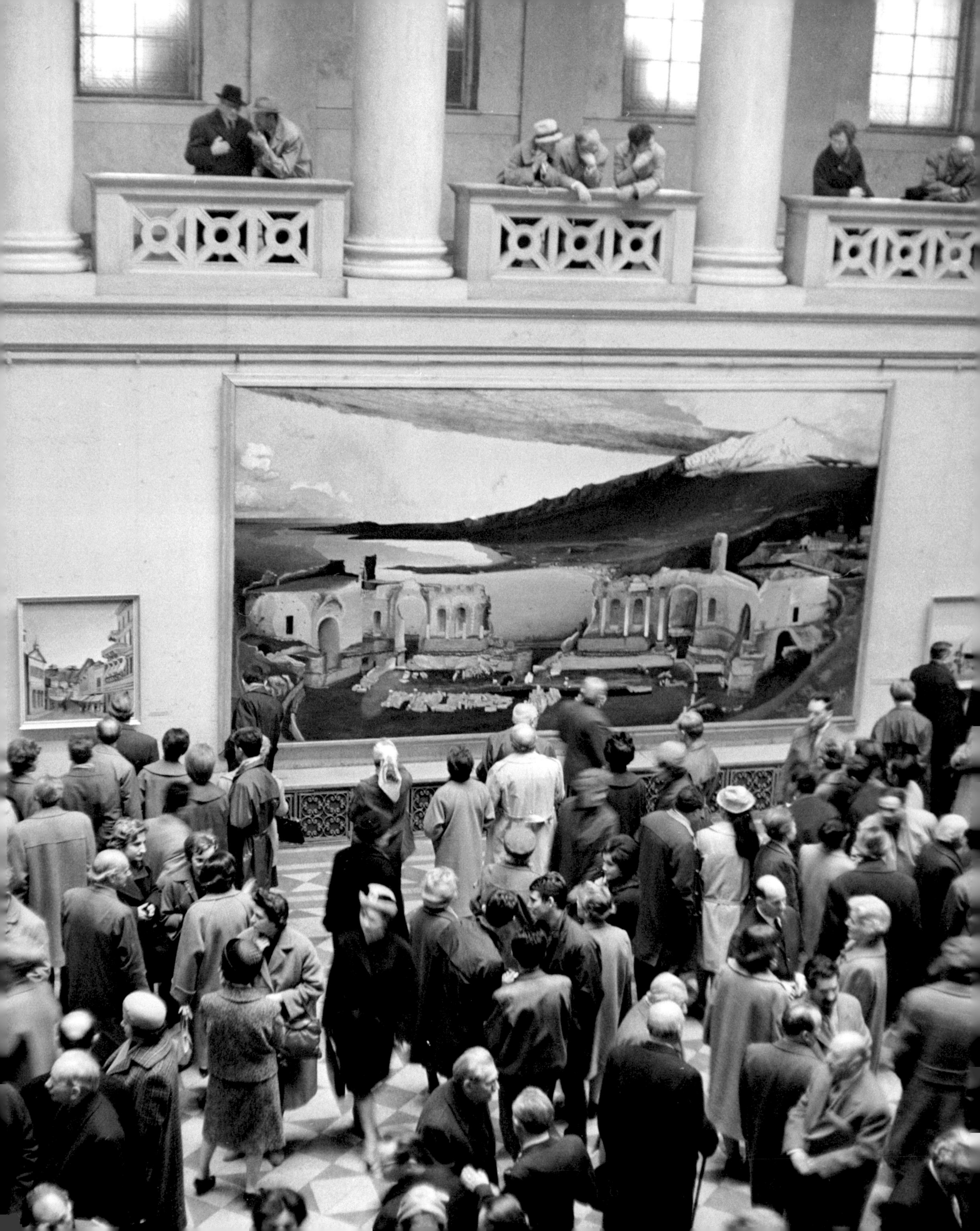

ELŐSZÓ

Hatvan évvel ezelőtt, 1963 őszén kígyózó sorok álltak a Szépművészeti Múzeum előtt. Mindenki Csontváryt akarta látni. Alig zárt be az életmű-kiállítás Székesfehérváron, Budapesten új erőre kapott mindaz, amit azóta is úgy nevezünk, hogy Csontváry-kultusz. A kultusz alapját Fülep Lajos, az akkor már közel nyolcvanesztendős neves művészettörténész professzor vetette meg szokatlanul erős megállapításaival, amelyek szerint Csontváry művei „a művészet egész történetének [...] máig legmagasabb csúcsaival vannak egy magasságban, s aki alkotta őket, nemcsak nagy nemzeti, vagy századi, hanem világtörténeti jelenség", és a világnak előbb-utóbb meg kell tanulnia, s meg is fogja tanulni, hogy ki is a magyarok zseniális Csontváryja.

Természetesen a mai közönség már többet tud Csontváryról, mint a hatvan évvel ezelőtti látogatók. Ismerjük a róla szóló monográfiákat, olvassuk a képeinek misztikus értelmezéséről szóló tanulmányokat, s akár józan rációval, akár a kultusz táplálta szenvedéllyel közeledünk műveihez, a végén mindig oda jutunk, hogy Csontváry páratlan jelenség művészetünk történetében. Stílustörténetileg nem besorolható, művészi célkitűzései tekintetében mindenki másnál eredetibb és autonómabb személyiség. Talán az életpályája az, amiben nem áll egyedül a magyarok között: tanulás, szorgalom, tehetség, megfeszített munka, a meg nem értettség, az egyre nagyobbra növő profetikus elhivatottság, végül az elszegényedés, s a halála után évtizedekkel kezdődő rajongó csodálat a művészete iránt. Ez az, amiben sokan tipikus magyar sorsnak látják az övét, és Fülep Lajos ércesen zengő szavaiban is él a vágy, hogy a sok kudarc után a világ ismerje el végre ennek a magyar művésznek és vele együtt a magyar művészetnek is a nagyságát.

Csontváry művészetét ezért is szeretjük, mert nemzeti sorsunk oly sok árnyalata tükröződik benne, a „megbűnhődte már e nép"-től a „hozz rá víg esztendőt"-ig. Amikor most, hatvan

"

év után újra itt, a Szépművészeti Múzeum falai között mutatjuk be ezt a nagyszerű életművet, tudjuk, hogy újra itt lesz mindenki – a vallásos rajongóktól a rideg kritikusokig, a távolságtartó szemlélőktől a lelkes csodálókig. S lesznek sokan olyanok is, az ifjabb generációktól a külföldi látogatókig, akik először találkoznak személyesen Csontváry műveivel. 2023 tavaszán mindannyiukhoz szeretnénk szólni. A Szépművészeti Múzeum impozáns kiállítótermei méltó helyszínt biztosítanak a Csontváry-életmű grandiozitásának – reményeink szerint az érzékelés és értelmezés minden szintjén maradandó élményt nyújtva látogatóinknak.

BAÁN LÁSZLÓ
a Szépművészeti Múzeum főigazgatója

DIRECTOR'S FOREWORD

Sixty years ago, in the autumn of 1963, lines of people snaked before the Museum of Fine Arts, Budapest. Everyone wanted to see Csontváry. His retrospective in Székesfehérvár had only just closed, when the so-called Csontváry cult was given fresh vigour in Budapest. The basis of the cult was derived from the renowned art history professor, Lajos Fülep, by then in his eighties, and his unusually forceful statement, according to which Csontváry's works "... are on a par with the highest peaks of the whole history of art, and who created them is not only a great national- or twentieth-century phenomenon, but a world historical one", and the world must learn, sooner or later, and will learn, who the Hungarian genius Csontváry is.

Obviously, today's audience know more about Csontváry than visitors sixty years ago. We know about monographs on him, we have read the mystical interpretations of his paintings, and we approach his works with either sober rationalism or with a passion fuelled by the cult, but we always end up concluding that Csontváry is an unparalleled phenomenon in our art history. He cannot be categorised stylistically; in regards to his artistic ambitions, he is more original and more autonomous than anyone else. Perhaps his career is the only thing in which he does not stand alone among Hungarians: study, diligence, talent, hard work, being misunderstood, the ever growing prophetic vocation, finally poverty and the admiration of his art that began decades after his death. That is what many see as a typical Hungarian fate, and Lajos Fülep's poignantly resounding words also express the desire that, after all the failures, the world should finally recognise this Hungarian artist and the greatness of Hungarian art along with it.

That is one reason we love Csontváry's art because so many shades of our national fate is reflected in it, in so many ways, from "Atoning sorrow hath weighed down sins of past and future days" to "Bring him happy times and ways". Now, when we present this great oeuvre again within the Museum of Fine Arts's walls after sixty years, we know that everyone will be here again – from religious devotees to harsh critics, from distant observers to enthusiastic fans. And there will be those from younger generations and foreign visitors, who will be encountering Csontváry's work for this first time. In the spring of 2023 we would like to address all of them. The Museum of Fine Arts's imposing halls will provide a worthy venue for the grandiosity of Csontváry's work – hopefully offering visitors a lasting experience on all levels of perception and interpretation.

LÁSZLÓ BAÁN General Director
Museum of Fine Arts, Budapest

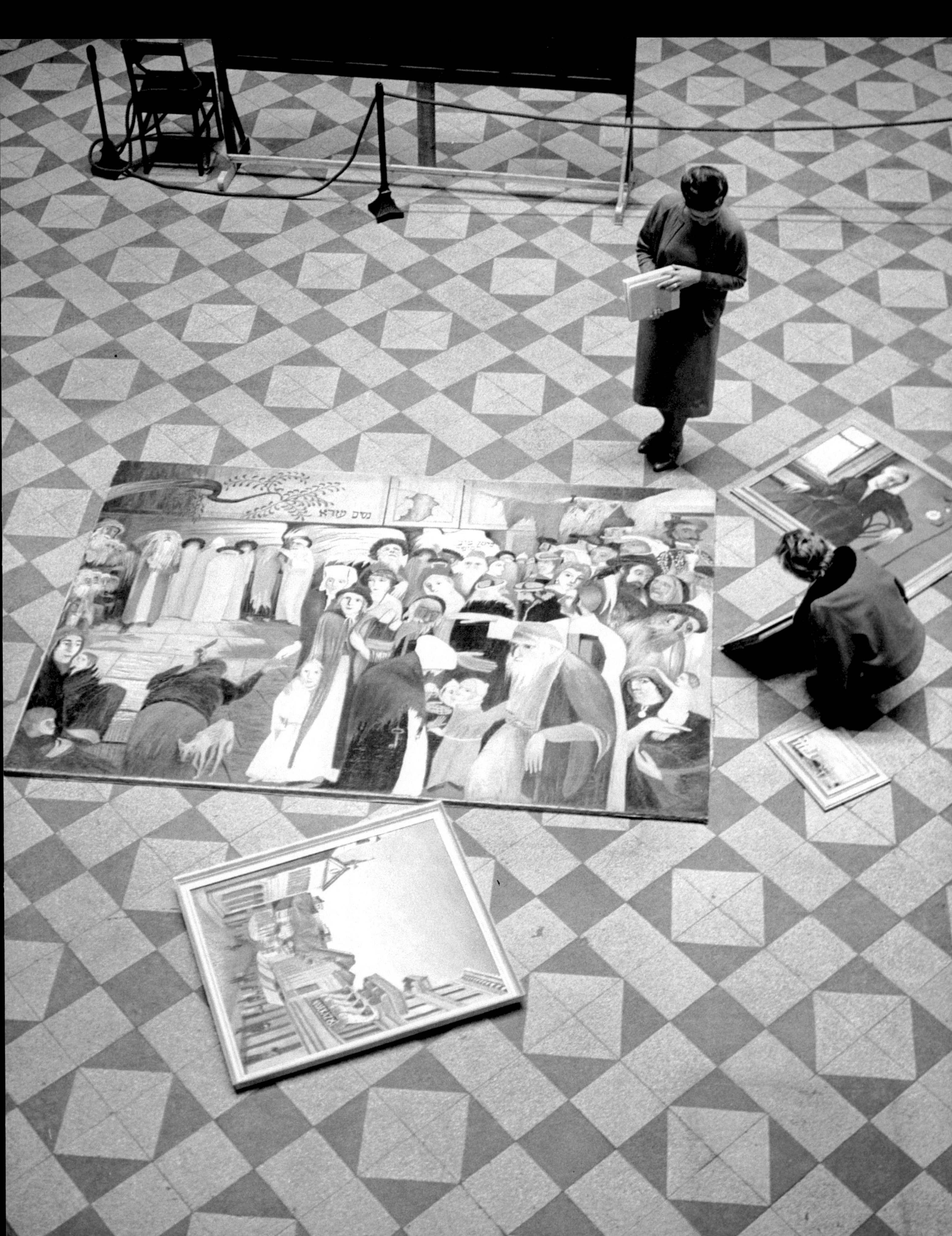

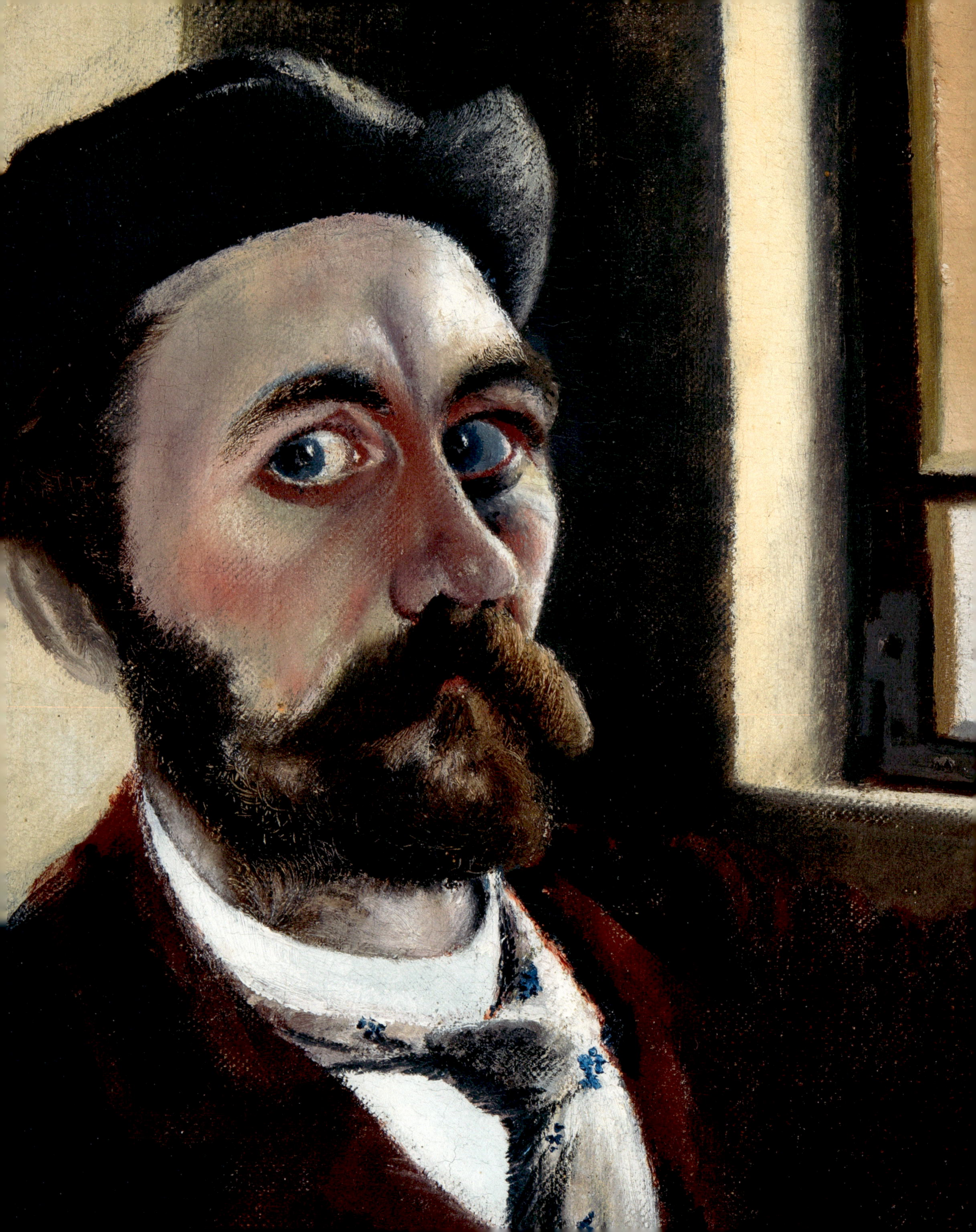

BELLÁK GÁBOR

CSONTVÁRY, „AKI EREDETI VOLT MINDENÜTT ÉS MINDENBEN"

Százhetven éve született Kosztka Mihály Tivadar, aki valamikor 1900 körül vette föl a Csontváry nevet. 1900 novemberében már Csontváry néven mutatta be első tájképét a Nemzeti Szalon téli kiállításán. Egy 1853-ban született magyar festő a 19. század nagy romantikusaihoz képest túl fiatal, a századforduló modernista újítóihoz képest túl öreg. Vagy ahogyan Romváry Ferenc írta egy tanulmányában: „A konzervatívok túl modernnek, a modernek túl konzervatívnak tartották."[1] Ezt a generációs frusztrációt Csontváry zseniálisan úszta meg: viszonylag későn kezdte művészi pályafutását, nagyjából a nála húsz évvel fiatalabbakkal egy időben. Ez persze nem mentette meg attól, hogy művészete a kortársak, sőt még a közelebbi utókor szemében is nevetségesnek, dilettánsnak tűnjön. Ám épp ez a késői kezdés mutatja meg azt is, hogy a nagy művészetnek, a jó művészetnek mennyire nincsen ideje. Van kora, vannak korra jellemző sajátosságai, de érvényessége, üzenete, tartalma, mondanivalója örök, vagy más szóval: a nagy művészetnek mindig van jelene.

MIÉRT LETT FESTŐ?

Csontváry életpályájának legtalányosabb része, hogy ez a Sáros megyei fiatalember, a cseh eredetű postupicei Kostkák és az Ung vármegyei daróci Hajczelmajerek leszármazottja, ez a jogot és orvostudományt is tanult okleveles iglói gyógyszerész, miért érezte úgy huszonhét éves korában, hogy festőművésszé kell válnia? Mi történhetett vele, hogy 1880. november 30-án tollat ragadott, és levelet írt Keleti Gusztávnak, a Magyar Királyi Országos Mintarajztanoda és Rajztanárképezde igazgatójának? Levelében így ír: „...azon eszme, hogy én rajzoláshoz kezdék, pusztán a véletlenségen alapszik..."[2] 1880-ban még ezzel magyarázta, hogy miért is kezdett bele a rajzolás és festés tanulmányozásába. Az 1910-es években írt nagy önéletrajzában már mély, misztikus elhívatás-élményről számolt be. Ez az a bizonyos mozzanat a Csontváry-életrajzban, amely a Csontváry-legenda egyik legmegfejthetetlenebb és legváltozatosabban interpretált eleme:

„Hajnalban nap-nap után a lángoló Kárpátokat figyelem s egy délután csendesen bubiskoló tinós szekeren megakadt a szemem. Egy kifejezhetetlen mozdulat kezembe adja a rajzónt s egy vénypapírra kezdem rajzolni a motívumot. A principálisom nesztelenül hátul sompolyog, a rajz elkészültével a vállamra ütött. »Mit csinál: hisz maga festőnek született«. Meglepődve álltunk, egymásra néztünk s csak ekkor tudtam és eszméltem, amikor magam is az eredményt láttam, hogy valami különös eset történt, amely kifejezhetetlen boldog érzésben nyilvánult meg. A rajzot oldalzsebbe tettem s e perctől fogva a világ legboldogabb embere lettem. Principálisom távoztával kiléptem az utcára, a rajzot elővettem tanulmányozásra: s ahogy a rajzban gyönyörködöm, egy háromszögletű kis fekete magot pillantok meg balkezemben, mely figyelmemet lekötötte. E lekötöttségben fejem fölött hátulról hallom: »Te leszel a világ legnagyobb napút festője, nagyobb Raffaelnél.« A legnagyobb szó után a következő szót nem értettem meg, kértem az ismétlését, de ez nem ismétlődött meg.

A kinyilatkoztatás az egy szón kívül értelmes magyar nyelven szólott; rendkívül komoly hangsúlyozással, mely arról győzött meg, hogy bizonyos magasabb hatalommal, avagy akaraterővel állok összeköttetésben, talán a világteremtő hatalommal, azzal a pozitívummal, amit mi sorsnak, láthatatlan mesternek, talán Istennek nevezünk, avagy a természet erejének véljük, ami egyre megy, mert tisztában voltam azzal, hogy elképzelhetetlen és kifejezhetetlen felelősség hárul reám, amikor egy olyan helyre jelölt ki a sors, amelyre én magamat késznek, gyakorlottnak nem találtam."[3]

Érdekes módon mindvégig elkerülte a Csontváry-kutatók figyelmét az a mozzanat, hogy valójában mi is okozott határtalan boldogságot a fiatal iglói patikusnak. Mitől érezte a világ legboldogabb emberének magát, akkor, ott, 1880. október 14-én? Nem az égi szózattól, hanem principálisa dicséretétől: „maga festőnek született". Ezután a principális magára hagyta, s Tivadar ismét a rajzát nézegette. Csak ezután szólalt meg az a bizonyos égi hang: „Te leszel a világ legnagyobb napút festője, nagyobb Raffaelnél! [...] A kinyilatkoztatás [...] értelmes magyar nyelven szólott; rendkívül komoly hangsúlyozással..."

Gerlóczy Gedeon építészmérnök, aki 1919 végén a Csontváry-hagyatékot megvásárolta, unokatestvére révén rokonságban állt a Kosztka családdal. Közismert és számtalan helyen publikált visszaemlékezése a hagyaték megvásárlásáról 1976-ban jelent meg először. Ez az erősen rövidített, kissé stilizált írás magán viseli az 1970-es évekre már tetőző Csontváry-kultusz jegyeit. Ő akkor már egy „nagy művész"-szel való találkozásként írja le a festő képeivel történő megismerkedését, s ez érthető is. Nemcsak visszaemlékezést olvasunk, hanem bizonyítékot is arra, hogy ő volt az, akinek Csontváry életművét meg kellett mentenie.[4] Gerlóczy szerencsére sokkal több mindent feljegyzett hosszú élete során, mint amennyit végül Csontváryval kapcsolatban publikált. Kéziratos jegyzeteinek legérdekesebb része az a kevéssé ismert Csontváry-életrajz, amit az alábbi címmel látott el: *Csontváry naplójából, hozzátartozóinak és ismerőseinek emlékezetéből összeállítva.*[5] Az életrajz 1869-ben kezdődött, amikor a tizenhat éves Tivadart édesapja Eperjesre vitte kereskedősegédnek Werther János üzletébe. Itt töltött el három boldog évet, itt került szinte testvéri kapcsolatba a nála négy évvel fiatalabb Werther Juliskával. Ez a Juliska hívta meg 1873-ban, hogy édesapjával, János bácsival együtt utazzanak el Bécsbe, s nézzék meg a világkiállítást. Ott találkoztak Munkácsy Mihály festményeivel is, s ez mindkét fiatalra nagy hatást gyakorolt. Gerlóczy életrajzi feljegyzése szerint Kosztka Tivadar ekkor már bevallotta Júliának, hogy ő is szeretne híres festő lenni. Amikor Csontváry 1879-ben a szegedi árvízi mentés közben szerzett betegségéből próbált felépülni, Juliska volt az, aki nagybácsija iglói patikáját ajánlotta Tivadarnak. Így került fiatal patikusként Iglóra dolgozni és gyógyulni. Júlia édesapjával együtt ott is meglátogatta. Wertherék szerették Tivadart, nem bánták volna, ha Júlia és Tivadar összekötik az életüket.

1880-ban tehát élt Iglón egy közel harmincéves ember, akit évekkel azelőtt Munkácsy festészete annyira megigézett Bécsben, hogy titkos vágyaiban ő is festő szeretett volna lenni. Időközben gyógyszerészi oklevelet szerzett, katonai szolgálatot teljesített, árvízi mentésben vett részt, s gyermekkori lánybarátja javaslatára Iglóra költözött. Iglón a lány és az apja a jövőbeli terveiről érdeklődtek, a lánynak ugyanis komoly kérője volt Eperjesen, de régi barátságuk okán úgy érezte, Tivadar szándékait is tudnia kell, hogy lelkiismeretesen dönthessen a házasság kérdésében. Tivadar azonban kijelentette, hogy nem akar sem gyógyszerész, sem kereskedő lenni. Neki nagyobb lélegzetű tervei vannak az emberiség jobbítására, csak nem tudja, hogyan fogjon hozzá a megvalósításukhoz. A lány pedig belátta, hogy Tivadar a polgári, családi életre alkalmatlan. Szeretettel, barátsággal váltak el, sőt később Csontváry egyik első festményét éppen Júliának küldte el ajándékba. Kosztka Tivadar tehát ott állt közel harmincévesen és még nem igazán tudta, hogy mit csináljon. Az 1870-es években is belekapott mindenbe. Tanult jogot, orvostudományt, gyógyszerészetet, s foglalkozott rengeteg mással is. Kellett egy döntő mozzanat, ami kibillentette erről a holtpontról.

És eljött a nap, 1880. október 14. Gerlóczy Gedeon is Csontváry önéletrajza alapján írja le, hogy hogyan is készült az a bizonyos első rajz a szekér elé fogott bóbiskoló tinókkal. Majd Gerlóczy így folytatja: „A rajzot oldalzsebébe tette, a kertbe siet és a rajzban gyönyörködött. A jó nagybácsi a padlásra siet és elváltoztatott hangon lekiált Tivadarnak: »Te leszel a világ legnagyobb festője, nagyobb Raffaelnél!« [...] Tivadar körülnéz. Senkit sem lát, mélyen megdöbben. Tehát döntöttek sorsa felett..." – Teljesen nyilvánvaló, hogy mind a nagybácsi, mind Júlia jót akartak Tivadarnak. Segíteni akartak neki, hogy végre döntsön. Egy csel volt mindez, de mégis elég ahhoz, hogy a fiatalemberben elindítson valamit, s attól kezdve, mint egy iránytű, ez vezérelje minden lépését. Mindegy is, hogy hallucináció volt-e, egy valódi égi hang, vagy Júlia bácsikájának „értelmes magyar nyelven szólott; rendkívül komoly hangsúlyozással" lekiáltott „kinyilatkoztatása". Kosztka Mihály Tivadar sorsa megpecsételődött, mert olyat hallott, amit hallani akart, s ami szíve vágyát paranccsá alakította.

Csontváry eleinte nem beszélt erről a kinyilatkoztatásról. 1908-as rövid önéletrajzában sem említette. A festőművészi pálya tudatos program szerinti megtervezése, a mindennél erősebb belső motiváció, a Keleti Gusztávnak még azokban a hetekben elküldött levelek világosan bizonyítják, hogy Csontváry attól kezdve csak ezért a célért élt. Tanulni akart, felkészülni a művészi pályára, megnézni Raffaello alkotásait, megismerni Munkácsyt, beutazni a világot és megteremteni a mindent felülmúló festményeket.

AZ ELSŐ TIZENÖT ÉV, 1880–1894

Az októberi sorsdöntő nap után Csontváry első nagy útja Rómába vezetett 1881 tavaszán. Utazásának egész pontos célja az volt, hogy megismerje azt a Raffaellót, akit az elhívatása szerint túl kell szárnyalnia. Vatikáni látogatása azonban arról győzte meg, hogy az élet, a természet, amit ő maga olyan intenzíven kutatott és ismert, hiányzik mind Raffaello, mind a régi mesterek alkotásaiból. Húsz évet adott magának a felkészülésre, majd azután a mindent túlszárnyaló festmények megalkotására.

Az 1880-as évek Csontváry számára a nagy művészi feladatra való anyagi felkészülés esztendei voltak. 1882 tavaszán Eszékről Budapestre sietett, hogy Munkácsy Mihály alkotását, a *Krisztus Pilátus előtt* című hatalmas képet megtekintse. Ezek után szerette volna meglátogatni a nagy festőt Párizsban, oda is utazott, de Munkácsyval nem volt alkalma találkozni. Ekkoriban jutott tudomására az a lehetőség, hogy belügyminiszteri engedéllyel gyógyszertárat nyithatna. Az 1884. októberi engedélyezés után a Vörös Kereszthez címzett gácsi gyógyszertára már december 10-én megnyílt, s Csontváry attól kezdve aktívan kivette részét a helyi közéletből, de alkoholmérés miatt peres ügyei is voltak a terület birtokosával, gróf Forgách Antalnéval.

Csontváry a kiállítási katalógusaiban mindig az 1893-ban készült *Pillangók*at nevezte meg első festményének, a madárképeit pedig „iskola előtti tanulmány" címen katalogizálta. Mindez azt jelenti, hogy az 1894 tavaszán megkezdett müncheni tanulmányok előtt, még gácsi patikusként kezdett el festeni. Bár nem tudjuk, hogy ki lehetett első mestere, kitől tanulta meg végül az olajfestés technikáját, a madárképek eleven színessége már a későbbi festő palettáját idézi.

MÜNCHEN, 1894

Csontváry művészi pályafutásának igazi fordulópontját a Hollósy Simon müncheni iskolájában eltöltött időszak jelentette 1894-ben. Müncheni tanulmányait csupán rajzok dokumentálják. Szokványosnak is mondható fejtanulmányok, olyasmik, amik minden festőakadémián kötelező feladatnak számítanak, s amiken egy későbbi művész sajátosan egyéni, eredeti stílusa még nem érezhető. Csontváry esetében azonban más a helyzet. Elsőnek nevezett rajza, a Wirthmüller Mihályt ábrázoló profilkép már meglepően kiforrott, eredeti alkotás, amelyen nyoma sincs a tipikus művésznövendék útkereső próbálkozásainak. A szignó szerint az arckép 1894. március 1-én készült el, s Csontváry rendkívül büszke volt arra, hogy első rajzát a modell megdicsérte. A többi fejtanulmánya is hasonlóan intenzív, szinte a modellek belső életét megjelenítő alkotás.

AZ ÉLŐ TERMÉSZET

Csontváry művészetről vallott nézeteinek az egyik legfontosabb gondolata az „élő természet" problémája. Önéletrajzából tudjuk, hogy gyermekkorát a természettel szoros közelségben élte és mindent meg is akart érteni belőle. A „soha nem látott tájakkal" ébren tartott álmok, s „az éghez irányított" valóság – ez művészetének egyik kulcsa. Amikor 1881-ben megtekintette Raffaello vatikáni falképeit, elégedetlenséget érzett, s rögtön magabiztos ítéletet mondott róluk. Csalódásának oka az volt, hogy sem a természetet, sem az igazi életet nem találta meg ott, ahová pedig évszázadok óta művészek és amatőrök zarándokoltak.

Az élő természetről való egyik első művészi tapasztalata az volt, hogy a modell is él. Ezért adott nevet modelltanulmányainak, s ezért volt olyan büszke arra, hogy a modell, Wirthmüller Mihály megdicsérte erőteljesen megrajzolt arcképéért. Ez visszaigazolás volt, a modell, vagyis a természet visszaigazolása, mégpedig úgy, hogy megszólalt és dicséretet mondott. Csontvárynál a modell szava a természet szava volt, s igazolása a tizennégy évvel azelőtti kinyilatkoztatásnak.

Az élő természet más és más formában ugyan, de ott lüktet Csontváry valamennyi képén. A furán gyűrődő sziklaalakzatokban, a felhők szárnyas formáiban, a vízesések állatformákra emlékeztető víznyalábjaiban, a dombok, hegyoldalak mozaikszerűen összepréselt színfoltjaiban, a merészen rövidülő terekben, a jól megtanulható centrális perspektíva alkalmazása helyett a személyes, intenzív és koncentrált, szokatlanul görbült, de mégis új dimenziók felé utat nyitó egyéni perspektívában.

UTAZÁSOK, NAGY MOTÍVUMOK

Csontváryban sajátos elragadtatás élt a mennyiségi dimenziók iránt: ezeréves cédrusok, kolosszális képméretek, hegyek, vízesések nyűgözték le. Mindezek mellett egy naivan extenzív tudásvágy is munkált benne: mindent látni, mindent tudni, ám valahogyan átfogó rendszerező képesség nélkül. Utazásaiban is ezt mohóságot érezzük: eljutni mindenhová. Útjai – az írásai alapján – szenvedélyes, a tájakon, országokon átszáguldó, csaknem zaklatott rohanásnak tűnnek. Sok helyen megfordult, de csak kevés helyen időzött tartósan. Utazásainak centrális tartalmát a „nagy motívum" keresése jelentette. A Magas-Tátra és a taorminai görög színház romjait ábrázoló képeit csaknem egy időben festette. A Tátra fiatal korától elbűvölte, s hosszú ideig dédelgette magában egy nagy Tátra-kép tervét. Amikor először járt Taorminában, rögtön nekifogott, hogy a görög színház romjait megfesse. Egyik sem sikerült. Taorminából a Tátrába, a Tátrából Taorminába menekült, hogy nagy kompozícióit végre megvalósítsa. A nehéz feladat megoldásának kulcsát pedig megint csak az utazásban, egyenesen egy világ körüli utazásban vélte megtalálni. Pontosan látható, hogy az 1901 és 1904 közötti évek nagy utazásai valójában a nagy feladatra való felkészülést szolgálták. Azt a célt, hogy a Nagy Tarpatak völgyét ábrázoló tátrai és a görög színház romjait megjelenítő taorminai képeit minél pontosabban és elevenebben tudja megfesteni. Nem kereste tehát a „nagy motívum"-ot, mert már nagyon korán megtalálta, hanem a nagy hegyek, vizek, vízesések megfestése során próbálta ki az egyre nagyobb dimenziójú látványok egyre nagyobb méretű képeken való megörökítését. Ebből a szempontból érthető, hogy Csontváry miért is festette meg Selmecbánya látképét. A városka minden Csontváry által lakott vagy érintett helyszíntől messze van. Egy szempontból azonban tökéletes helyszín: topográfiailag szinte pontosan modellezi a Nagy Tarpatak völgyét, sőt bizonyos értelemben Taorminát is. Tágas panoráma, kellően hangsúlyozott középprésszel és a hátteret lezáró hegycsúccsal.

Csontváry utazásai a „nagy motívum" megfestésének szempontjából eredményesek voltak. 1904–1905 során sikerült végső, monumentális formába öntenie mindkét nagy motívumát: a Nagy Tarpatak völgyét a Magas Tátrában és a taorminai görög színház romjait.

HANGOK ÉS MEGSZÓLÍTÁSOK

Különös összefüggés mutatható ki Csontváry sorsfordító életeseményei és az adott helyzetekben elhangzott mondatok között. Önéletrajzában több alkalommal is idéz mások által elmondottakat. Ezek a megidézett mondatok azonban mindig parancsként, bizonyítékként vagy iránymutatásként hangzanak el. Nincsenek hangulatfestő párbeszédek, hanem minden mondat tulajdonképpen a művésszé válás és a művészi fejlődés egy-egy mérföldkövét dokumentáló esemény. Akiket idéz: a principálisa, az égi hang, Wirthmüller Mihály, Kallmorgen karlsruhei professzor, taorminai emberek, egy damaszkuszi idegen – mind lényeges dolgokat mondanak. Az ő mondataikban tükrözi vissza saját művészi útjának helyességét, hiszen ezek – az egy „égi" kinyilatkoztatáson kívül – lényegében az élet, a természet, a külvilág reakciói. Az ige, a szó, a kimondott mondatok teszik hitelessé az élet és az életmű egészét. Még Baalbek megtalálását is egy megszólításnak köszönheti: „Amint Damaszkusz utcáit járom, s a vidéken is szorgalmasan kutatom a nagy motívumot, előáll egy görögnek látszó ember, s olasz nyelven mondja: Ön uram nemde egy nagy festményhez keresi a motívumot, de ezt Damaszkuszban nem találja. Most jövök Baalbekből, ahol a templomot a legszebb világításban láttam, siessen oda, most van az ideje, a keresett motívumot ott találja. Másnap hajnalban a naptemplommal szemben levő Hotel Viktoriában álmomból felriasztott egy fény, mely tűzvörösben húzódott le a magas Libanonról, belángolta a Hellios oszlopait aranyleheletvel s átkarolta a Bachus, Antonius és Vesta templomait világító színekkel. Önmagától előállott az 1880-iki kinyilatkoztatás tartalma, vagyis a világ legnagyobb napút plein air motívuma."[6]

NAPÚT ÉS PLEIN AIR

Csontváry művészetének kétségkívül a „napút" a kulcsfogalma. Soha előtte és utána más festő nem alkalmazta ezt a kifejezést, s mivel jelentése ma sem teljesen egyértelmű, ehhez a fogalomhoz kapcsolódik a legtöbb – időnként elképesztő – értelmezési kísérlet. A napút fogalmát Csontváry korában többé-kevésbé úgy érthették, ahogyan azt a Czuczor Gergely és Fogarasi János akadémikusok által összeállított *A magyar nyelv szótára* 1862-ben megjelent negyedik kötetében olvashatjuk: „Azon körvonal, melyet a nap egy év alatt látszólag bejár, mely másképp állat v. barkörnek neveztetik, nappálya (Ecliptica). V. ö. NAPKÖR."[7] Ez valójában a Föld pályája a Nap körül, ami innen, a Földről nézve, a Nap pályájának látszik. Nehéz elképzelni ennek a fogalomnak a festészeti vetületét, hacsak nem csillagképek, állatövi jegyek festőjeként gondolunk a művészre. Csontváry írásaiban olyan sokféle összefüggésben bukkan föl a napút fogalma, hogy az alapján gyakorlatilag lehetetlen pontosan rekonstruálni. Talán akkor járunk mégis legközelebb a napút-fogalom vélhetően pontos értelméhez, ha a lehető legegyszerűbben és elsősorban Csontváry festői ambíciói felől próbáljuk meg értelmezni.

Csontváry nagy önéletrajzában többféleképpen szerepel a napút fogalma: az „égi" kinyilatkoztatás alkalmával a *napút* szócskát utólag illesztette bele a szövegbe, aztán arról ír, hogy Pompejiben *napút-színek*kel festett. A dalmáciai Trau vidékén *napút-motívumok*ban válogathatott, Kairóban a *napút színeinek világító fokozatai*t fedezte fel. A taorminai naplemente döbbentette rá, hogy az lesz „a világ legszínesebb napút-festménye", Baalbekben előállt a világ legnagyobb „napút plein air motívuma". Raffaello kapcsán megjegyzi, hogy hiába a színesség, mert Isten segítsége nélkül a *napút-távlat* nem jön létre. A *Pozitívum* című írásában pedig *napút-színárnyalat*ról beszél.

Jól látható, hogy a napút lehet téma, motívum, szín, árnyalat, távlat, ami ráadásul olykor a plein air fogalmával keveredik. Ami viszont bizonyos: Csontváry mindig büszke volt kifinomult látására. Ezzel a színérzékenységgel figyelte a Tátra csúcsait, a szicíliai, nápolyi és kairói naplementéket, a vízesések habjaiban megragadható formákat, a tarajos hullámokat, a vízben tükröződő képeket, az athéni lila estéket, az alkonyok és hajnalok izgalmas színjátékát. Münchenben a naplementék tanulmányozásakor „ezerféle fokozatban a napszíneket kutattam" – írja. A világító színekre gondolt, amikor a nap nincs ugyan az égen, a levegő mégis varázslatos színekkel – a nap színeivel – pompázik a láthatáron. Nem véletlen, hogy tájkompozíciói között olyan sok az alkonyati vagy hajnali látkép. És az sem véletlen, hogy képeinek címeiben is oly sok a világítási körülményekre, napszakokra utaló részletes magyarázat. Mindebben benne van az a mindenre kiterjedő figyelem és türelem is, amivel kivárja a megfelelő, a táj legteljesebb képét láttató pillanatot. A kivárás és várakozás amúgy is fontos eleme Csontváry művészi fejlődésének. A cédrushasonlat az ezeréves fákról, a negyven évig fejlődő, s csak az után termőre forduló magról rendre visszatérő motívumok az írásaiban. Nem nehéz e szimbólumban az önmaga művésszé fejlődését hosszú időre előre megtervező művészre ismernünk. És végül, ugyanez a várakozás segít megérteni azt is, hogy a természet nem egyből mutatja meg magát. „Nem lehet célja az Istenségnek a világot titokban tartani, de nem lehet célja idő előtt senkinek sem bemutatni. – A látóképességünk e földön csak a napkeltére s lementére van berendezve, ahol az ultra viola színektől már csodálattal vagyunk eltelve, más világrészekben más színekkel találkozunk, más gyönyörűségeket élvezünk."[8]

Csontváry festészetében jól kimutatható a sajátos totalitás iránti igény. Utazásainak célja szinte mindenhová eljutni. Képeinek célja az adott helyszínekről mindent megmutatni, nemegyszer szabályos képciklusokon keresztül (Taormina, Trau, Castellammare, vízesések). Megfestett képeinek célja egy bizonyos naiv értelemben vett teljesség, például a teljesen befestett vászon esetében. Az athéni Jupiter-templom képével kapcsolatban büszkén jegyzi föl, hogy „ez az első festmény, a melyen vásznat már nem lát a szemlélő". De az is ennek a naiv teljességigénynek a megnyilvánulása, hogy nagy kompozícióin tulajdonképpen a színskála valamennyi színét felvonultatja. Mindent látni akar, mindent le akar festeni, s úgy akar festeni, hogy a színskála minden színe megjelenjen a képen.

A napút-festészet mint művészettörténeti fogalom nem létezik és nem is definiálható. Éppen ezért be kell érnünk azzal az egyszerű magyarázattal, hogy a napút-festészet nem más, mint Csontváry festészete. A napút tehát valami módon a tökéletes színérzékelésre, a teljes festői tudásra, a teljesség elmondásának képességére (ciklusok), a megvilágítási lehetőségek (napszakok, fényforrások változatossága) kiaknázásának a képességére utaló fogalom. Nem objektíven létező jelenség, inkább festői módszer. A látásnak, a téma kiválasztásának és megfestésének komplex és kifinomult módszere.

Csontváry szerint csak az lehet zseni, „aki eredeti volt mindenütt és mindenben, független mindentől és mindenkivel szemben".[9] Bárhogy értelmezzük is a festészetét, bizonyos, hogy ő a legeredetibb magyar festő. Művészete iskoláktól, stílusoktól független maradt, miközben különös élettörténete, látomásos elhívatása a festői pályára, életművének csodával határos megmaradása – mind a személye körüli mítoszteremtésnek szolgáltak alapul. Csontváry a századforduló gyermeke volt, akinek életművében sajátos módon egyesült a romantika univerzális individualizmusa a modernizmus kollektív eszményeket kereső útjaival.

---

1 | Romváry 1999. 7.

2 | *Csontváry-emlékkönyv* 1976. 37.

3 | Uo. 81.

4 | Uo. 321–328.

5 | Szépművészeti Múzeum – Kelet-Európai Művészettörténeti Kutatóintézet (SZM–KEMKI), Archívum és Dokumentációs Központ, Budapest, ltsz. Ad 26. 192-2023.

6 | *Csontváry-emlékkönyv* 1976. 91.

7 | *A magyar nyelv szótára.* A Magyar Tudományos Akadémia megbízásából készítették Czuczor Gergely és Fogarasi János M. Tudom. Akad. Rendes tagok. Pest, Emich Gusztáv magyar akadémiai nyomdásznál, 1862.

8 | Idézi: Pertorini 1966. 126.

9 | *Csontváry-emlékkönyv* 1976. 69.

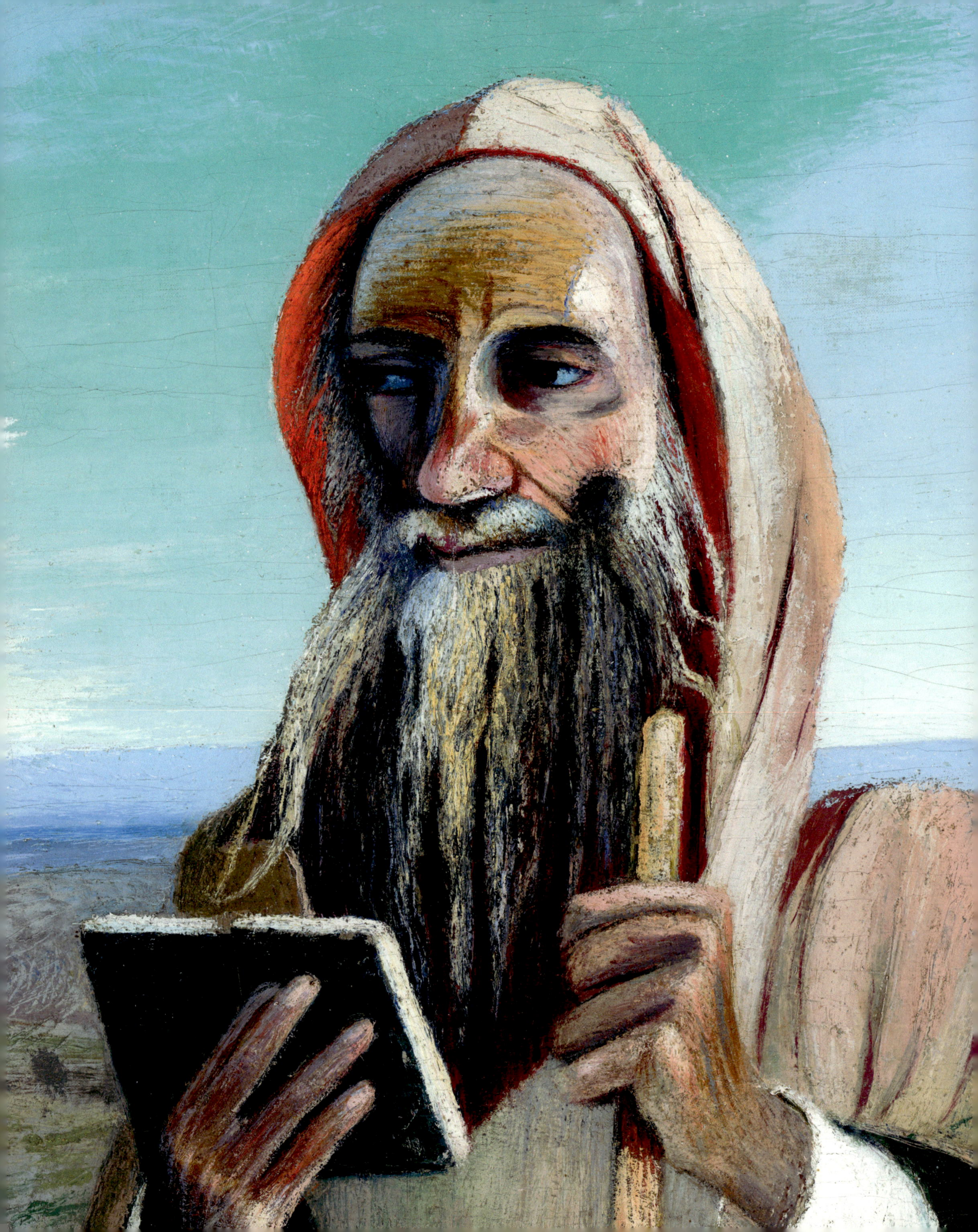

GÁBOR BELLÁK

CSONTVÁRY, "ORIGINAL EVERYWHERE AND IN EVERYTHING"

Mihály Tivadar Kosztka, who was born one hundred and seventy years ago, took the name Csontváry around 1900. In November 1900, he exhibited his first landscape at the National Salon's winter exhibition under the name Csontváry. The Hungarian painter, born in 1853, was too young for the great romantics of the nineteenth century and too old for turn-of-the-century modernists. Or, as Ferenc Romváry wrote in a study: "He was too modern for the conservatives and too conservative for the moderns".[1] But Csontváry evaded this generational frustration brilliantly: he started his painting career relatively late, at the same time as those twenty years his junior. This, of course, did not save him from appearing ridiculous, a mere dilettante, to his contemporaries and even to those immediately before him. But this late start also shows that there is no time for great art, good art. There are periods, there are features of a certain age, but the validity, message, content and statements are eternal, in other words: great art is always of the present.

WHY DID HE BECOME A PAINTER?

The most puzzling part of Csontváry's career is why a young man from Sáros County, the descendant of the Czech Kostkas of Postupice (now Slovakia) and the Ung County Hajczel-majers from Darócz (now Ukraine), this educated pharmacist from Igló, who also studied law and medicine, decided, at the age of twenty-seven, to become a painter? How come on 30 November 1880 he took up a pen and wrote to Gusztáv Keleti, the director of the Hungarian Royal School of Drawing and Teacher Training? In his letter he wrote: "... the idea of me starting to draw was completely by chance ..."[2] In 1880, this is how he explained his embarkation on a study of drawing and painting. In an extensive autobiography written in the

1910s, described a profound, mystical calling experience. This particular moment in Csontváry's biography is one of the most indecipherable and most variously interpreted elements of the Csontváry legend: "At dawn, day after day, I watch the blazing Carpathians and one afternoon, a quietly dozing young bullock cart caught my eye. An inexpressible movement takes up the pen and I start to draw the motif on prescription paper. My principal sneaks behind me, and when the drawing was finished, tapped me on the shoulder. 'What are you doing: You were born to paint.' We stood surprised, looking at each other, and it was only then that I knew and realised, as I saw the result for myself, that something strange had happened, filling me with indescribable happiness. I put the drawing in my side pocket and from this moment became the happiest person in the world. After my principal left, I went out into the street and retrieved my drawing to study: and as I admired the drawing, I noticed a triangular small black seed in my left hand which caught my attention. So, distracted, I heard a voice from behind, over my head saying: 'You will be the greatest painter of the solar path, greater than Raphael.' I did not really catch the word after the word greatest so I asked for it to be repeated, but it was not.

The revelation, apart from that one word, was voiced in Hungarian; with extraordinary emphasis, which convinced me that I am linked to a certain higher power, or will, perhaps world creating power, with that positive force which we call fate, invisible master, perhaps even God, that is the force of nature, which keeps flowing, as I was certain that an unimaginable and inexpressible responsibility has been laid on me, as when fate put me in a spot for which I found myself unprepared, inexperienced."[3]

Interestingly, the momentum that actually caused the young pharmacist from Igló to be so happy has escaped the attention of Csontváry researchers. What made him feel the world's happiest man then and there, on 14 October 1880? Not the heavenly voice but the praise of his director: "you were born to be a painter". Then his director left him alone and Tivadar again looked at the drawing. Only then did the heavenly voice sound: "You will be the world's greatest painter of the solar path, greater than Raphael! ... The revelation ... was voiced in Hungarian; with extraordinary emphasis ..."

The architect Gedeon Gerlóczy, who bought Csontváry's bequest at the end of 1919, was related to the Kosztka family through his cousin. His well-known and widely published memoir of the purchase was first published in 1976. This highly abbreviated and slightly stylised writing bears the marks of the Csontváry cult, which peaked in the 1970s. He described the encounter with the painter's works as meeting with a "great artist", which is understandable. We not only read his memoir, but proof that he was the one who had to save Csontváry's life's work.[4] Fortunately, Gerlóczy made notes of much more during his long life than what he eventually published on Csontváry. The most interesting part of his handwritten notes is the lesser known Csontváry biography, which he entitled *Csontváry naplójából, hozzátartozóinak és ismerőseinek emlékezetéből összeállítva* (From Csontváry's Diary, Put Together from Memory by his Relatives and Acquaintances).[5] The biography begins in 1869 when the sixteen-year-old Tivadar was taken by his father to Eperjes (Prešov, Slovakia), to János Werther's store as a clerk. He spent three happy years there, and became very close to Júlia (Juliska) Werther, who was four years younger than him. In 1873, Juliska invited him to accompany her, along with Uncle János, to Vienna and see the World Exhibition. There they saw paintings by Mihály Munkácsy among others, which affected them both a great deal. According to Gerlóczy's biographical notes it was then that Tivadar confessed to Juliska that he would like to be a famous painter. When Csontváry tried to recover from the cold he had caught during the flood rescue in Szeged, it was Juliska who suggested Tivadar should go to her uncle's pharmacy in Igló. This was how he got to Igló to work and heal. Júlia visited him there with her father. The Werthers liked Tivadar and would not have minded if Júlia and Tivadar had joined their lives together.

So, in 1880, there in Igló was a man of nearly thirty, who years before had been so fascinated by Munkácsy's works in Vienna that he secretly desired to be a painter himself. In the meantime, he had obtained his degree in pharmacy, done military service, participated in a flood rescue and moved to Igló at the behest of his childhood friend. In Igló, the girl and her father asked him about his future plans as Júlia had a serious suitor in Eperjes. But, due to their old friendship, she felt that she should know Tivadar's intentions, so she could make a marriage decision in good faith. Tivadar then announced that he neither wanted to be a pharmacist nor a merchant. He had bigger plans for the betterment of humanity but he did not know how to go about it. The girl then realised that Tivadar was unsuited to bourgeois family life. They separated in love and friendship, in fact, later on Csontváry sent Júlia one of his first paintings as a gift. So, there was Tivadar Kosztka, nearly thirty, with no real idea what to do. In the 1870s he had a go at everything. He studied law, medicine, pharmacy and was occupied with many other things as well. He needed a decisive moment to get him out of this rut.

And that day came, 14 October 1880. Gedeon Gerlóczy describes, on the basis of Csontváry's autobiography, how he made his first drawing of the bullocks dozing before a cart. Then Gerlóczy continues: "He put the drawing in his side pocket, ran into the garden and perused the drawing. The good uncle ran to the attic and shouted in an altered voice to Tivadar: 'You will be the world's greatest painter, greater than Raphael!' … Tivadar looks around. Sees no one, is deeply disturbed. So, his fate was decided …" It is totally obvious that both Juliska and the uncle wanted the best for Tivadar. They wanted to help him finally decide. The whole thing was a trick but was enough to set the young man off somewhere, from then on, like a compass, it guided his every step. It does not matter whether this "revelation" was a hallucination, a real heavenly voice, or Julia's uncle shouting "in Hungarian, with extraordinary emphasis", Mihály Tivadar Kosztka's fate was sealed, as he heard what he wanted to, and took his heart's desire as a command.

At the beginning, Csontváry did not mention this revelation, nor in his 1908 autobiography. The rational planning of his artistic career as a painter, his strong inner motivation, the letters sent to Gusztáv Keleti in those weeks clearly state that Csontváry, from that moment on, only lived for this purpose. He wanted to study, prepare for his artistic career, see Raphael's works, become acquainted with Munkácsy, travel the world and create paintings that outdid all.

THE FIRST FIFTEEN YEARS, 1880–1894

After the decisive day in October, Csontváry's first great trip was to Rome in the spring of 1881. The very purpose of his journey was to get to know Raphael, whom, according to his calling, he must outdo. However, his visit to the Vatican convinced him that life, nature, which he had studied and knew so intensively, was absent from both Raphael's and all the old masters' works. He gave himself twenty years to prepare to create paintings that would outdo everything.

The 1880s were years of financial preparation for this artistic task. In the spring of 1882, Csontváry hurried from Eszék to Budapest to see Mihály Munkácsy's large work *Christ before Pilate.* After this, he would have liked to visit the great painter in Paris, he did go there but had no occasion to meet Munkácsy. It was then that he realised that he could open a pharmacy with a permit from the Ministry of Interior. After receiving permission in October 1884, he opened his Red Cross pharmacy in Gács on 19 December, and from that time on took an active part in local public life but, due to an alcohol level dispute, he had legal wranglings with the local landowner's wife, Countess Forgách.

Csontváry, in his exhibition catalogues, always named his 1893 work *Butterflies* to be his first painting, and catalogued his bird paintings as "pre-school study". This means that he started painting while he was a pharmacist in Gács, before he began his studies in Munich in the spring of 1894. Although we do not know who could have been his first master, from whom he learned the technique of oil painting, the vivid colouring of his bird paintings already resembles his later palette.

MUNICH, 1894

The real turning point in Csontváry's career was the period he spent at Simon Hollósy's school in Munich in 1894. His Munich studies are documented only by drawings. They are the usual studies of heads, mandatory tasks given at all painting academies, and in which the original style of the later artist is not yet apparent. But, in Csontváry's case, it was different. His so-called first drawing, a profile portrait of Mihály Wirthmüller, is a surprisingly mature, original creation, with no trace of a typical art student's attempt to find their way. According to the signature, the portrait was made on 1 March 1894, and Csontváry was immensely proud that his first drawing had been praised by the model. The rest of his head studies are also similarly intense, almost a depiction of the inner life of the models.

LIVING NATURE

One of the most important ideas in Csontváry's views on art is the problem of "living nature". We know from his autobiography that he lived in close proximity with nature in his childhood and wanted to understand everything about it. His dreams of "landscapes never seen before", and reality "directed to the sky" are the keys to his art. When he saw Raphael's wall paintings in the Vatican in 1881, he felt disappointed, and immediately voiced his confident opinion of them. The reason for his disappointment was that he found neither nature, nor real life in the very place to which artists and amateurs had flocked for centuries.

One of his first artistic experiences of living nature was that the model is also alive. That is why he gave names to his model studies, and why he was so proud that the model, Mihály Wirthmüller, praised his strongly drawn portrait. This was reciprocation, the reciprocation of the model, that is, nature, by speaking out and praising him. For Csontváry, the words of the model were the words of nature, and confirmation of his revelation fourteen years before.

Living nature, in various forms, enlivened all of Csontváry's pictures. In the strangely ringed cliff formations, the winged shapes of clouds, the waterfalls with their animal-like jets of water, hills, the mosaic-like compressed colour patches of hills and mountainsides, the daringly foreshortened planes, and the use of a unique, intensive, and concentrated perspective that is unusually curvilinear, instead of a central one, which points towards new dimensions.

TRAVELS, GREAT MOTIFS

Csontváry had a particular fascination for dimensions of magnitude: thousand-year-old cedars, colossal picture sizes, mountains, waterfalls. In addition, he also had a naively extensive desire for knowledge: to see everything, know everything, without a comprehensive ability to organise it. We can feel this eagerness in his travels too: to go everywhere. His trips – according to his writings – appear as passionate, almost frantic rush across landscapes and countries. He went to many places, but only stayed for longer periods in very few. The main focus of his travels was a search for the "great motif". He painted the High Tatras and the ruins of the Greek Theatre at Taormina at about the same time. He had been enchanted by the High Tatras since his youth, and the notion of a Tatra picture had been forming in his mind for a long time. When he first went to Taormina he set to painting the Greek theatre ruins straight away. Neither worked out. He ran from Taormina to the Tatra, from the Tatra to Taormina, to finally execute his great compositions. But the key to solving this great task was found in travel alone, in a trip around the world. It is clear that his great journeys between 1901 and 1904 were to prepare for these huge tasks. The task was to paint the Valley of Great Tarpatak in the Tatras and the ruins of the Greek theatre in the most precise and vivid manner possible. He was not looking for the "great motif" anymore, as he had already found them very early on, but was trying to capture the ever-larger dimensions of spectacles in ever-larger pictures by depicting great mountains, rivers, and waterfalls. From this point of view, it is understandable why Csontváry painted the landscape of Selmecbánya (Banská Štiavnica, Slovakia). The small town lies far from every place where Csontváry ever lived or visited. But, in one respect, it is the perfect place: topographically, it almost completely models the Valley of Great Tarpatak, and to a certain extent, Taormina as well. The wide panorama, with the right emphasis on the central plane and a mountain peak in the background.

Csontváry's travels were successful in terms of painting the "great motif". During 1904–1905, he managed to pour both his great motifs into final, monumental forms: the Valley of Great Tarpatak in the High Tatras and the ruins of the Greek theatre in Taormina.

SOUNDS AND VOICES

A strange connection can be observed between Csontváry's life changing events and words spoken in the given situations. In his autobiography he quotes sayings by others on several occasions. These quotes always sound like commands, evidence, or guidance. They are not atmospheric dialogues, but each quote is, in fact, a milestone in the artist's development and evolution. These quotes are from his director, the heavenly voice, Mihály Wirthmüller, Professor Kallmorgen from Karlsruhe, people from Taormina, a stranger from Damascus – they all say essential things. These quotes reflect the scrupulousness of his own artistic path, as these – apart from the "heavenly" voice – are, in essence, his reactions to life, nature, and the outside world. The verb, the word, the spoken statements make his life and the whole of his oeuvre more authentic. Even his discovery of Baalbek can be pinned to a voice: "When I was walking the streets of Damascus, and researching the great motif of the area, before me stood a Greek looking man and in Italian he said: You sir are probably looking for a great motif for a painting but you will not find it in Damascus. I have just come from Baalbek where I saw the temple in the most beautiful light, run there, it is time now, there you will find the motif you seek. At dawn the next day, I was awakened from a dream in the Hotel Victoria, opposite the sun temple, by a light, which, in fire-red, shone down from the heights of Lebanon, enflamed the columns of Helios with golden breath and embraced the temples of Bacchus, Antonius, and Vesta with bright colours. The revelation of 1880 appeared, that is to say, the world's greatest solar path plein air motif."[6]

SOLAR PATH AND PLEIN AIR

The key phrase to Csontváry's art is undoubtedly "solar path". Never before or since has any other painter used this expression, and given that its meaning is not quite clear, it is the definition to which most of the – sometimes extraordinary – interpretations are linked. The notion of solar path in Csontváry's time was more or less understood as it appeared in the fourth edition of *A magyar nyelv szótára* (Dictionary of Hungarian Language) published in 1862, compiled by academics Gergely Czuczor and János Fogarasi: "That path which the sun visibly follows over a year otherwise known as the sun cycle (ecliptic). Cf. SOLAR CYCLE."[7] This is actually the orbital plane of Earth around the Sun which, from Earth, looks like that of the Sun. It is hard to imagine the painterly projection of this phenomenon unless we think of the artist as a painter of constellations and zodiac signs. In Csontváry's writings the concept of the solar path comes up in so many contexts, to the extent that it is impossible to reconstruct it accurately. Perhaps, we are closest to a presumably accurate understanding of the solar path if we try to analyse it in the simplest way possble and via Csontváry's painterly ambitions.

In Csontváry's great autobiography, the notion of the solar path appears in several ways: on the occasion of the "celestial" revelation, he placed the phrase *solar path* into the text retrospectively, and then he writes about painting with *solar path colours* in Pompeii. In the region of Dalmatian Trau (Trogir) he could choose from a variety of solar path motifs, in Cairo he discovered the *illuminating degrees of solar path colours*. At sunset in Taormina, he realised that it would be "the world's most colourful solar path painting", in Baalbek the world's greatest "solar path plein air motif" emerged. In regard to Raphael, he notes that despite colour, without God's help the solar path perspective cannot be created. In his writing entitled *Pozitívum* (Positive) he speaks of *solar path colour shade.*

It is obvious that the solar path can be a theme, a motif, a colour, a shadow, a perspective, and sometimes it also merges with the notion of plein air. But one thing is certain: Csontváry was always proud of his refined vision. It was this sensitivity to colour with which he observed the peaks of the Tatra, sunsets in Sicily, Naples, and Cairo, shapes in the foam of waterfalls, crested waves, images reflected in water, the lilac nights in Athens, exciting colour plays at sunset and dawn. In Munich, whilst studying sunsets, he writes: "I researched a thousand types of sun colours". He was thinking of the radiant colours when the sun is no longer in the sky, but the air is still bathed in magical colours – sun colours – on the horizon. It is no coincidence that so many of his landscape compositions include dusk or dawn. Neither that in his picture titles there are detailed explanations of light conditions, times of the day. In all this there is attention to everything, as well as patience, waiting for the right moment to catch the most complete vision of the landscape. Waiting and anticipation are important elements of Csontváry's artistic development. The cedar metaphor of thousand-year-old trees, the seed that grows for forty years and only then comes to fruition, are recurring motifs in his writings. It is not difficult to recognise in this symbol, the artist who has planned his own development as an artist long in advance. And finally, this same anticipation helped him understand that nature does not display itself all at once. "It cannot be the purpose of the Divine to keep the world a secret, but nor can it be to reveal it to anyone prematurely. – Our ability to see on this earth is only organised from sunrise to sunset, where the ultraviolet colours already fill us with wonder, in other parts of the world we encounter other colours, enjoy other wonders."[8]

In Csontváry's painting his need for a unique totality is easy to observe. The aim of his travels was to get practically everywhere. His aim, in his paintings, was to show everything about the given place, sometimes through regular picture cycles (Taormina, Trau, Castellammare, waterfalls). The aim of his painted pictures was totality, in a certain naive sense, for example, a completely painted canvas. In regard to his picture of the Temple of Jupiter in Athens he proudly noted that "this is the first painting, where the onlooker cannot see the canvas". But another manifestation of this naive desire for completeness was that, in his large compositions, he presented all the colours of the colour scale. He wanted to see everything, paint everything, and in such a way, that all the colours of the colour scale appeared in the picture.

Solar path painting, as an art historical term, does not exist and cannot be defined either. That is why we must be satisfied with the explanation that painting the solar path is nothing other than Csontváry's painting. In that sense, solar path painting is somehow a definition of perfect colour sensitivity, total painterly knowledge, the ability to express totality (cycles), the ability to mine the possibilities of light (times of day, variety of light sources). It is not an objective, existing phenomenon, but rather a painterly method. A complex and refined method of seeing, selecting themes, and painting.

According to Csontváry, only that person can be a genius "who was original everywhere and in everything, independent of all and everyone".[9] However we analyse his painting, he is certainly the most original Hungarian painter. His art remained independent from schools and styles, while his curious life story, his visionary vocation as a painter, the miraculous survival of his oeuvre, all served as a basis for the myth making surrounding his person. Csontváry was a child of the turn of the century, whose oeuvre combined, in a unique way, the universal individualism of romanticism and modernism's search for collective ideals.

1 | Romváry 1999, 7.

2 | *Csontváry-emlékkönyv* 1976, 37.

3 | Ibid., 81.

4 | Ibid., 321–28.

5 | Museum of Fine Arts – Central European Research Institute for Art History (SZM–KEMKI), Archive and Documentation Center (ADK), Budapest, inv. no. Ad. 26.192-2023.

6 | *Csontváry-emlékkönyv* 1976, 91.

7 | *A magyar nyelv szótára. A Magyar Tudományos Akadémia megbízásából készítették Czuczor Gergely és Fogarasi János M. Tudom. Akad. Rendes tagok* [Dictionary of the Hungarian language. Compiled by Gergely Czuczor and János Fogarasi, members of the Hungarian Academy of Sciences] (Pest: Emich Gusztáv magyar akadémiai nyomdásznál, 1862).

8 | Cited in Pertorini 1966, 126.

9 | *Csontváry-emlékkönyv* 1976, 69.

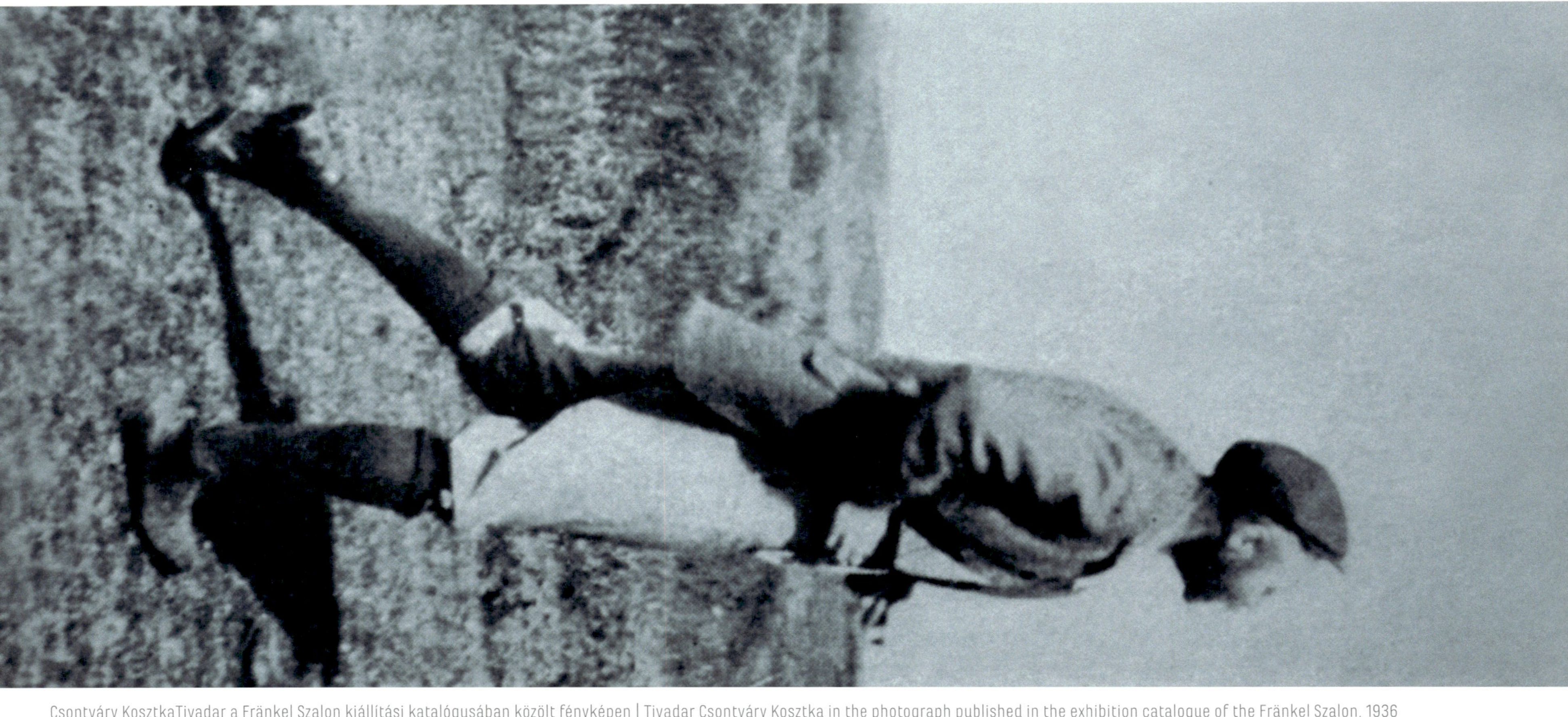

Csontváry Kosztka Tivadar a Fränkel Szalon kiállítási katalógusában közölt fényképen | Tivadar Csontváry Kosztka in the photograph published in the exhibition catalogue of the Fränkel Szalon, 1936

ÉLETRAJZ

Kosztka Mihály Tivadar 1853. július 5-én született a Sáros vármegyei Kisszebenben (Sabinov, Szlovákia) egy cseh-lengyel eredetű családban, harmadik gyermekként. A család a 17. században települt Magyarországra, és posztupici előnévvel szerzett magyar nemességet. Édesapja, dr. Kosztka László orvos-gyógyszerész jelentős szerepet vállalt a város közéletében. Édesanyja, daróczi Hajczelmajer Franciska kilenc gyermeknek adott életet.

Tivadar Kisszebenben járt elemi iskolába, és két évfolyamot végzett a Kegyesrendiek Algimnáziumában. A magyar nyelv tökéletes elsajátítására a gyerekeket az alföldi rokonokhoz küldték. Az 1858. októberi Donati-üstökös égi jelensége maradandó élményt jelentett az ifjú Tivadar számára. Izabella húga az 1863-as kisszebeni tűzvész áldozata lett, a család néhány évre Szerednyére (Szvedernik, Ukrajna) költözött. A Kosztka fiúk az ungvári (Uzshorod, Ukrajna) Kegyesrendi Főgimnáziumban tanultak. Tivadart Eperjesre (Prešov, Szlovákia) adták segédnek Werther János kereskedőhöz, ahol jól megtanult németül és pontosan számolni. Életre szóló testvéri barátságot kötött a nála négy évvel fiatalabb Werther Juliskával. 1869-ben apja Tiszalökön vásárolt gyógyszertárat, Tivadar itt töltötte gyakornoki idejét. Az eperjesi Werther család meghívására 1873-ban kiutazott a bécsi világkiállításra, és megismerte Munkácsy Mihály festé-

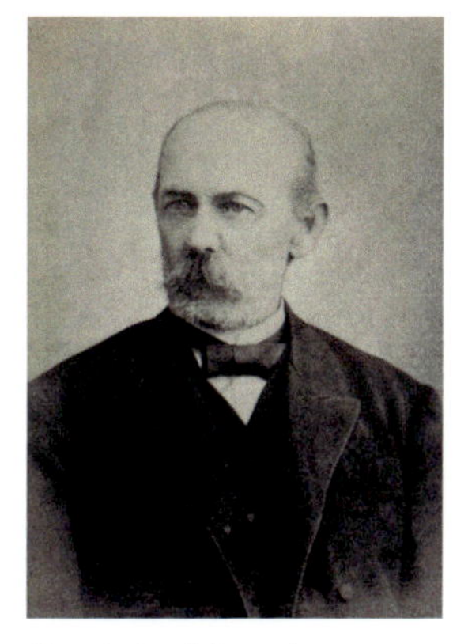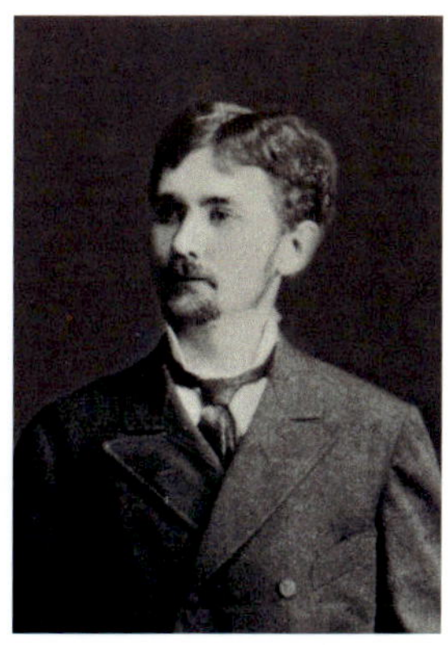

Csontváry édesapja, Dr. Kosztka László | Csontváry's father, dr László Kosztka

A fiatal Csontváry portréja | Portrait of the young Csontváry

szetét. 1873 decemberétől Léván (Levice, Szlovákia) gyakornokoskodott, ahol általános gyógyszerkönyvet írt. 1874 nyarán Iglóra (Szepesújhely, Spišská Nová Ves, Szlovákia) került gyógyszerészgyakornoknak, majd beiratkozott a Budapesti Orvostudományi Egyetemre, ahol 1876-ban gyógyszerész diplomát szerzett. Egyéves önkéntes katonai szolgálatot teljesített, közben az egyetem jogi fakultását is látogatta és hivatalban írnokoskodott. 1877-ben memorandumot terjesztett be a miniszterhez a selyemhernyó-tenyésztés fejlesztése érdekében. Az 1879-es szegedi árvíz idején az egyetemisták élén részt vett a mentésben. Itt erősen megfázott, megbetegedett, s az eperjesi ismerősök tanácsára viszszatért Iglóra. Gyógyszerészként dolgozott, a Magas-Tátra csodás vidékén új erőre kapott.

Iglón érte a misztikus élmény, amely alapvetően megváltoztatta az életét. Az 1910 körül készült önéletrajzi emlékei szerint 1880. október 14-én egy „égi hang" azzal szólította meg – miután egy vénypapírra ökrös szekeret rajzolt –, hogy ő lesz a világ legnagyobb [...] festője, nagyobb Raffaellónál. Ettől kezdve minden igyekezetével festői hivatása beteljesítésén fáradozott. Gyógyszerész főnöke lelkesen biztatta, Hermes-rajzfüzeteket hozott számára, ő maga pedig levelet írt Keleti Gusztávnak, a budapesti Magyar Királyi Országos Mintarajztanoda és Rajztanárképezde igazgatójának, tanácsot kérve tőle a tájfestés és a festőtechnikák kérdésében. Járta a vidéket, a természet után rajzolgatott és a népszerű angol szerző, Samuel Smiles *Self-Help* (Önsegély) című munkáját tanulmányozta. 1881 húsvétján Rómába utazott, hogy megnézze Raffaello falképeit a Vatikánban. Ekkor tudatosította igazán saját festői küldetését; az áhított isteni szikrát, az élő természet energiáit a reneszánsz mester alkotásaiban nem fedezte fel. Húsz évet adott magának a felkészülésre.

1882-ben Eszéken (Osijek, Horvátország) gyógyszerészként dolgozott. Kora tavasszal Budapestre látogatott, hogy a régi Műcsarnokban megtekintse Munkácsy Mihály *Krisztus Pilátus előtt* című képét. 1883-ban Párizsba utazott, hogy személyesen találkozzon Munkácsyval, de nem találta otthon. Következő évben tudomására jutott, hogy belügyminiszteri engedéllyel önálló gyógyszertár nyitható. 1884. október 15-én megszerezte a jogosítványt, és decemberben megnyitotta a Vörös Kereszthez címzett patikáját Gács községben (Halič, Szlovákia). A következő tíz évet arra szánta, hogy grandiózus festői terveinek megvalósításához megteremtse az anyagi alapot.

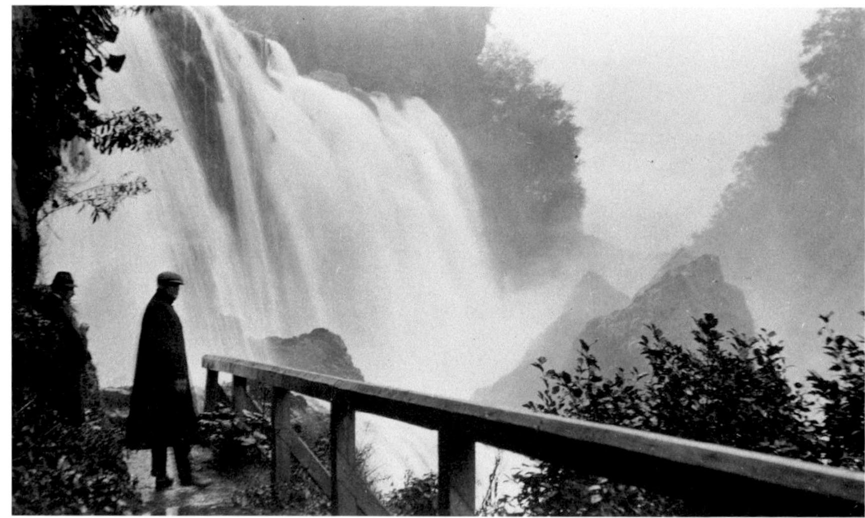

Jajcai vízesés, Bosznia-Hercegovina | Waterfall at Jajce, Bosnia and Herzegovina, 1903

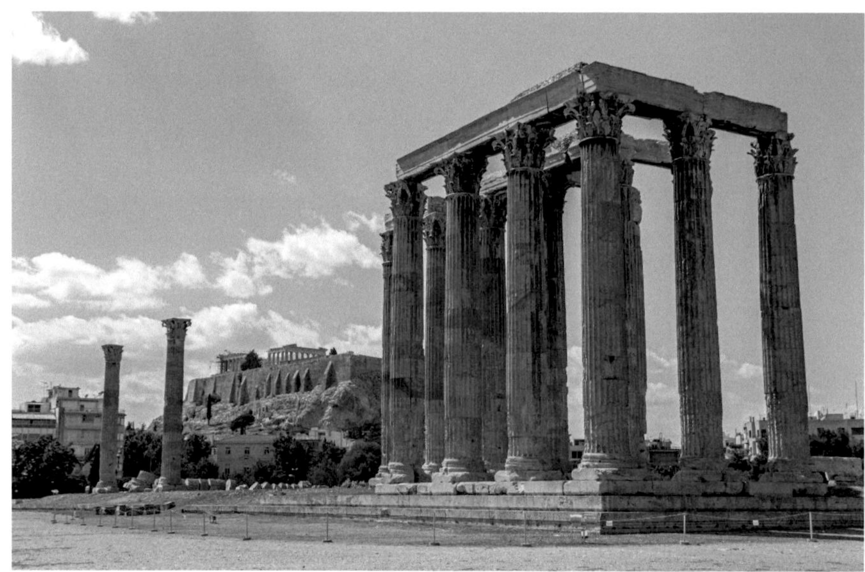

Az olümposzi Zeusz temploma kilátással az Akropoliszra (Athén) | The Temple of Olympian Zeus overlooking the Acropolis (Athens)

1894-ben megkezdte művészeti tanulmányait. Münchenbe utazott, és beiratkozott Hollósy Simon festőiskolájába. A féléves müncheni stúdiumáról érzelemmel teli modellrajzai tanúskodnak. 1894 második felében Liezen-Mayer Sándor tanácsára három hónapra Karlsruhébe ment, ahol Friedrich Kallmorgen tanítványa volt. A nyarat Dalmáciában töltötte, majd a düsseldorfi akadémián Janzen igazgatóhoz került. 1895-ben beiratkozott a párizsi Julian Akadémiára, de hamarosan otthagyta, mert nem gyakorolhatta a nagy méretű szabadrajzolást. Ezzel hivatalos művészeti stúdiumait a maga részéről befejezettnek tekintette.

1895-ben bérbe adta jól jövedelmező patikáját és utazni kezdett, hogy felfedezze és megörökítse a természet szépségét, a történelem fenséges emlékeit. Először Rómában, Nápolyban, Pompejiben járt, majd Itália után Dalmáciában, a Felvidéken és a Magas-Tátrában.

1900 őszén állított ki először a budapesti Nemzeti Szalon kiállításán – már Csontváry néven. 1901-ben a Nápolyi-öbölben, Castellammaréban és Pompejiben festett, Capri, Sorrento, Amalfi után pedig ismét Dalmá-

ciában és Trauban (Trogir, Horvátország). 1902-ben a szicíliai Taorminát követően a Magas-Tátra és Selmecbánya (Banská Štiavnica, Szlovákia) következett, majd Nápoly környékéről ismét visszatért Szicíliába. 1902 nyarát Selmecbányán töltötte, majd Budapesten megnézte az Uránia Tudományos Színház Bosznia-Hercegovináról szóló előadását, és tudomást szerzett a Hortobágy-bemutatóról is. 1903 tavaszát és nyarát Boszniában – Kerka (Krka, Szlovénia), Jajca (Jajce, Bosznia-Hercegovina), Mostar (Bosznia-Hercegovina) – töltötte, majd július körül Szigetvárra és a Hortobágyra utazott.

1903 második felében nagy európai körútja (Svájc, Hollandia, Belgium, Anglia, Franciaország, Spanyolország) végén Gibraltárból Jeruzsálembe hajózott. Máltá-

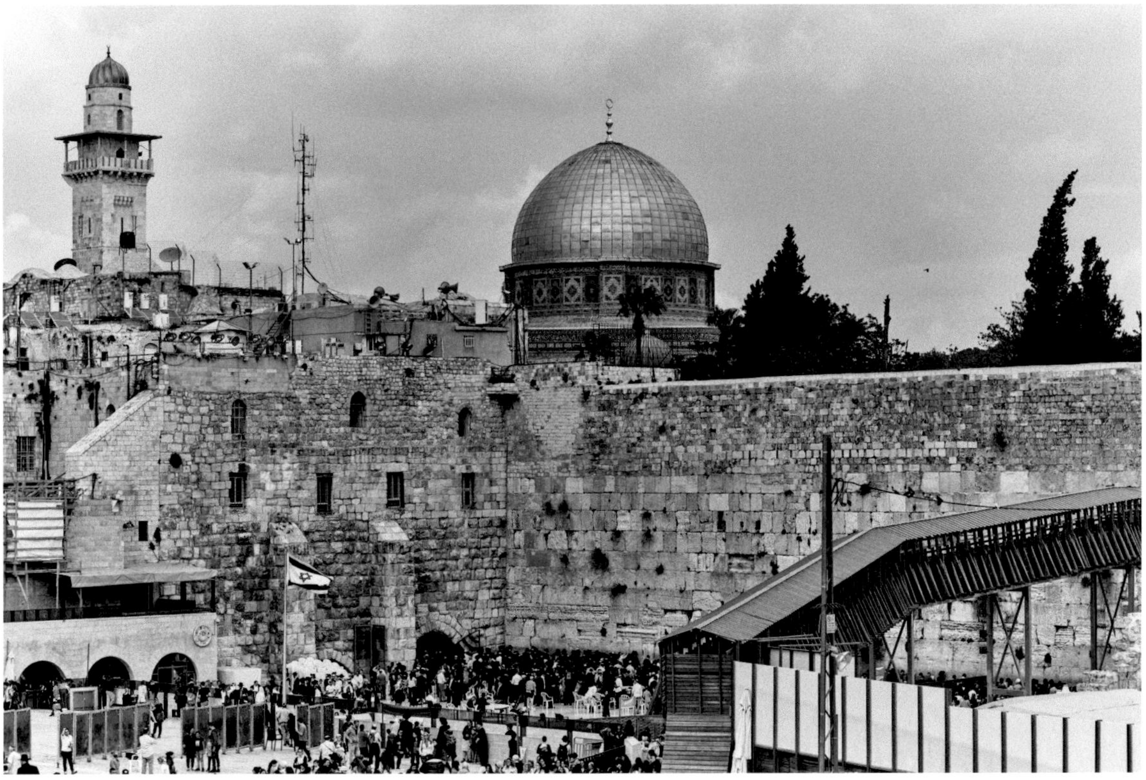

A Siratófal és az al-Aksza-mecset Jeruzsálemben | Wailing Wall and the Al Aqsa Mosque in Jerusalem

nál hajótörést szenvedett, és Egyiptomban kötött ki. Karácsony estére végül Betlehembe érkezett. 1904-ben Jeruzsálemben, Athénban, ismét Taorminában és a Magas-Tátrában járt. 1904–1905-ben elkészült a két „Nagy Motívumot" ábrázoló alkotása, *A Nagy Tarpatak a Tátrában* és *A taorminai görög színház romjai.*

1905 szeptemberében megrendezte első kiállítását a budapesti városligeti Iparcsarnokban, majd ismét Jeruzsálembe és Damaszkuszba utazott. 1906-ban Libanonban megfestette legnagyobb méretű, közel 30 négyzetméteres plein air olajfestményét, a *Baalbek*et. 1907 tavaszát Libanonban töltötte, ahol a *Magányos cédrus* és a *Zarándoklás a cédrusokhoz Libanonban* című képeit festette. 1907 júniusában negyven képből álló kiállítást rendezett Párizsban a Grande Serre de la Ville de Paris (Palais de Glace) épületében. 1908-ban Jeruzsálemben készült a *Mária kútja Názáretben* című nagy méretű képe, és Palesztinában festette a *Marokkói tanító*t.

1908 novemberében ötvenöt képpel rendezte meg második kiállítását Budapesten a városligeti Iparcsarnokban. A tárlathoz készült katalógusban megjelent rövid önéletrajza. 1909 végén Nápolyban festette utolsó olajképét, a *Tengerparti sétalovaglás*t. 1910-ben egy negyvennégy műből álló berlini kiállítást szervezett, már a katalógust is kinyomtatta, de a tárlat végül elmaradt. 1910 nyarán a régi József Műegyetem Múzeum körúti épületének második emeleti tantermeiben negyvenkét művét mutatta be.

Ekkorra lelki egyensúlya megtört, többé nem festett, közéleti aktivitása azonban változatlan maradt. 1910 körül írhatta önéletrajzi naplójegyzeteit. 1911-től esszéket, röpiratokat szerkesztett és előadásokat tartott (*Energia és művészet. A kultúrember tévedése*, 1912; *A lángész. Ki lehet és ki nem lehet zseni*, 1913). 1913-ban Konstantinápolyból adott hírt magáról. Az 1914 és 1919 közötti időszakban készültek nagy méretű képtervei

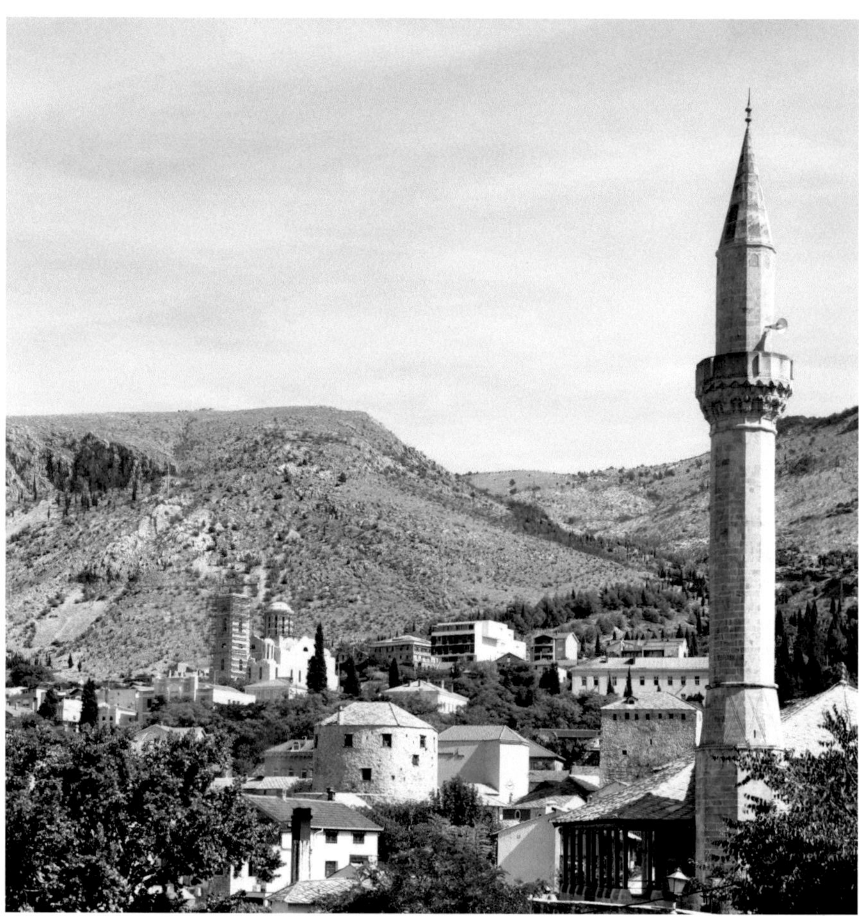

Festői kilátás Mosztár történelmi városára, Bosznia-Hercegovinában | Scenic view of the historic city of Mostar, Bosnia and Herzegovina

és szimbolikus tartalmú ceruzavázlatai. 1917-ben még festővásznat rendelt Düsseldorfból, de a cég lemondta a további vászonszállításokat.

Csontváry 1919. június 20-án verőérgyulladásban meghalt a budapesti Szent János Kórházban. Temetése június 28-án az Óbudai temetőben volt. Az 1919. októberi hagyatéki árverésen a család távolabbi rokona, Gerlóczy Gedeon építész megvette a képeit és a kézíratait, és ezzel megmentette a vásznakat attól, hogy a fuvarosok ponyvaként felvásárolják.

BIOGRAPHY

Mihály Tivadar Kosztka was born on 5 July 1853 in Sáros County in Kisszeben (Sabinov, Slovakia), as the third child of a Czech-Polish family. The family had settled in Hungary in the seventeenth century and acquired Hungarian nobility with the title Kosztka of Postupice. His father Dr László Kosztka played a significant role in the life of the town as a doctor and pharmacist. His mother, Franciska Hajczelmajer from Darócz, gave birth to nine children.

Tivadar went to primary school in Kisszeben and did two years at the Piarist Pre-Grammar School. In order to improve their Hungarian, the family sent their children to relatives on the Great Plain. The phenomenon of Comet Donati in October 1858 had a lasting impression on young Tivadar. His little sister Isabella fell victim to the 1863 fire in Kisszeben, and the family moved to Szerednye (Svederník, Ukraine) for a few years. The Kosztka brothers studied at the Piarist Grammar School in Ungvár (Uzhhorod, Ukraine). Tivadar was sent to Eperjes (Prešov, Slovakia) to work as an assistant to the merchant János Werther, where he learned German and numeracy. He made a lifelong friendship with Júlia (Juliska) Werther, four years his junior. In 1869 his father bought a pharmacy in Tiszalök, where Tivadar spent his apprenticeship. In 1873, at the invitation of the Werther family, he

visited the World Exhbition in Vienna and became acquainted with the work of Mihály Munkácsy. From December 1873 he was an apprentice in Léva (Levice, Slovakia), where he wrote a general pharmacopoeia. In the summer of 1874 he went to Igló (Szepesújhely, Spisská Nová Ves, Slovakia) as an apprentice pharmacist and then enrolled at the Budapest Medical University where he earned a pharmacist degree in 1876. He did a year of voluntary military service, while also attending the university's Faculty of Law and working as an office clerk. In 1877, he submitted a memorandum to the minister for the development of silkworm breeding. In 1879, during the Szeged flood, he participated in the rescue efforts with university students. He caught a severe cold as a result, and, on the advice of acquaintances from Eperjes, he returned to Igló. He worked as a pharmacist, and he was inspired and gained strength from the beauty of the High Tatras (a mountain range in Slovakia).

In Igló he had a mystical experience which changed his life fundamentally. According to his autobiographical writings from around 1910, on 14 October 1880, a "heavenly voice" told him – as he was drawing a bullock cart on a prescription paper – that he would be the world's greatest … painter, greater even than Raphael. From this moment on, he strove to answer his artistic calling.

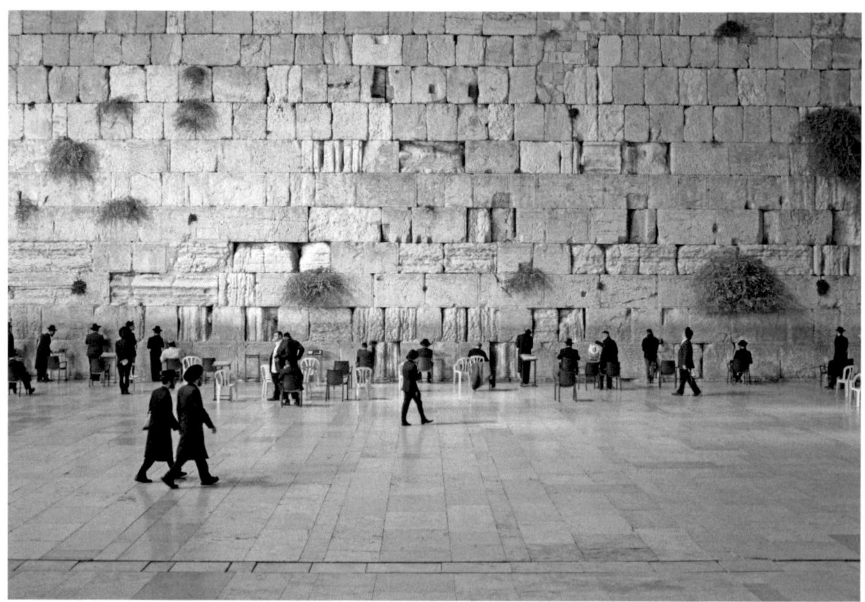

His pharmacist boss encouraged him, brought him Hermes drawing pads, and he wrote a letter to Gusztáv Keleti, the director of the Budapest Hungarian Royal School of Drawing and Teacher Training, asking his advice on landscape painting and painting techniques. He travelled the countryside, drawing from nature and studying the popular English author Samuel Smiles's work *Self-Help*. In Easter 1881, he travelled to Rome where he saw Raphael's wall paintings in the Vatican. It was then that he really became aware of his painterly mission; but did not find the divine spark, the energies of living nature in the works of the Renaissance master. He gave himself twenty years to prepare.

In 1882 he worked as a pharmacist in Eszék (Osijek, Croatia). In early spring he visited Budapest to see the painting *Christ before Pilate* by Mihály Munkácsy in the old Kunsthalle. In 1883, he went to Paris to meet Munkácsy in person, but did not find him at home. The next year he learned that he could open an independent pharmacy once he had a permit from the Ministry of Interior. On 15 October 1884, he received the permit, and, in December, opened his Red Cross pharmacy in the village of Gács (Halič, Slovakia). He spent the next ten years saving money to realise his grandiose painterly plans.

In 1894 he started his art studies. He went to Munich and enrolled at Simon Hollósy's painting school. Those six months in Munich reveal drawings infused with emotion. In the second half of 1894, on the advice of Sándor Liezen-Mayer, he went to Karlsruhe where he studied under Friedrich Kallmorgen. He spent the summer in Dalmatia, then studied under Director Janzen at the Düsseldorf Academy. In 1895 he enrolled at the Julian Academy in Paris, but soon left as he was not able to practice large scale free drawing there. He considered his formal art studies complete.

Éjszaka a Siratófalnál, Jeruzsálem |
At Night by the Wailing Wall, Old Jerusalem

In 1895, he rented out his profitable pharmacy and began travelling to discover and capture the beauty of nature and historical sights. First he went to Rome, Naples, Pompeii, then, after Italy, to Dalmatia, Upper Hungary and the High Tatras.

In the autumn of 1900 he exhibited for the first time at the Budapest National Salon – now under the name Csontváry. In 1901 he painted in the Bay of Naples, Castellammare, and Pompeii, after Capri, Sorrento, Amalfi, he returned to Dalmatia and Trau (Trogir, Croatia). In 1902, following Taormina in Sicily, he visited the High Tatras and Selmecbánya (Banská Štiavnica, Slovakia), then he travelled again from Naples to Sicily. He spent the summer of 1902 in Selmecbánya, then attended a lecture about Bosnia and Herzegovina in the Uránia Science Theatre and learned about the Hortobágy (Great Plain, Hungary) show. He spent the spring and summer of 1903 in Bosnia – Kerka (Krka, Slovenia), Jajce (Bosnia and Herzegovina), Mostar (Bosnia and Herzegovina) then, in July, travelled to Szigetvár and the Great Plain in Hungary.

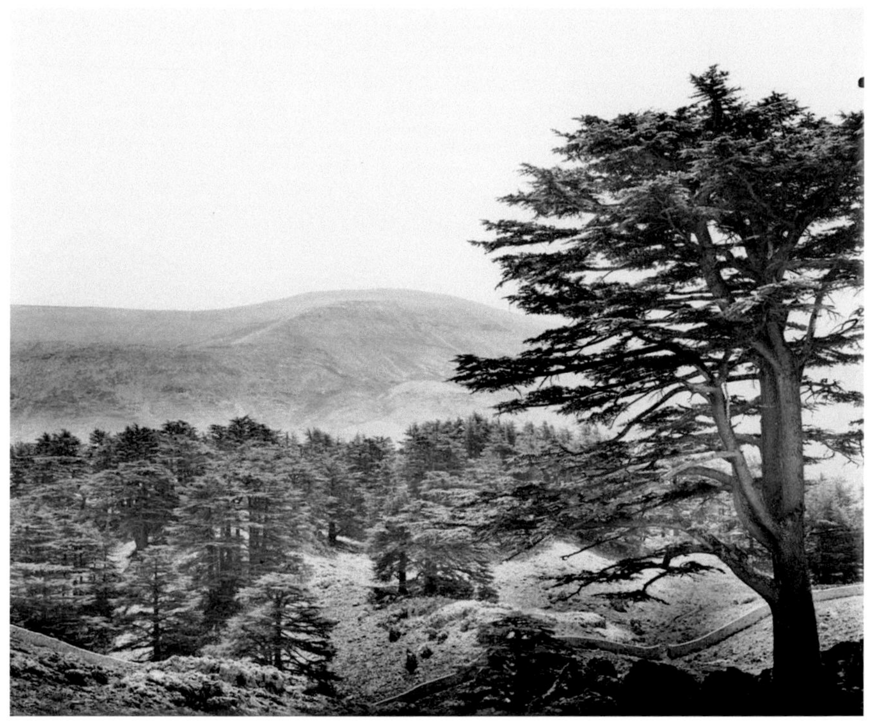

Baalbek (Heliopolis), cédrusok Libanonban |
Baalbek (Heliopolis), Cedars in the Lebanon, 1898

In the second half of 1903, after his grand tour of Europe (Switzerland, the Netherlands, Belgium, England, France, Spain), he sailed from Gibraltar to Jerusalem. He was shipwrecked off Malta and made port in Egypt, finally arriving in Bethlehem on Christmas night. In 1904 he went to Jerusalem, Athens, again to Taormina and the High Tatras. In 1904–1905 he completed two major works depicting his two "great motifs", the *Valley of Great Tarpatak in the High Tatra* and the *Ruins of the Ancient Greek Theatre in Taormina*.

In September 1905, he organised his first exhibition at the Budapest City Park Industrial Hall, then again travelled to Jerusalem and Damascus. In 1906 he painted his largest oil painting, the nearly 30 square metre plein air work, *Baalbek*. He spent the spring of 1907 in Lebanon, where he created his paintings *The Lonely Cedar* and *Pilgrimage to the Cedars in Lebanon*. In June 1907 he

organised a show of forty of his works in Paris at the Grande Serre de la Ville de Paris (Palais de Glace). In 1908 he completed a larger scale work in Jerusalem entitled *Mary's Well at Nazareth* and *Moroccan Teacher* in Palestine.

In November 1908 he organised his second exhibition in Budapest, comprised of fifty paintings, at the City Park Industrial Hall. A brief biography appeared in the exhibition catalogue. In late 1909 he painted his last oil painting in Naples entitled *Riders on the Seashore.* In 1910 he organised a show in Berlin of forty-four works, he even printed the catalogue, but the show was cancelled. In the summer of that year, he exhibited forty-two of his works in the second floor lecture halls of the old Royal Joseph University of Technology on Múzeum Boulevard, Budapest.

By this time, lost his mental balance and did not paint again, but he continued his public activities. He wrote his autobiographical diary entries probably around 1910. From 1911 he edited essays, leaflets, and gave lectures ("Energy and Art. The mistakes of the cultured man", 1912; "The Spark. Who can and cannot be a genius", 1913). In 1913 news of him was received from Constantinople. In the period between 1914 and 1919 he made plans for large-scale pictures and pencil sketches with symbolic content. In 1917 he ordered canvas from Düsseldorf, but the company cancelled further deliveries of canvases.

On 20 June 1919 Csontváry died of arterial infection in Saint John Hospital, Budapest. He was buried in the Óbuda cemetery on 28 June. At the October 1919 auction of his bequest, a distant relative of the family, the architect Gedeon Gerlóczy, purchased his pictures and writings, thereby saving Csontváry's canvases from being sold as cart covers.

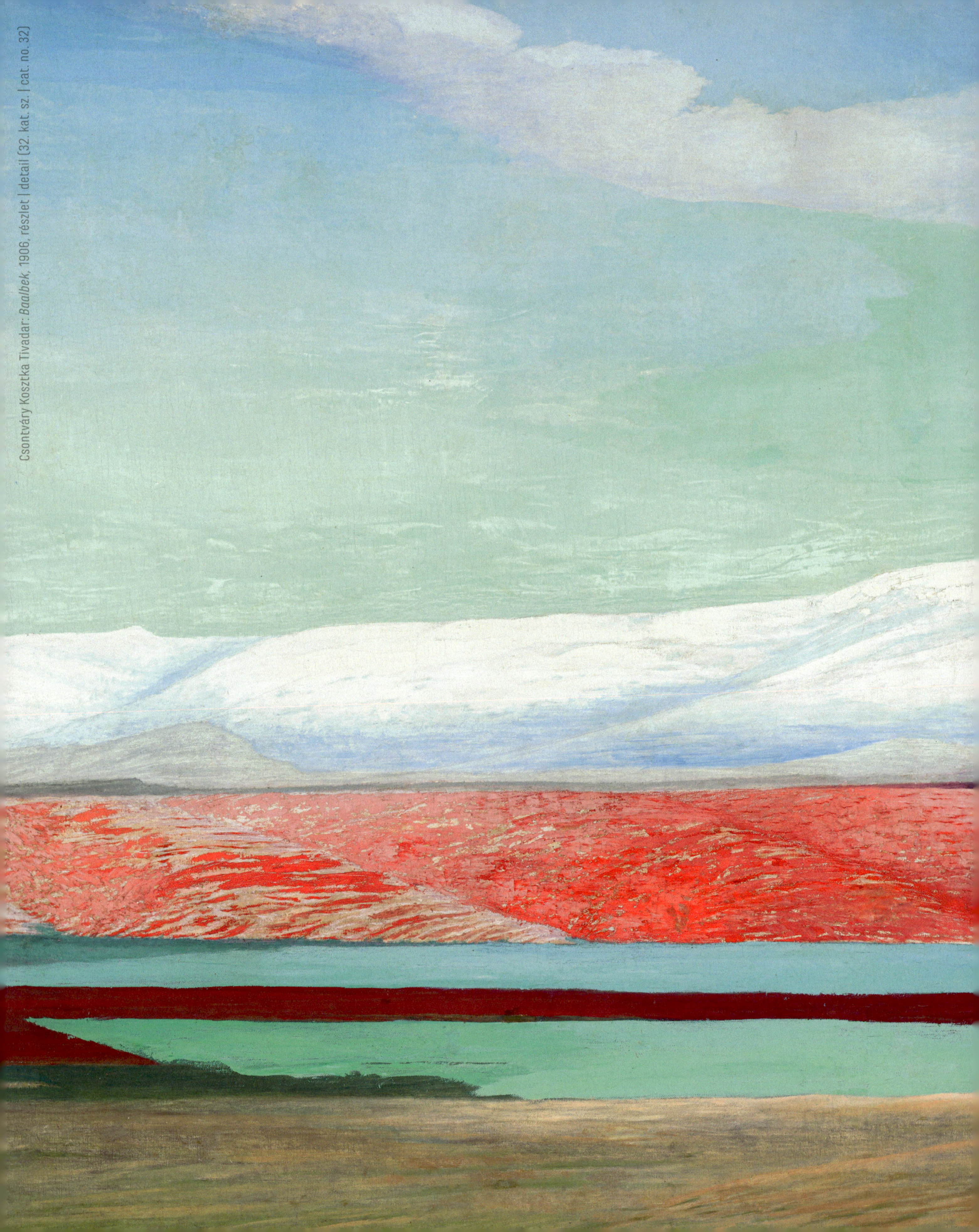
Csontváry Kosztka Tivadar: *Baalbek*, 1906, részlet | detail [32. kat. sz. | cat. no. 32]

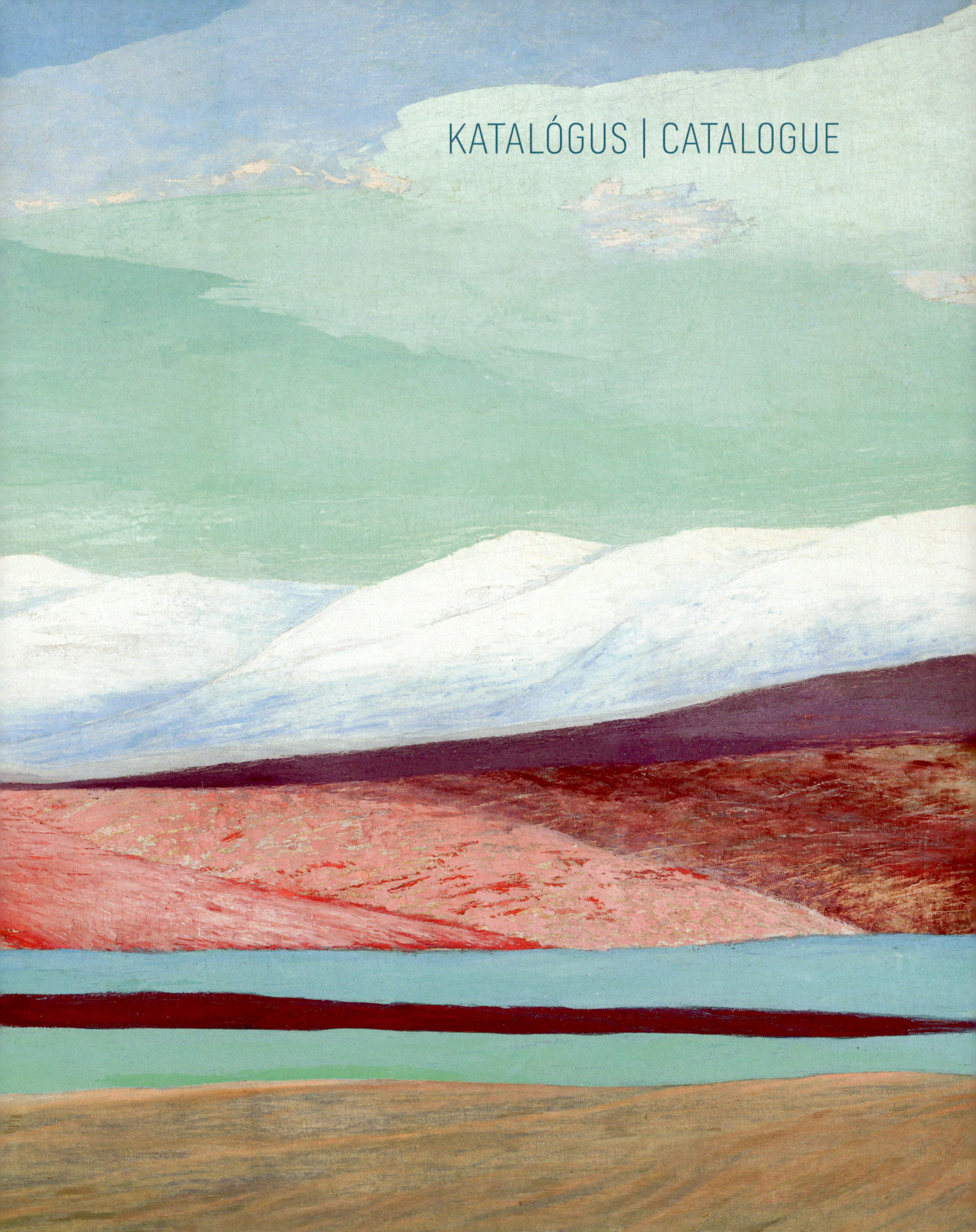
KATALÓGUS | CATALOGUE

Önarckép | Self-Portrait, 1894

Szépművészeti Múzeum – Magyar Nemzeti Galéria, Budapest
Museum of Fine Arts – Hungarian National Gallery, Budapest

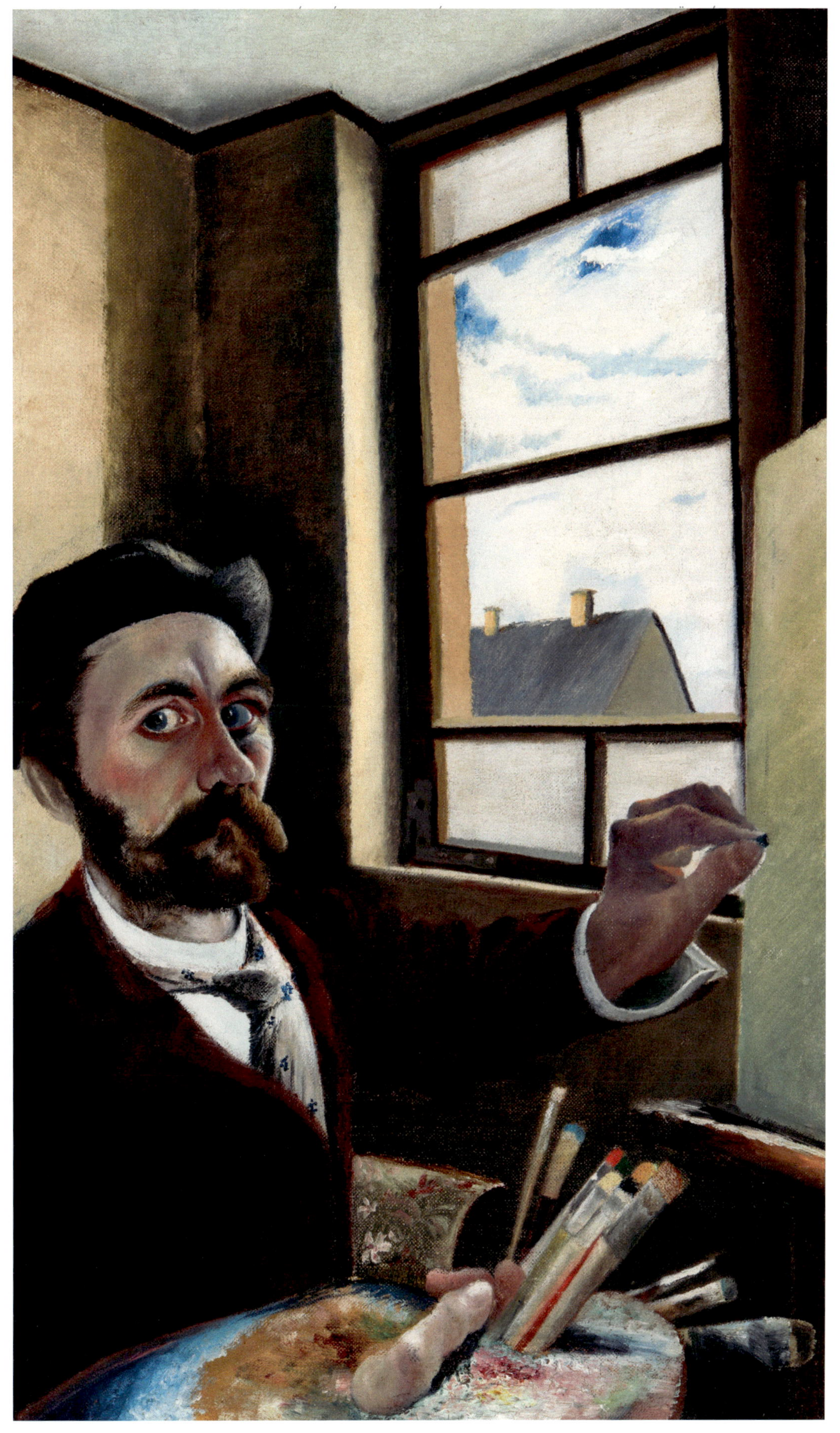

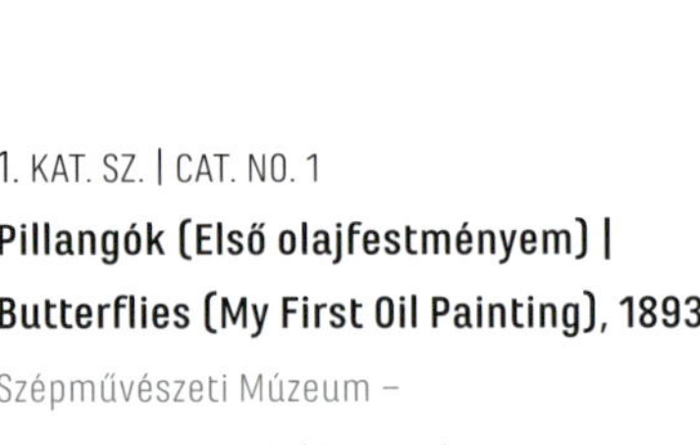

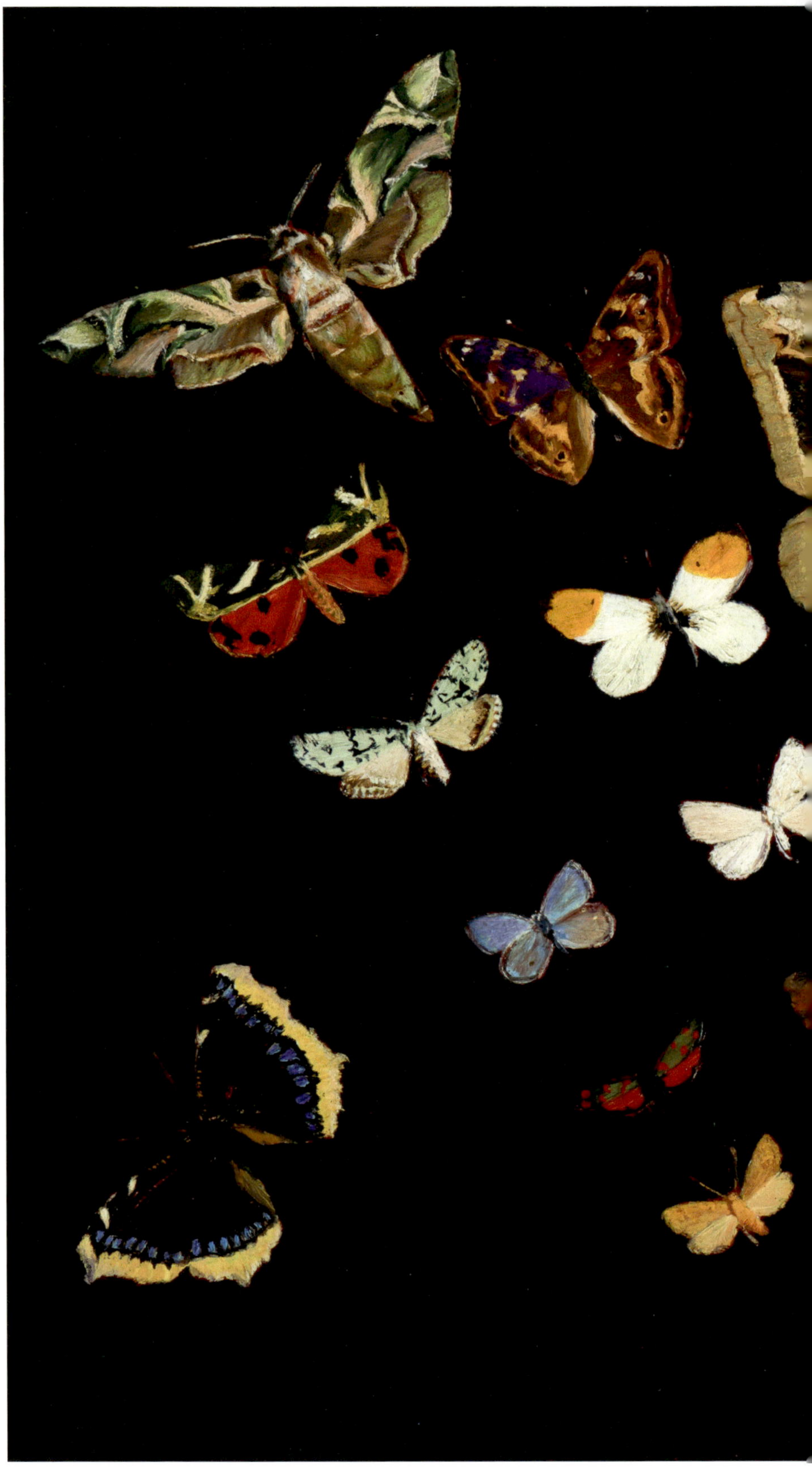

Pillangók (Első olajfestményem) |
Butterflies (My First Oil Painting), 1893

Szépművészeti Múzeum –
Magyar Nemzeti Galéria, Budapest
Museum of Fine Arts –
Hungarian National Gallery, Budapest

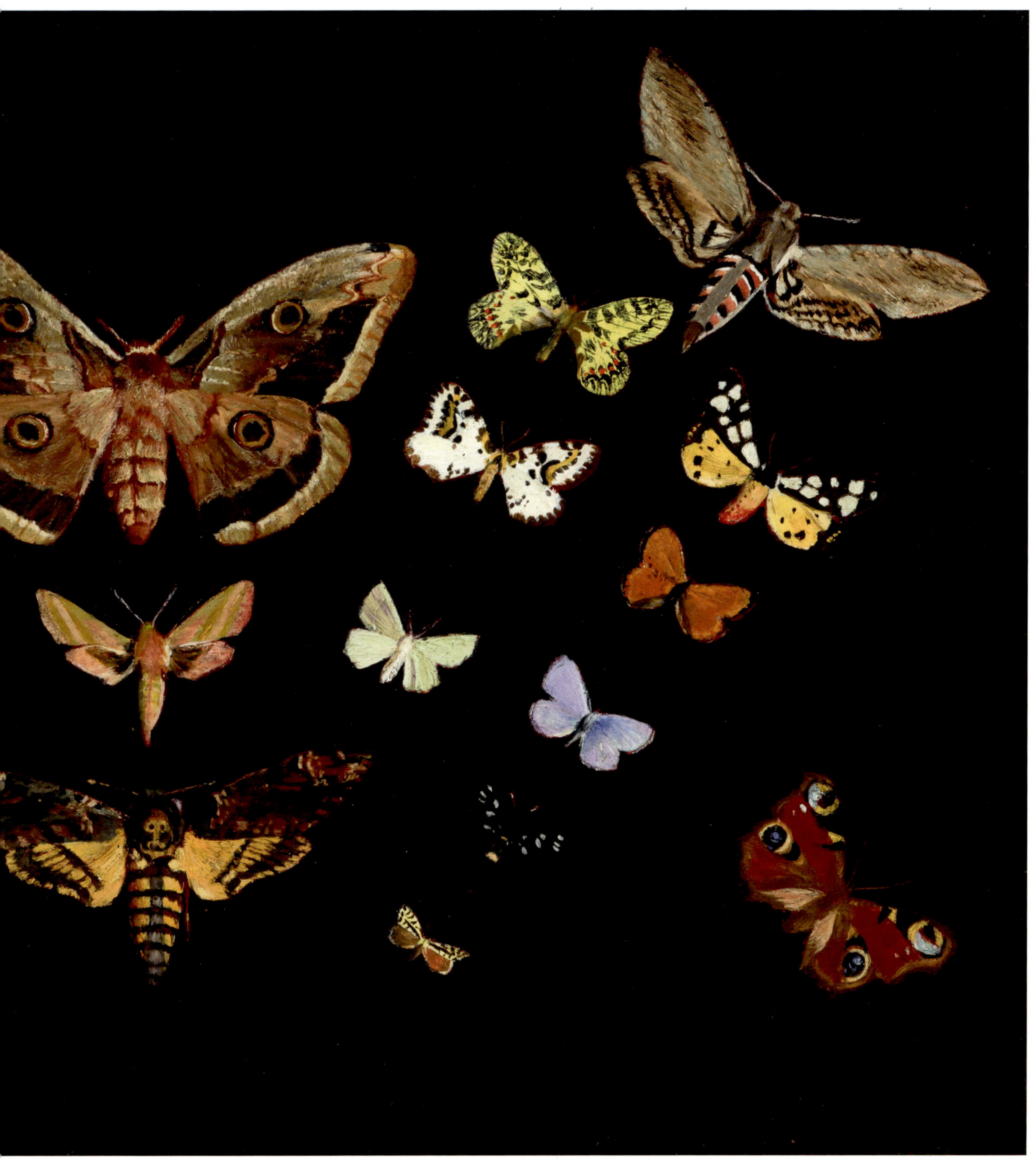

Süvöltőt leterítő karvaly | Buzzard Seizing a Bullfinch, 1893

Szépművészeti Múzeum – Magyar Nemzeti Galéria, Budapest

Museum of Fine Arts – Hungarian National Gallery, Budapest

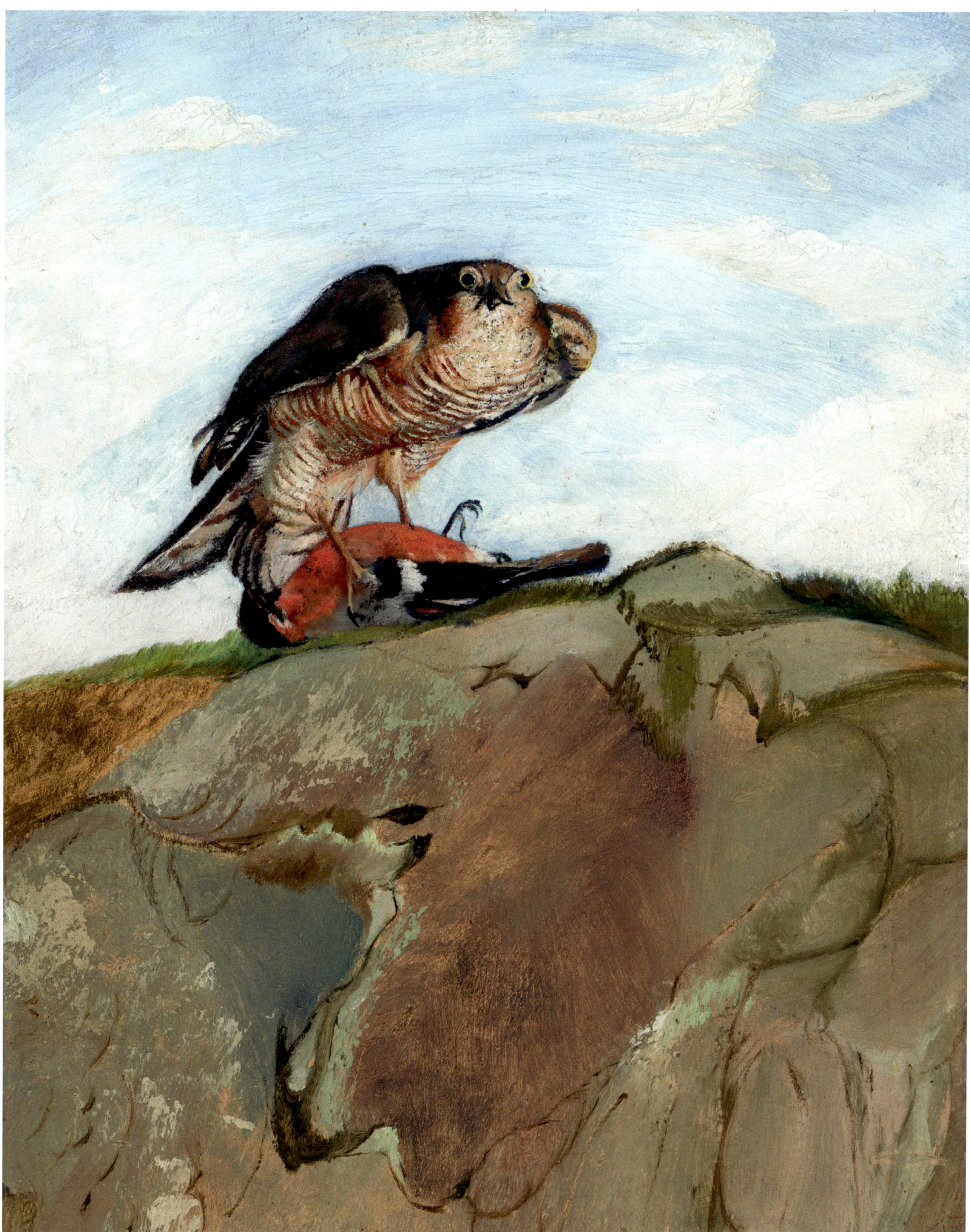

Tövisszúró gébicsek | Red-backed Shrikes, 1893

Szépművészeti Múzeum – Magyar Nemzeti Galéria, Budapest
Museum of Fine Arts – Hungarian National Gallery, Budapest

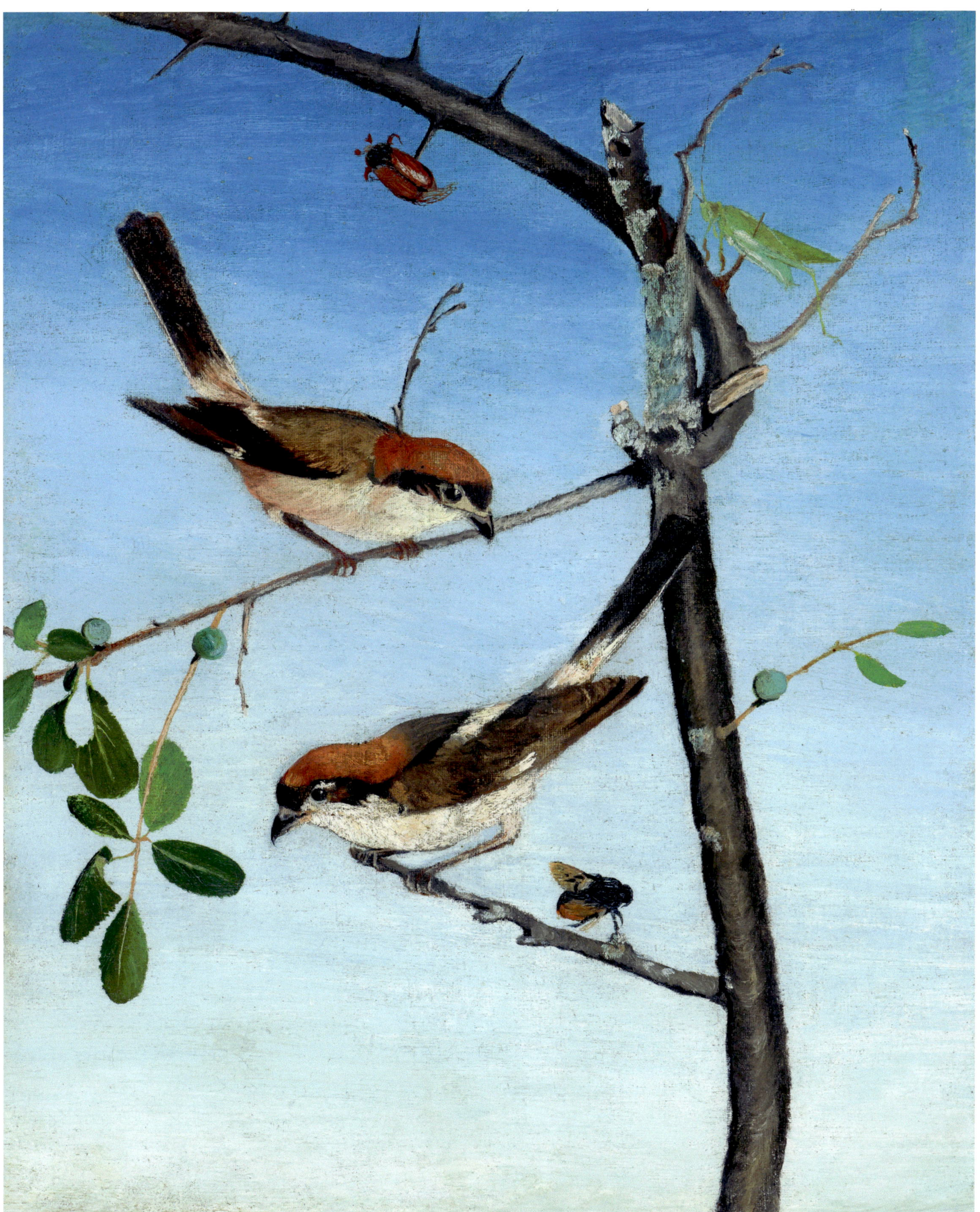

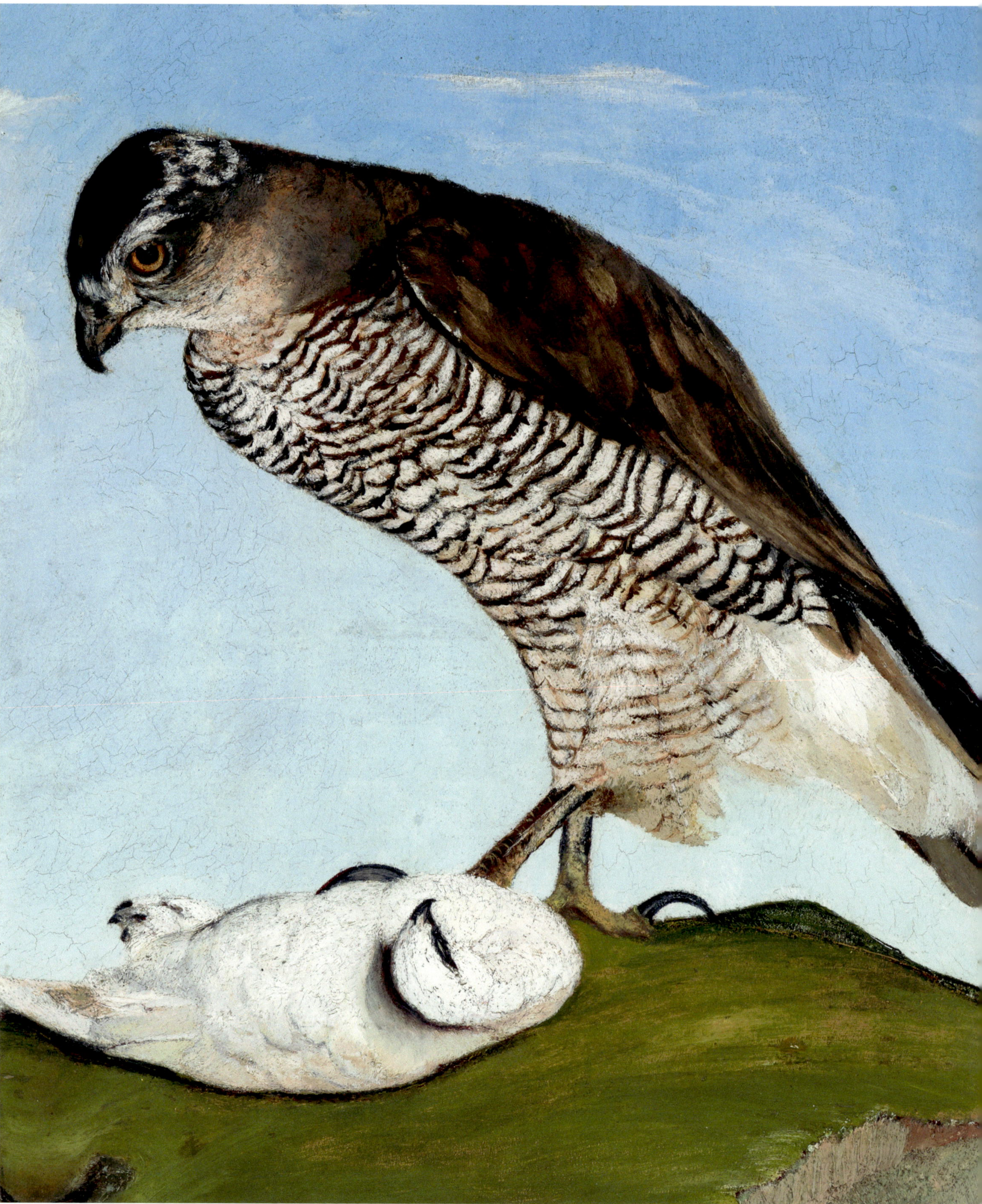

2. KAT. SZ. | CAT. NO. 2
Héja hófajddal | Goshawk with Grouse, 1893
Szépművészeti Múzeum – Magyar Nemzeti Galéria, Budapest
Museum of Fine Arts – Hungarian National Gallery, Budapest

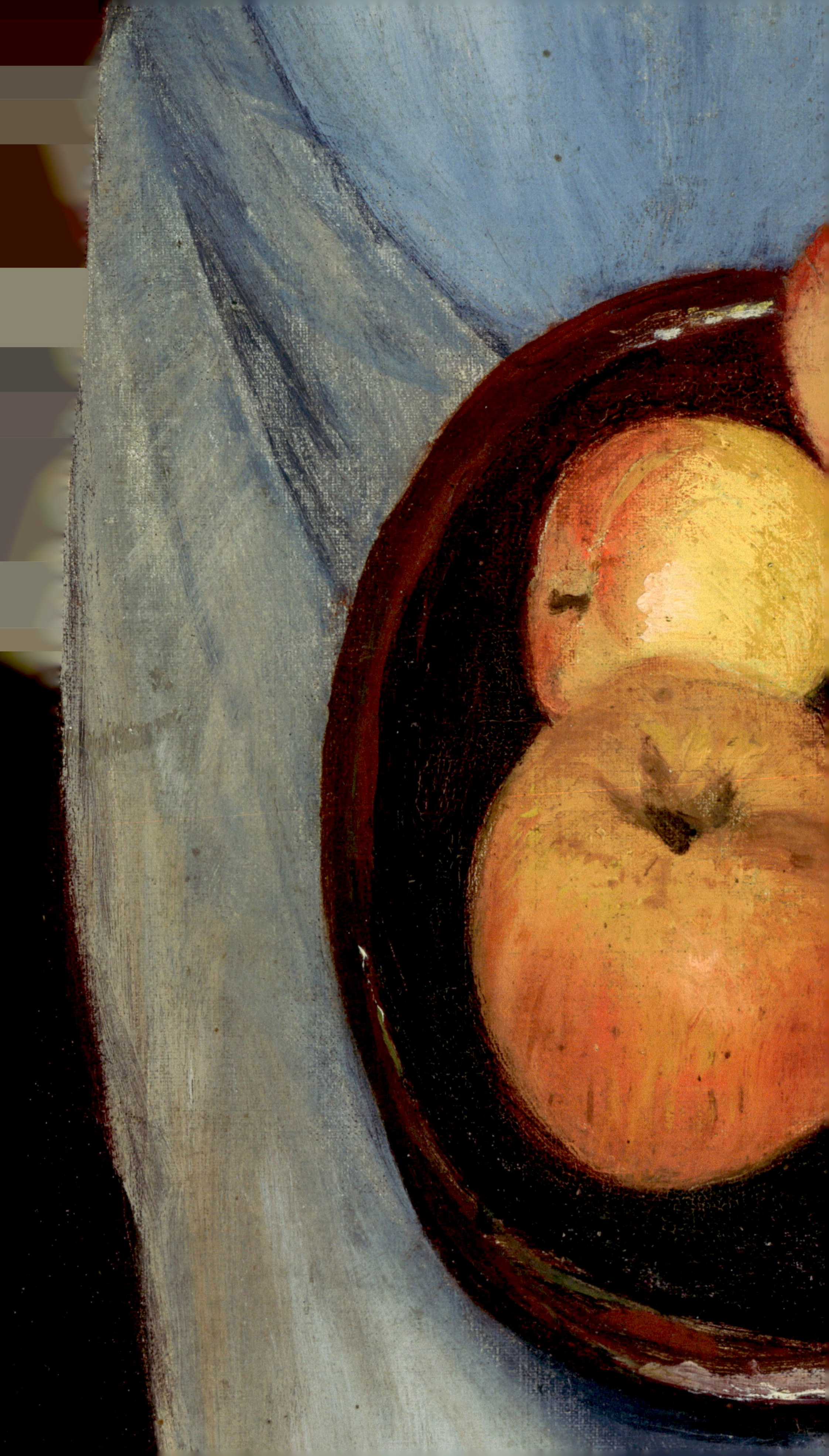

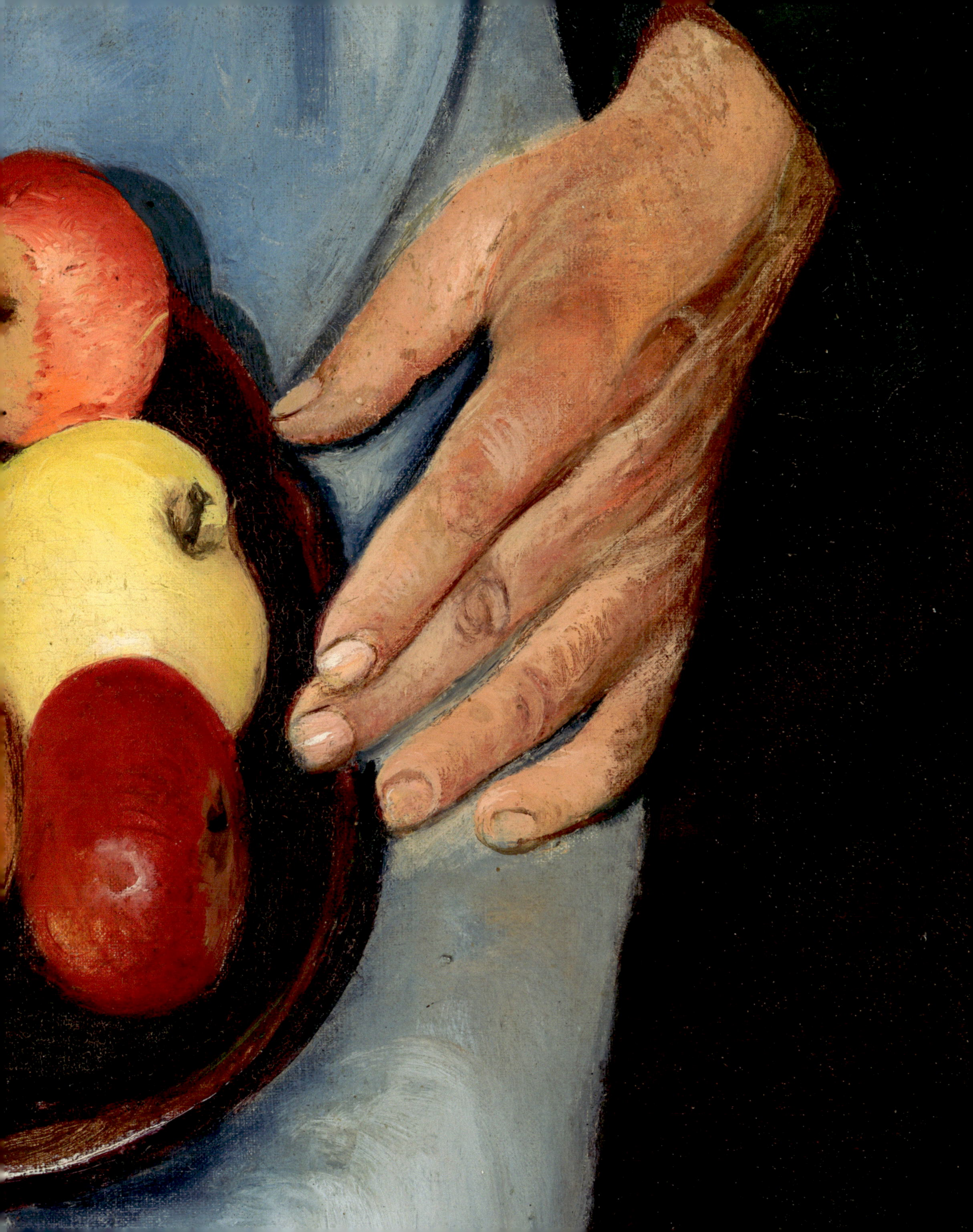

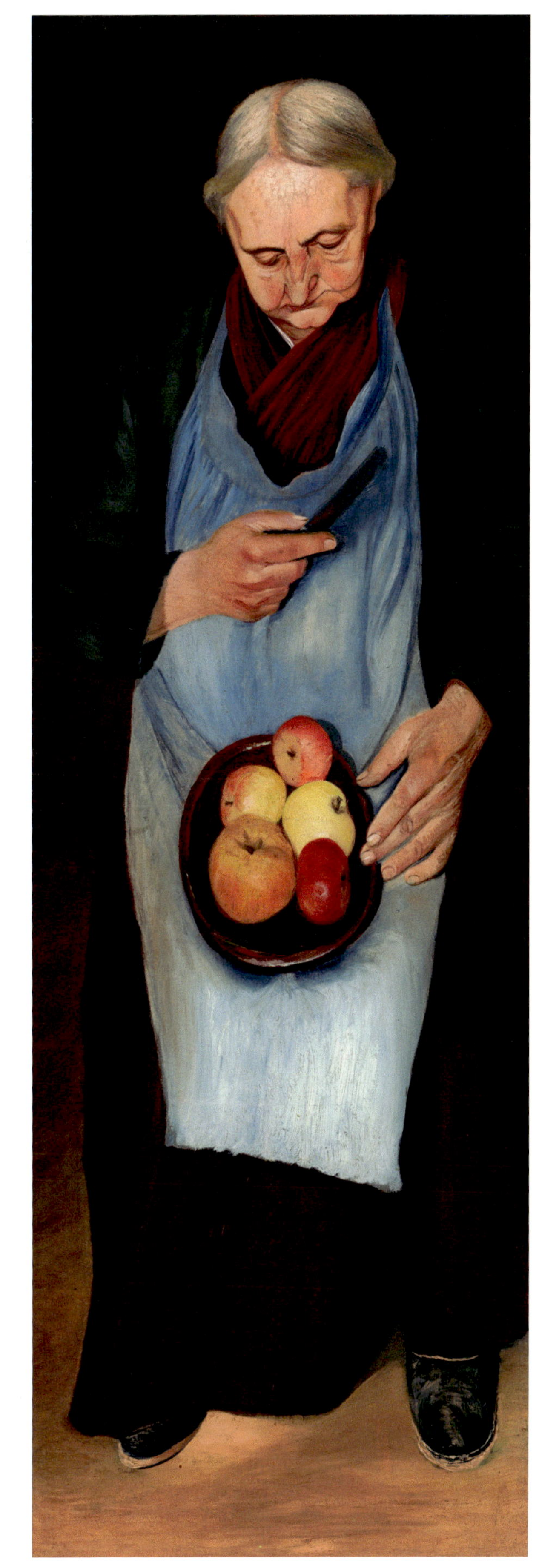

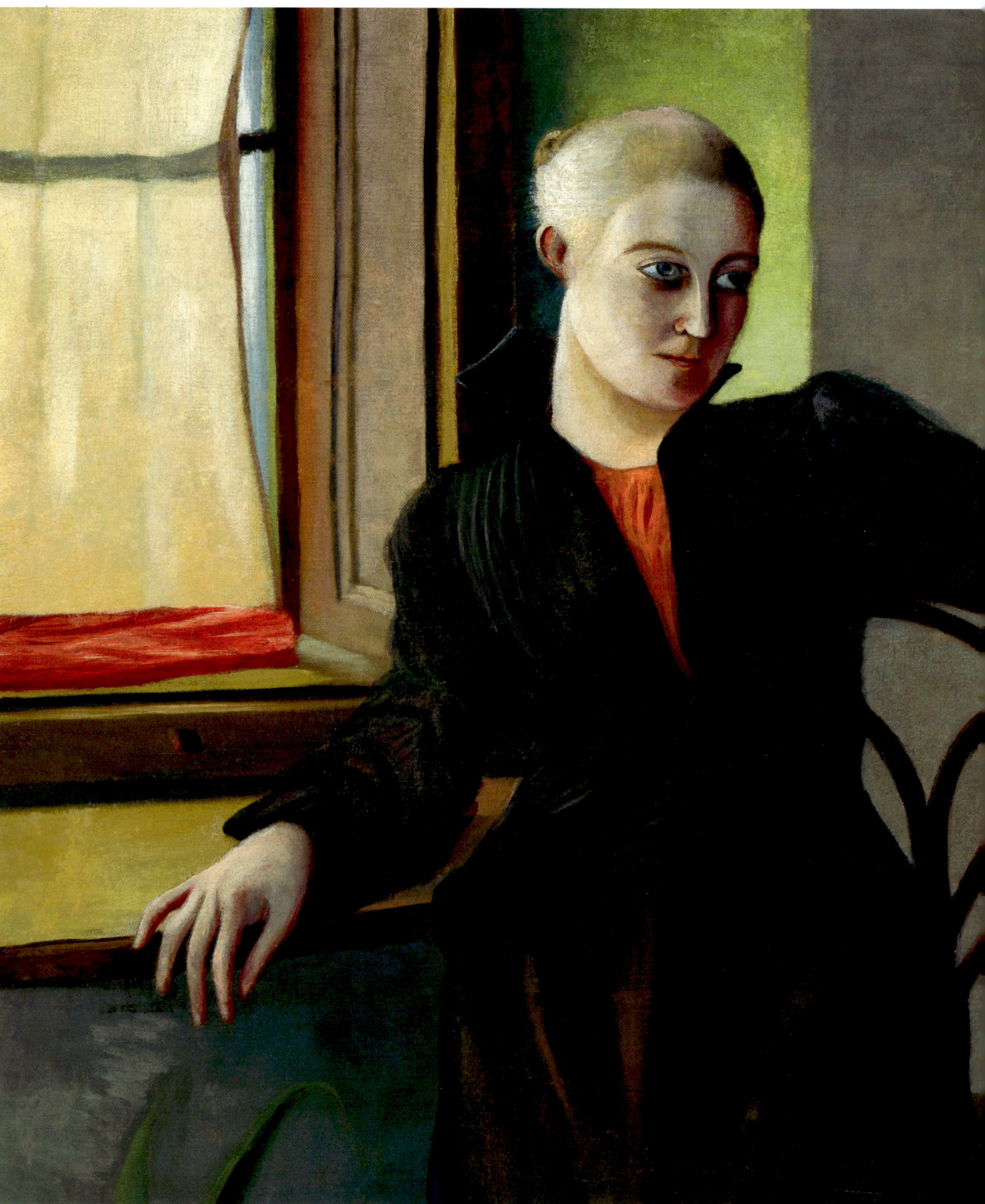

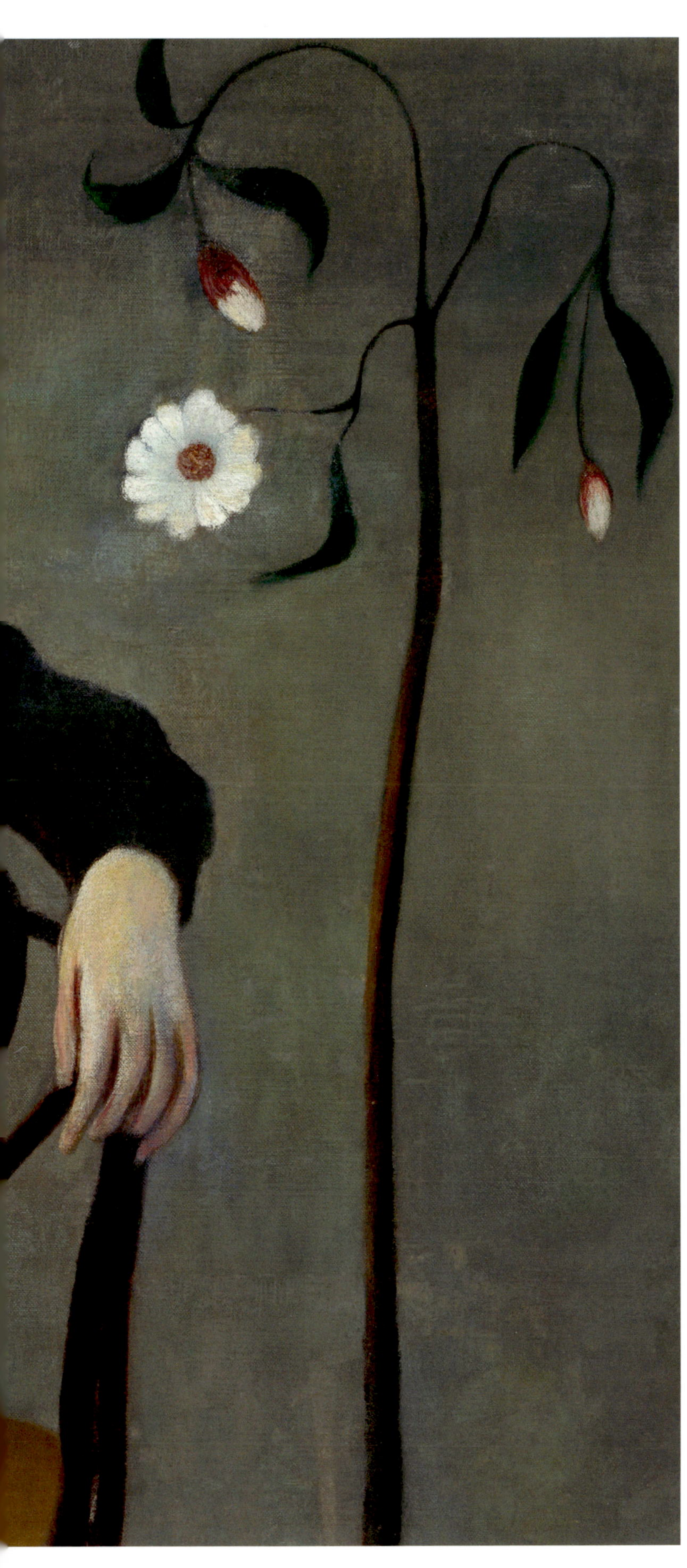

7. KAT. SZ. | CAT. NO. 7
Ablaknál ülő nő |
Woman Sitting by the Window, 1894
Szépművészeti Múzeum –
Magyar Nemzeti Galéria, Budapest
Museum of Fine Arts –
Hungarian National Gallery, Budapest

6. KAT. SZ. | CAT. NO. 6

Önarckép | Self-Portrait, 1894

Szépművészeti Múzeum – Magyar Nemzeti Galéria, Budapest

Museum of Fine Arts – Hungarian National Gallery, Budapest

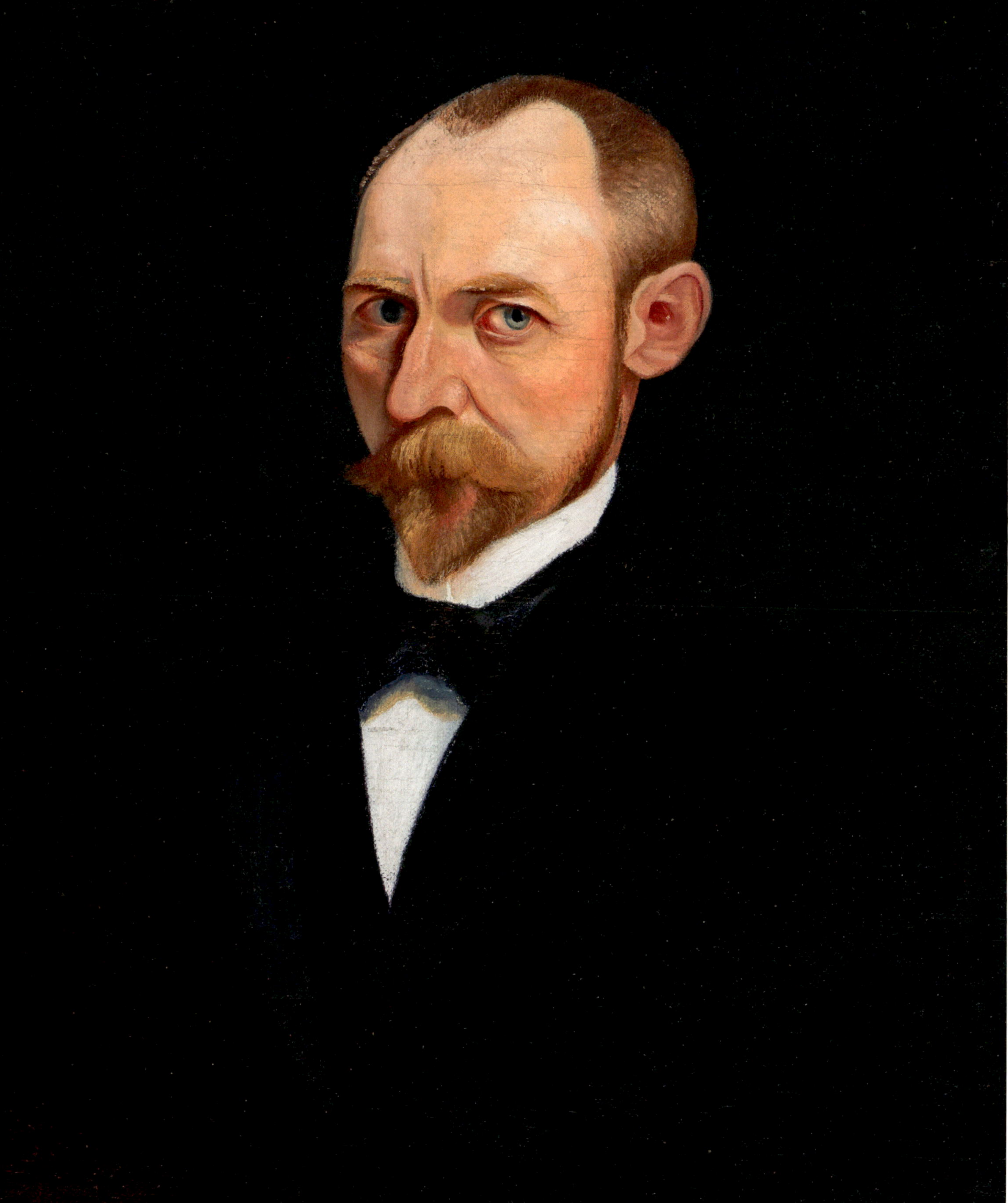

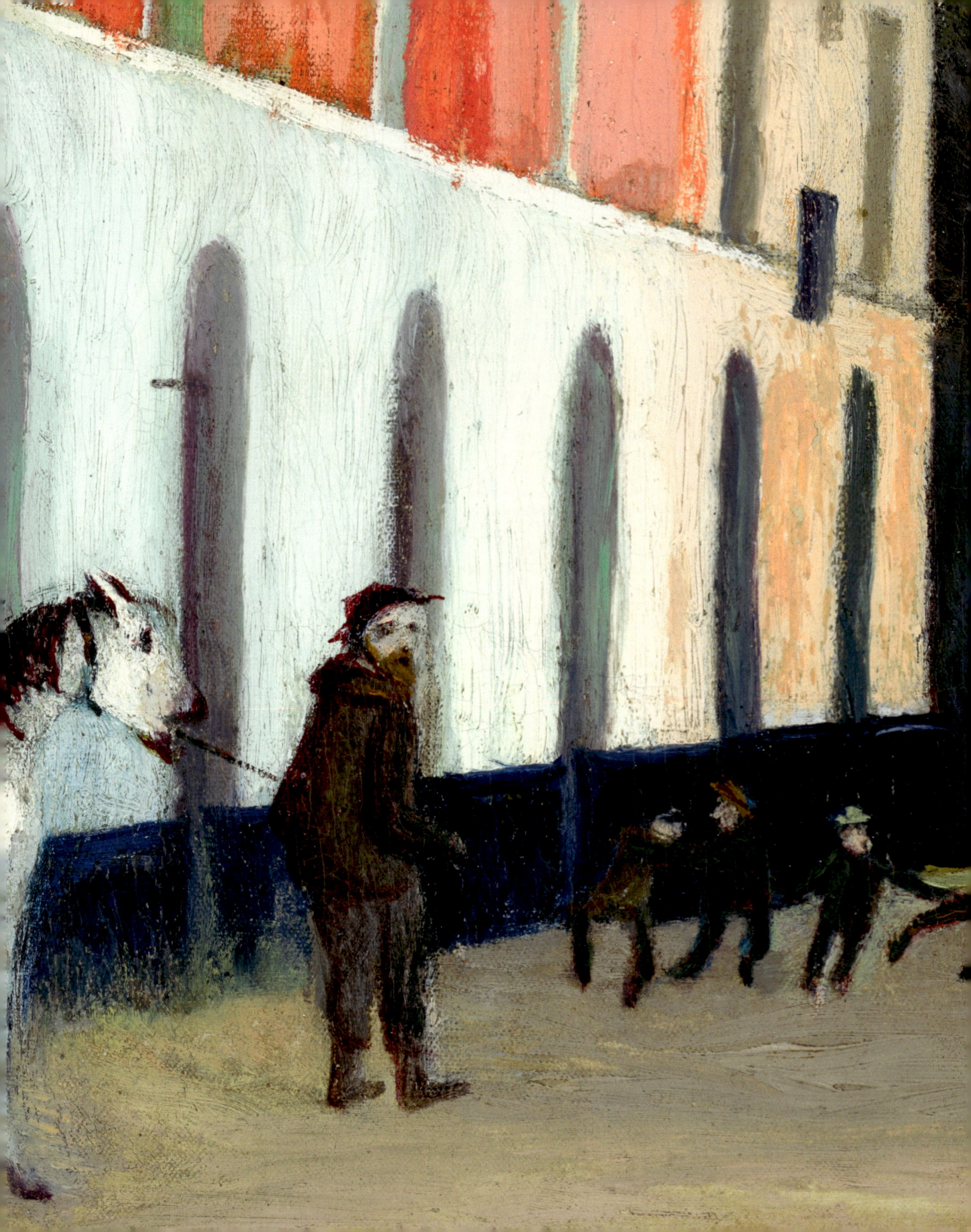

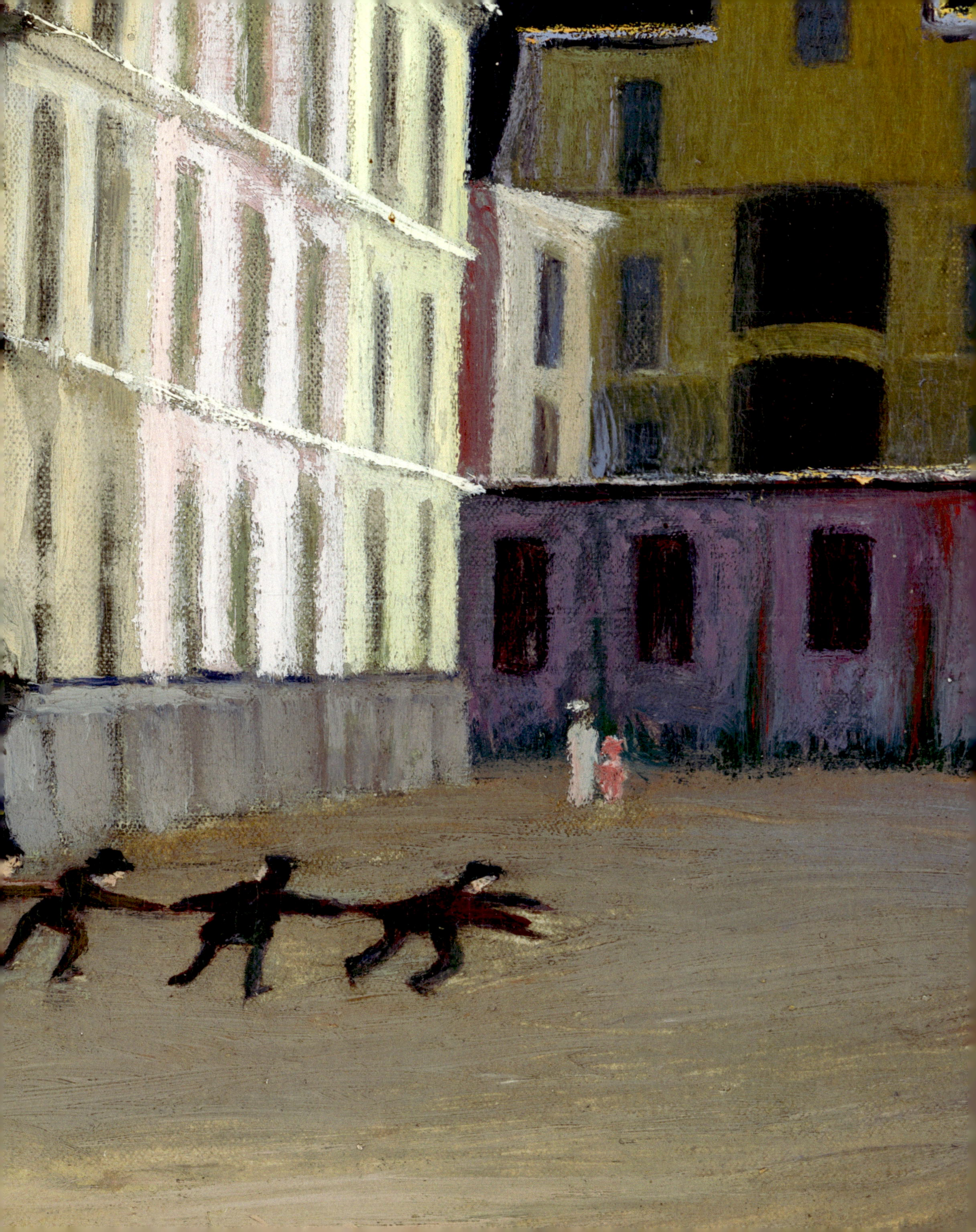

9. KAT. SZ. | CAT. NO. 9

Halászat Castellammarében |
Fishing in Castellammare, 1901

Janus Pannonius Múzeum, Pécs
Janus Pannonius Museum, Pécs

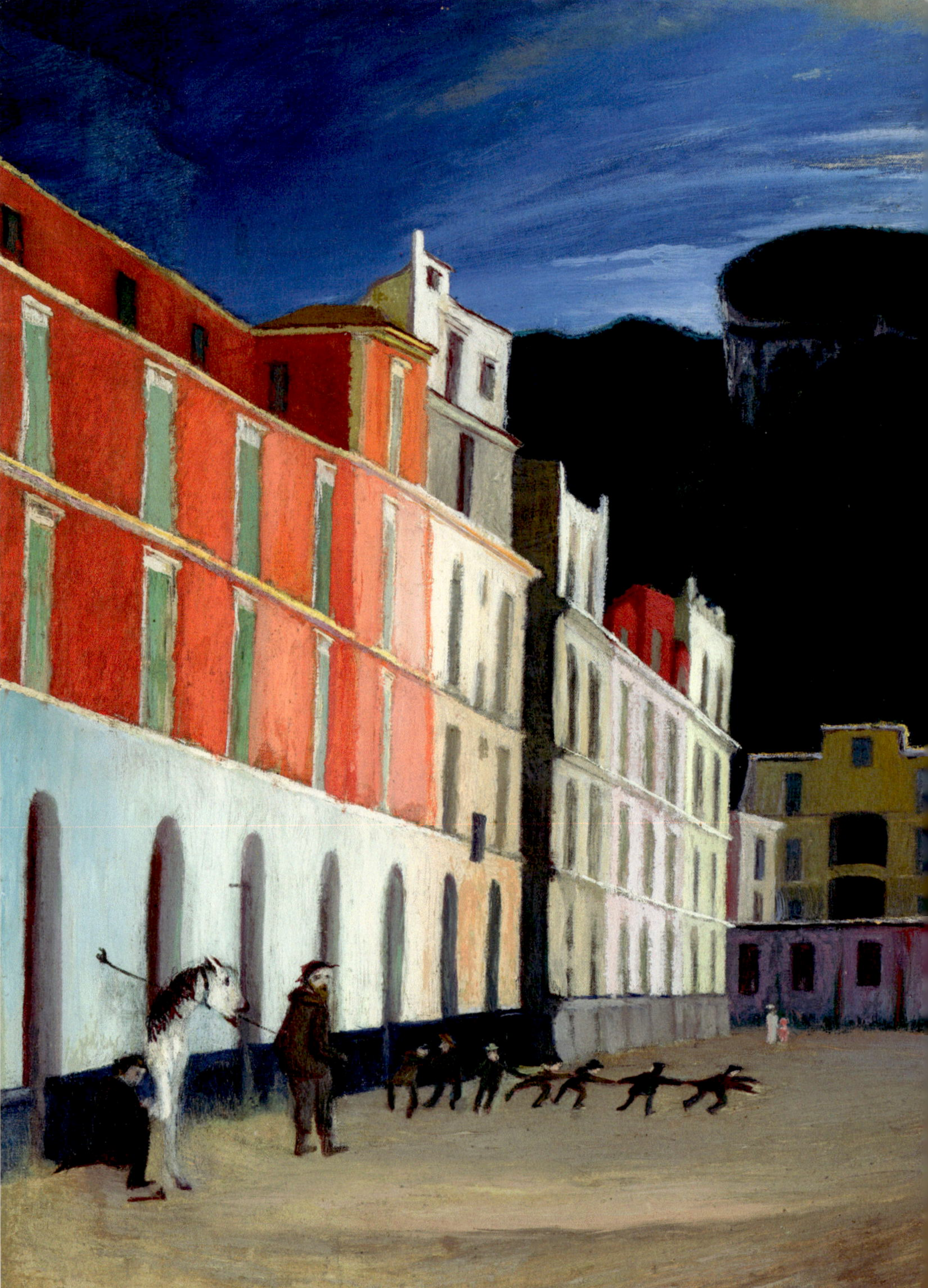

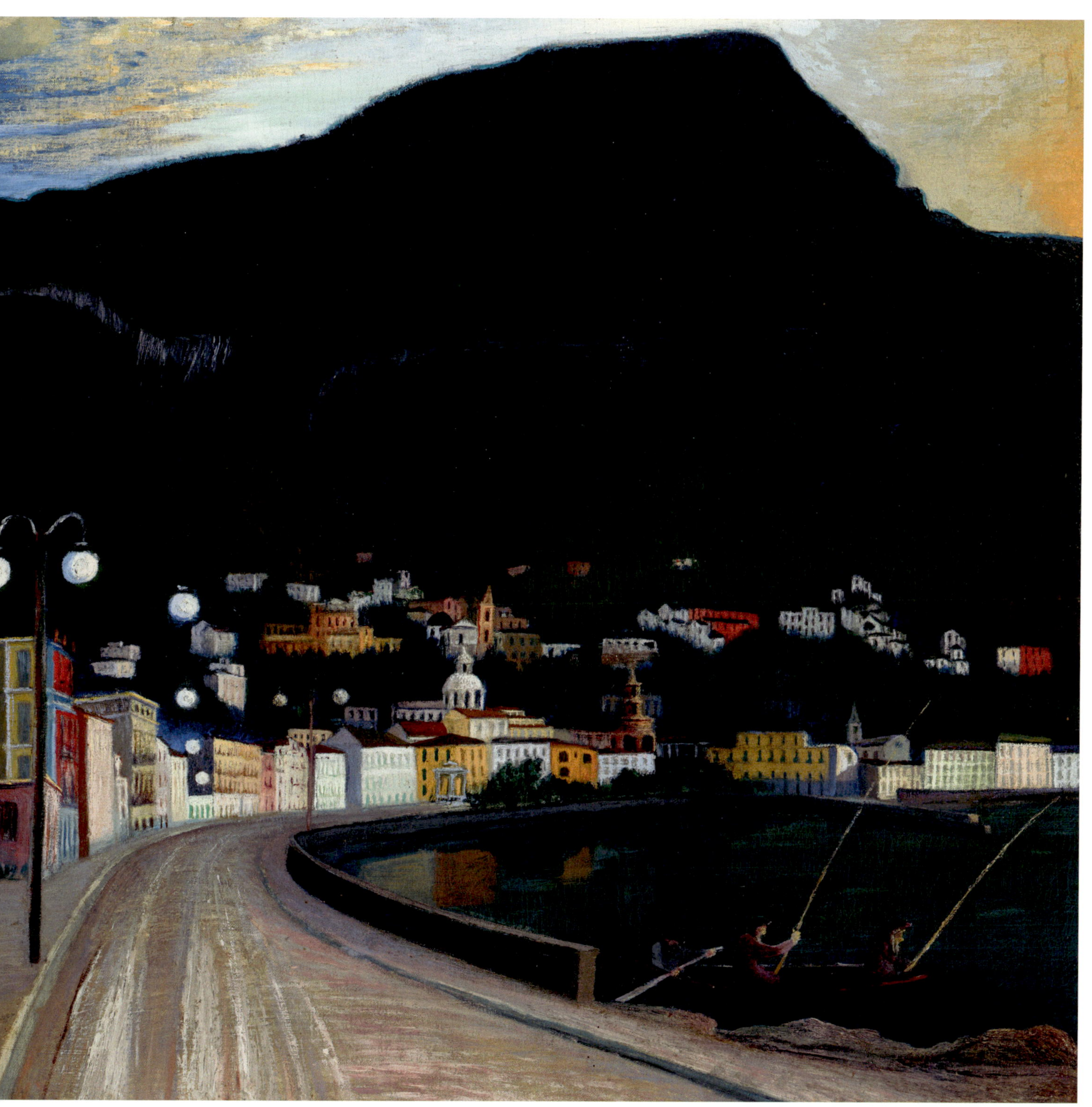

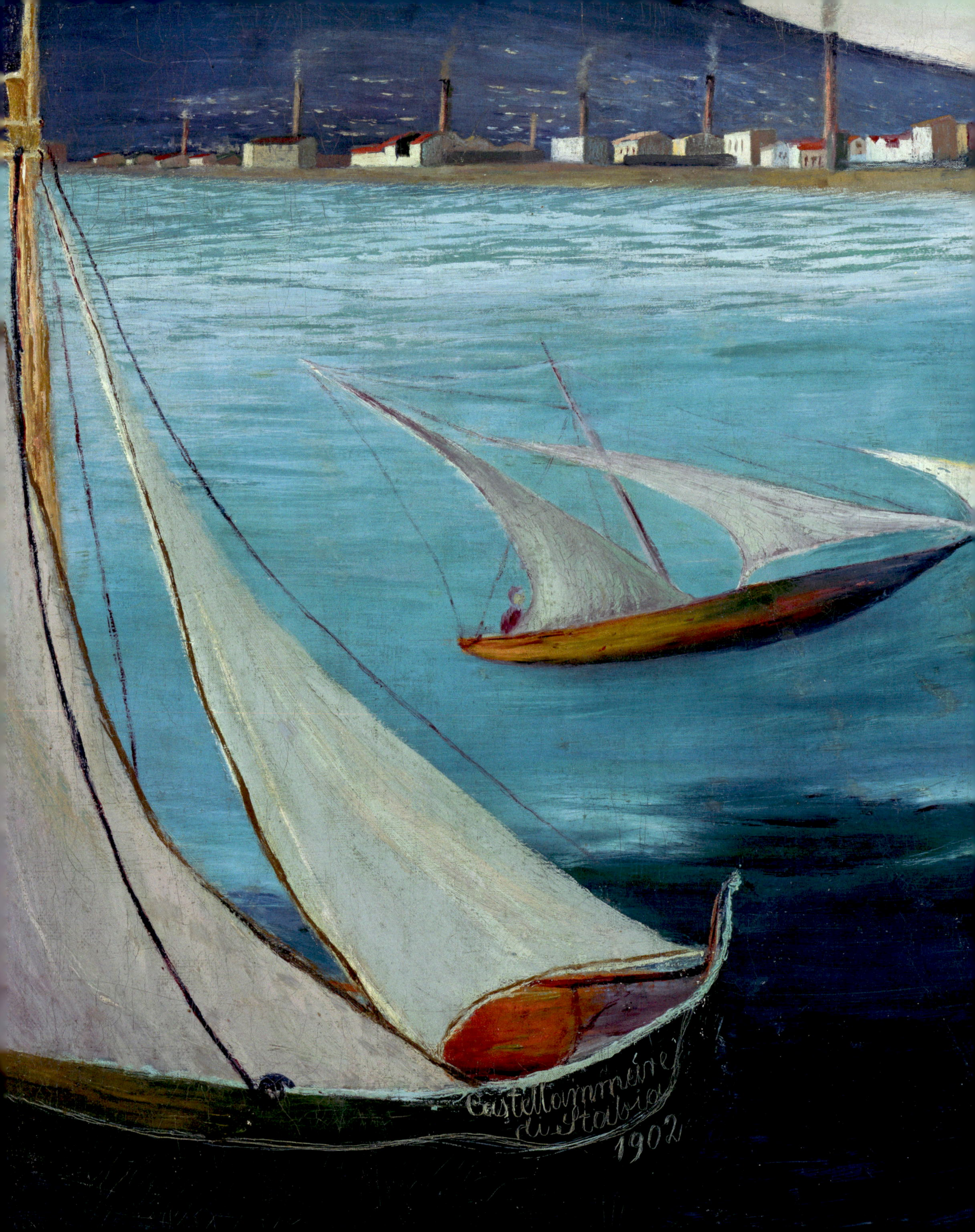
Castellammare
di Stabia
1902

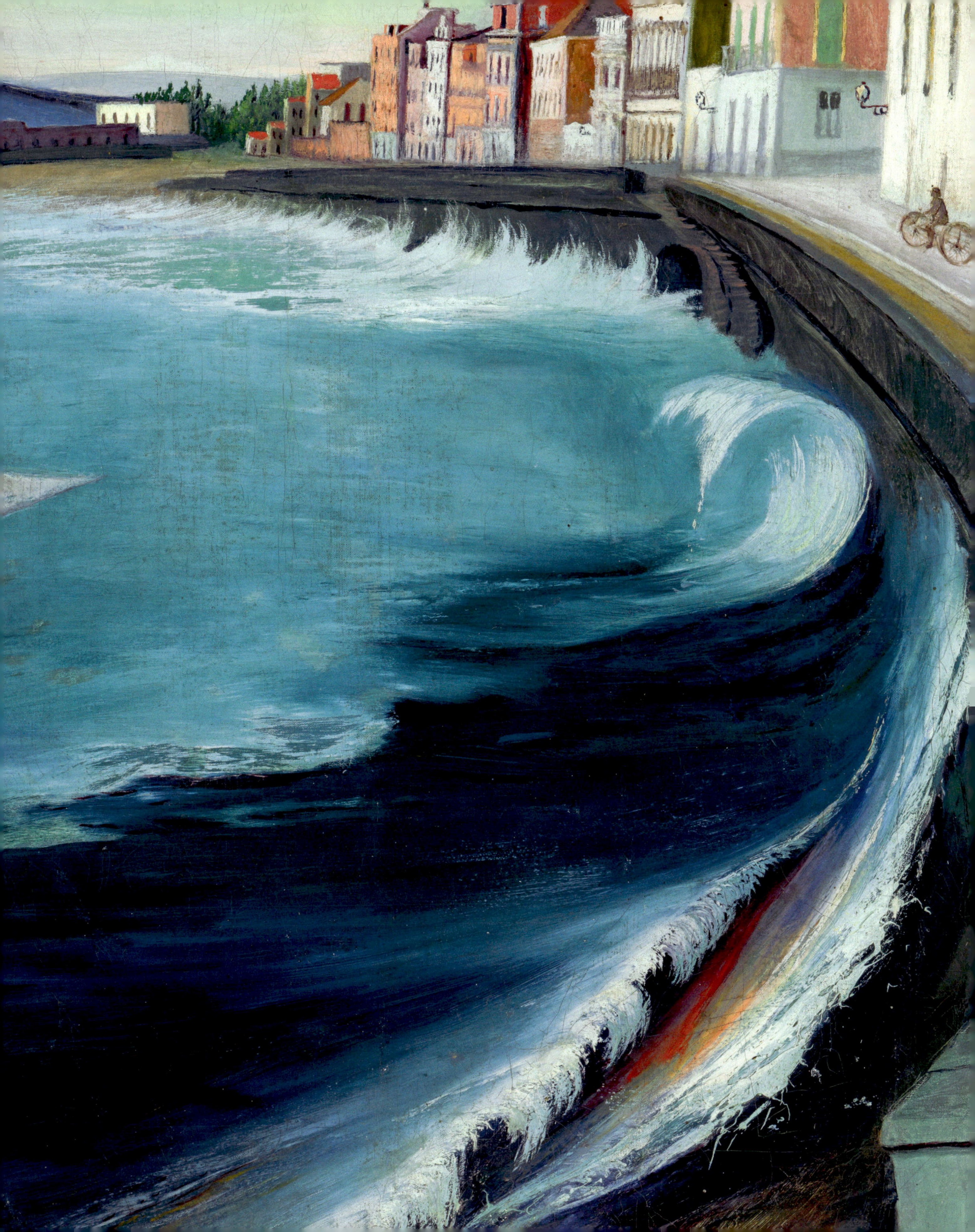

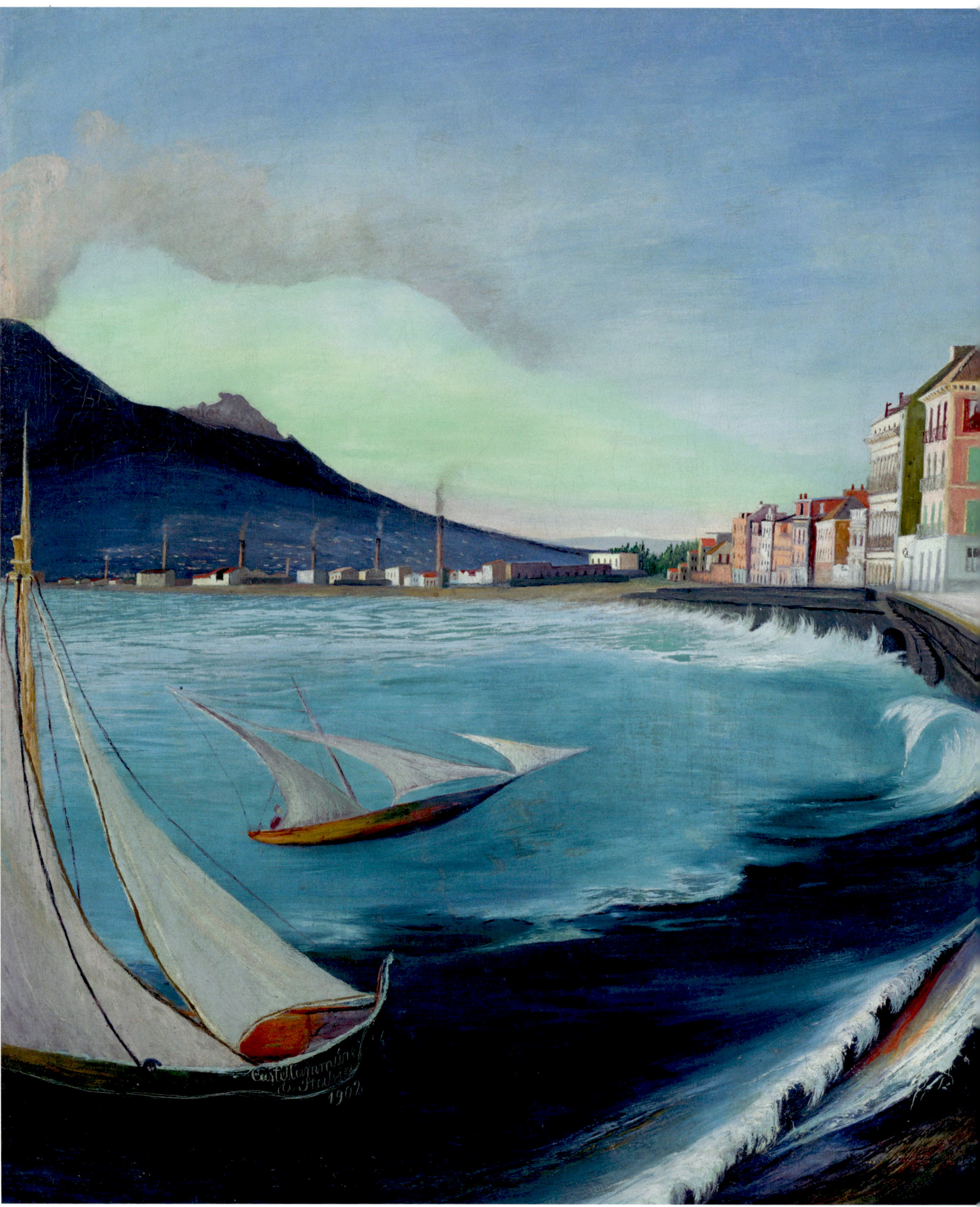
Castellammare
di Stabia
1902

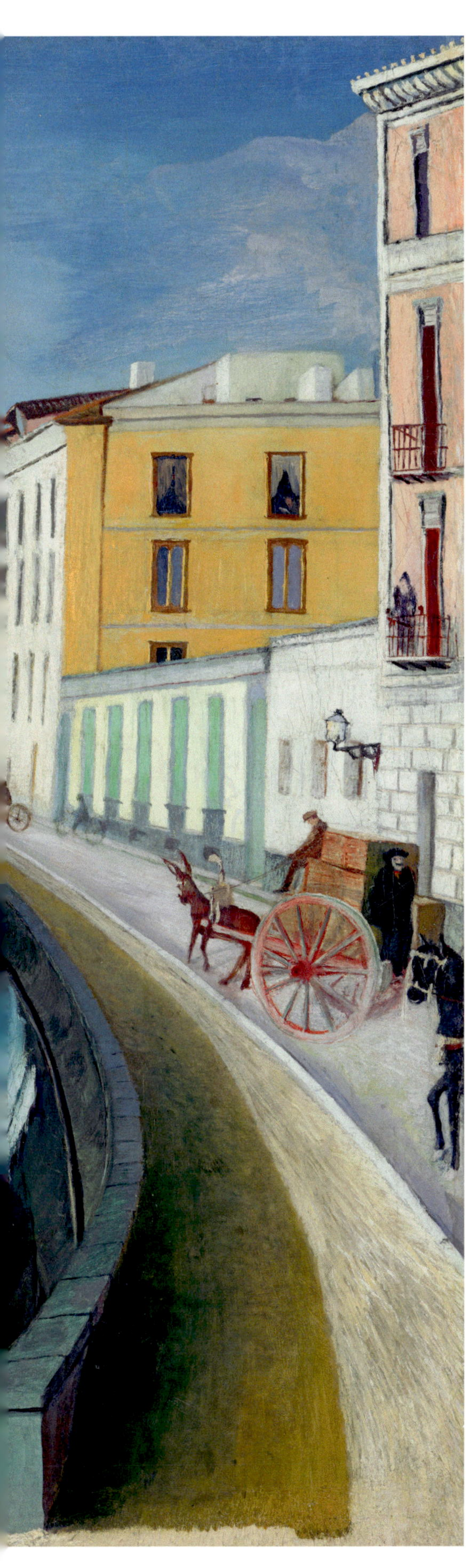

11. KAT. SZ. | CAT. NO. 11
Castellammare di Stabia, 1902
Janus Pannonius Múzeum, Pécs
Janus Pannonius Museum, Pécs

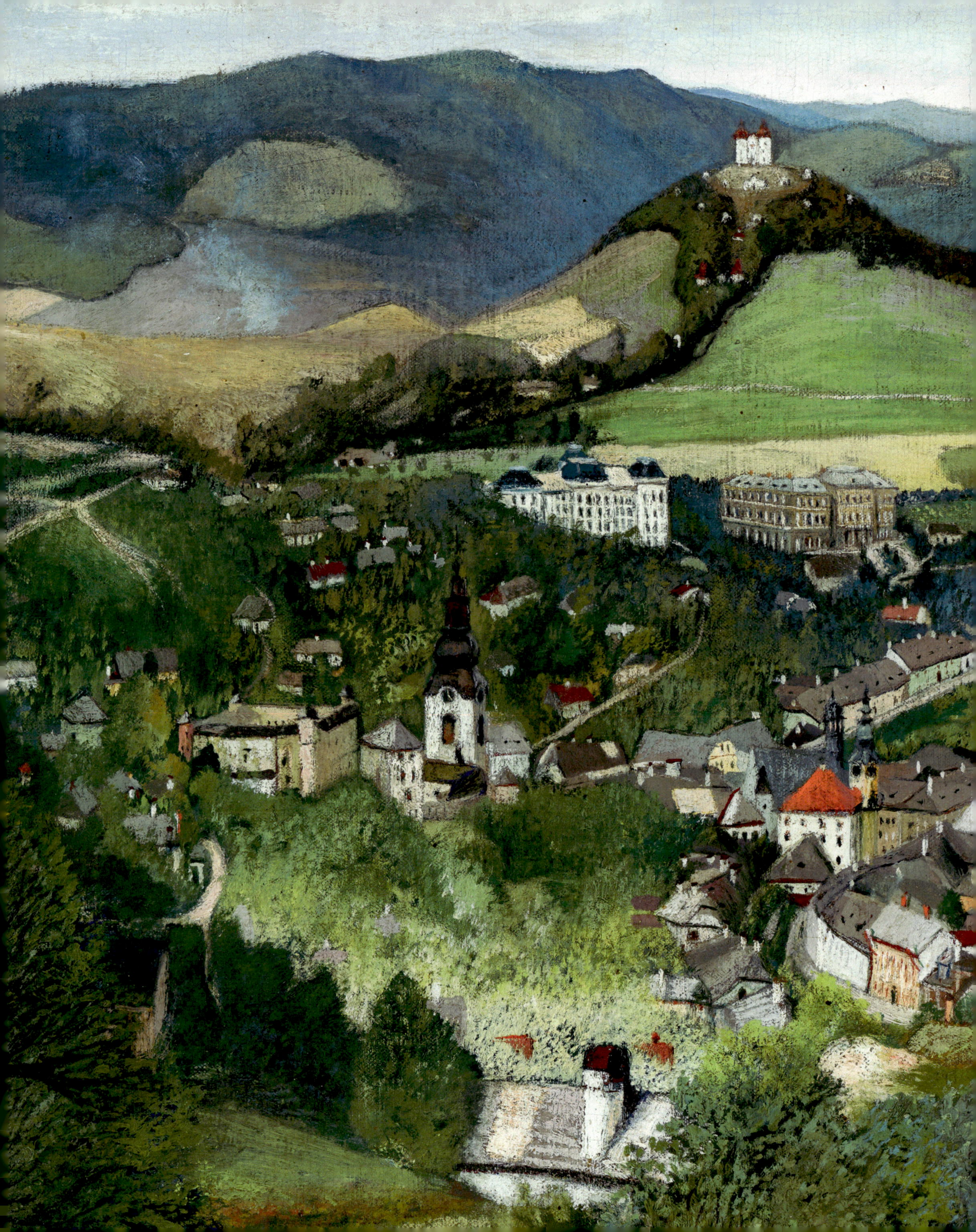

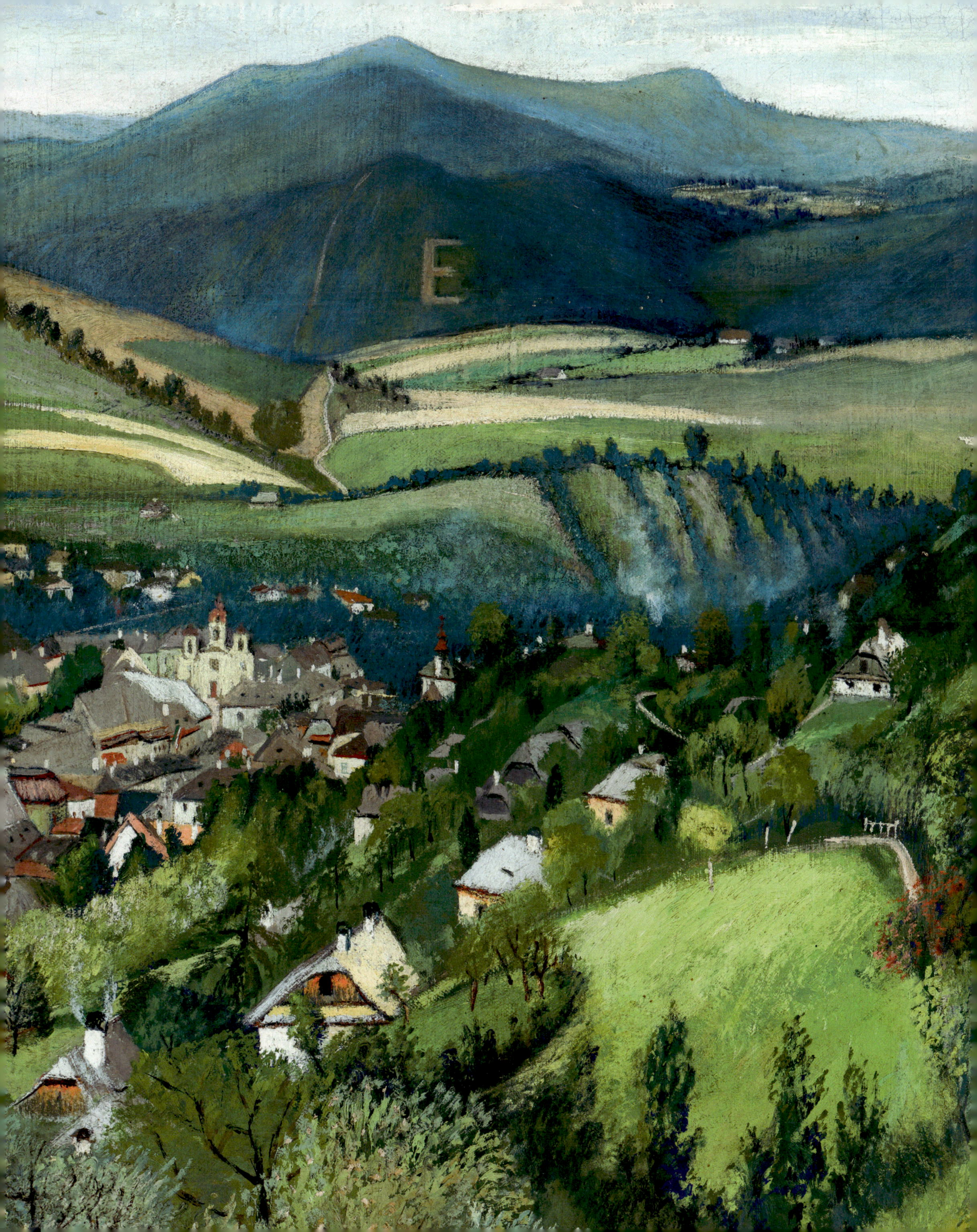

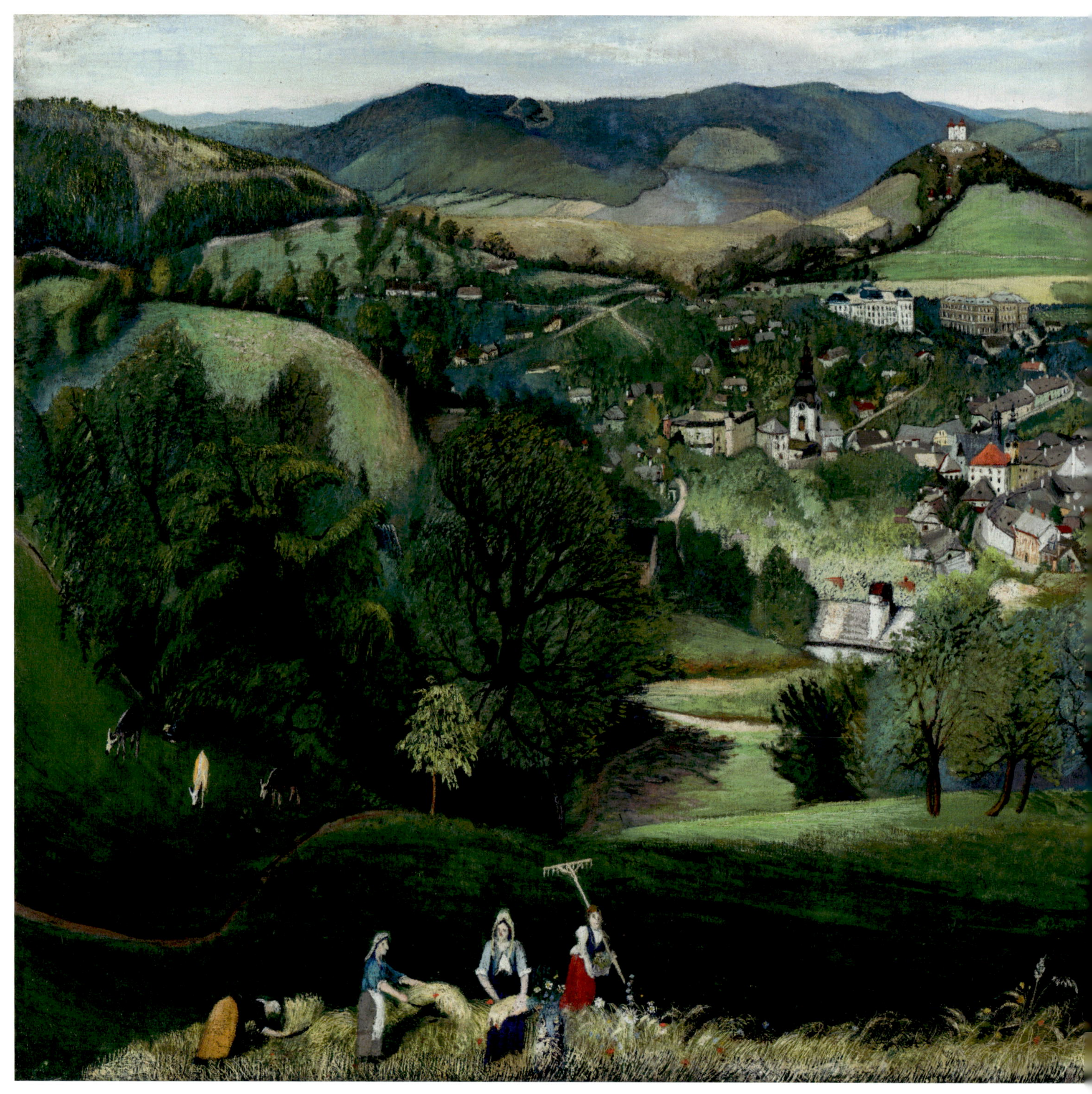

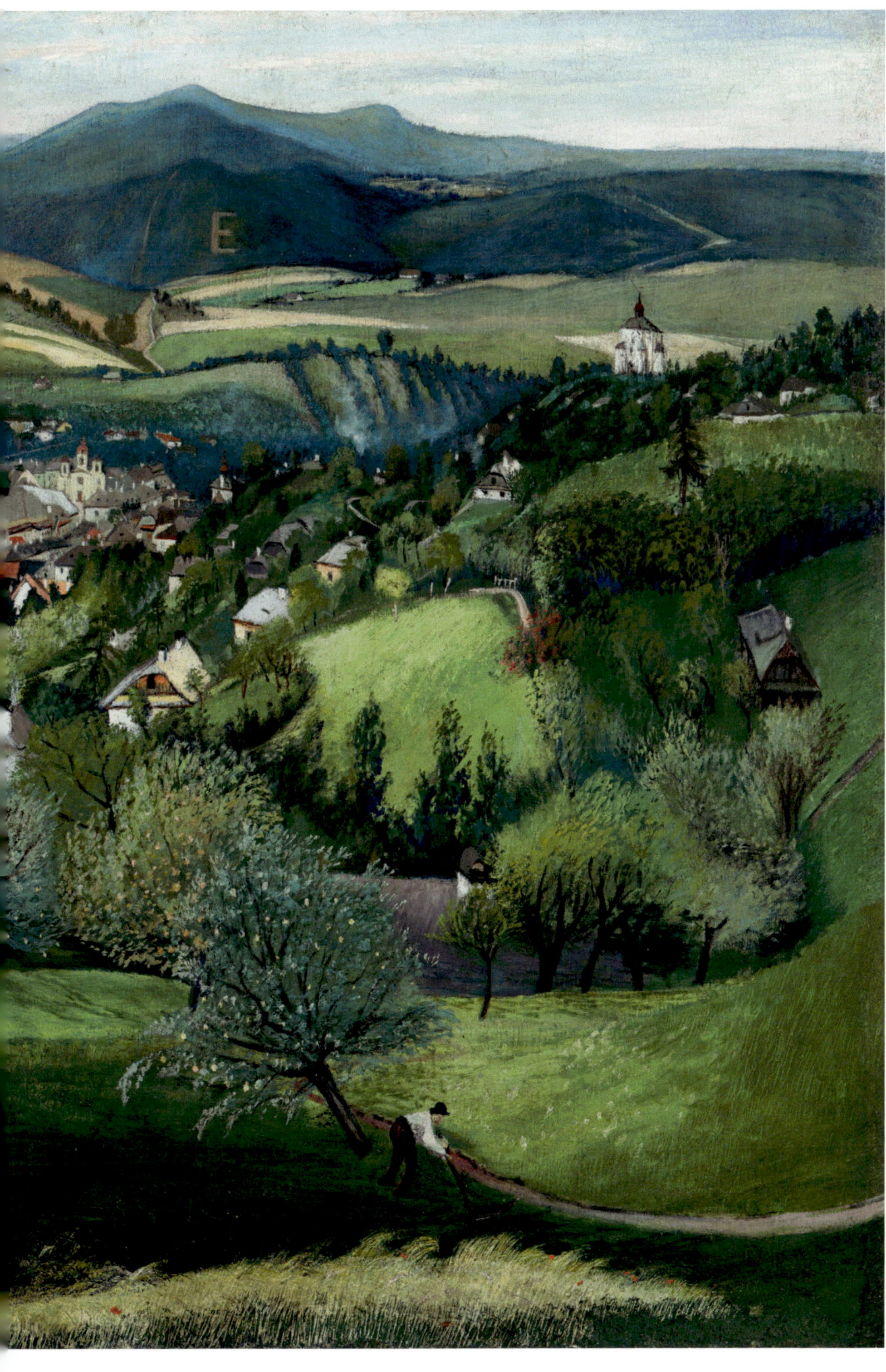

14. KAT. SZ. | CAT. NO. 14
**Selmecbánya látképe |
View of Selmecbánya, 1902**
Szépművészeti Múzeum –
Magyar Nemzeti Galéria, Budapest
Museum of Fine Arts –
Hungarian National Gallery, Budapest

**A taorminai görög színház romjai
(A kis Taormina), 1902 körül |
Ruins of the Ancient Greek Theatre
at Taormina (The Small Taormina),
ca. 1902**

Szépművészeti Múzeum –
Magyar Nemzeti Galéria, Budapest
Museum of Fine Arts – Hungarian
National Gallery, Budapest

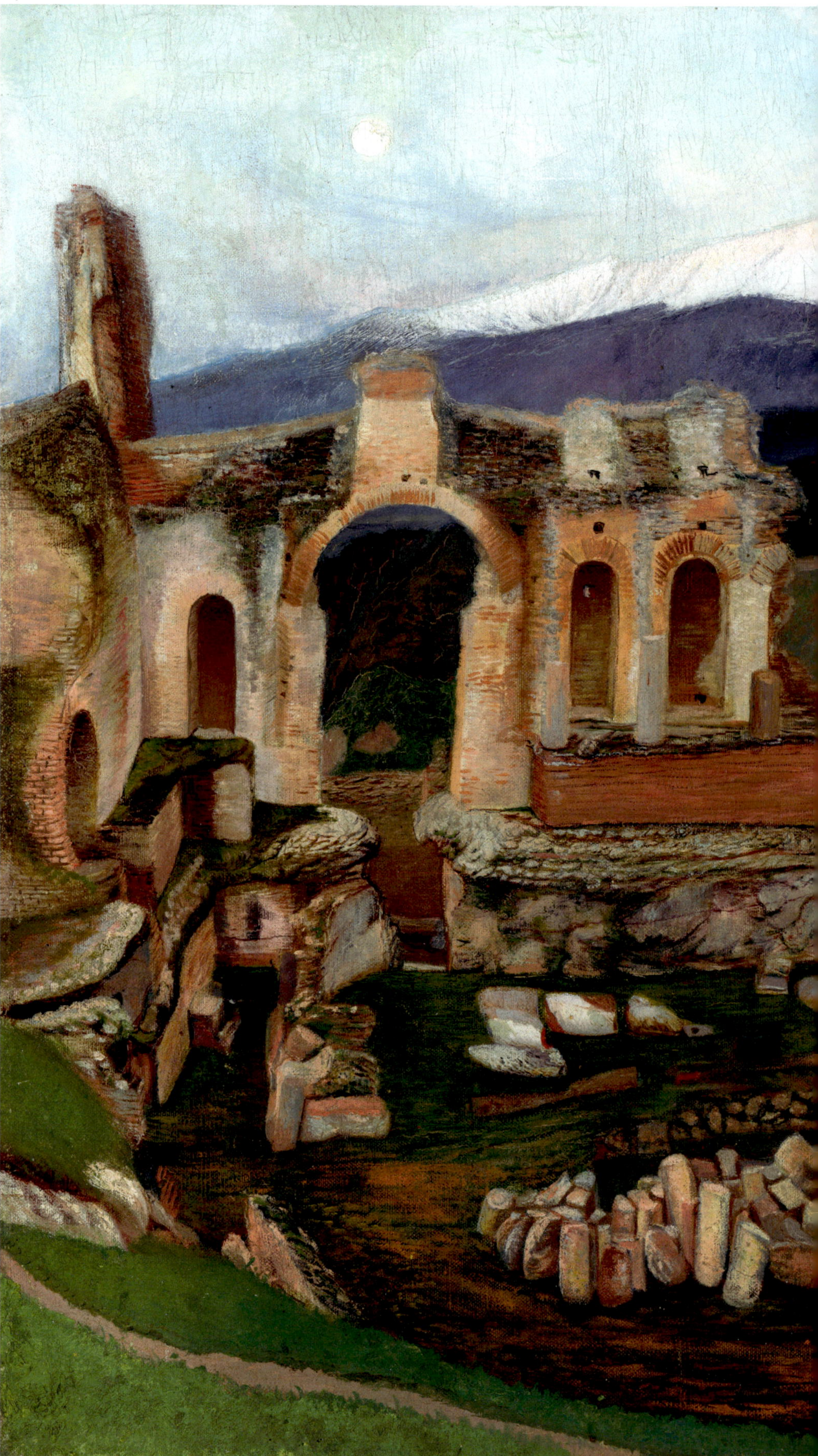

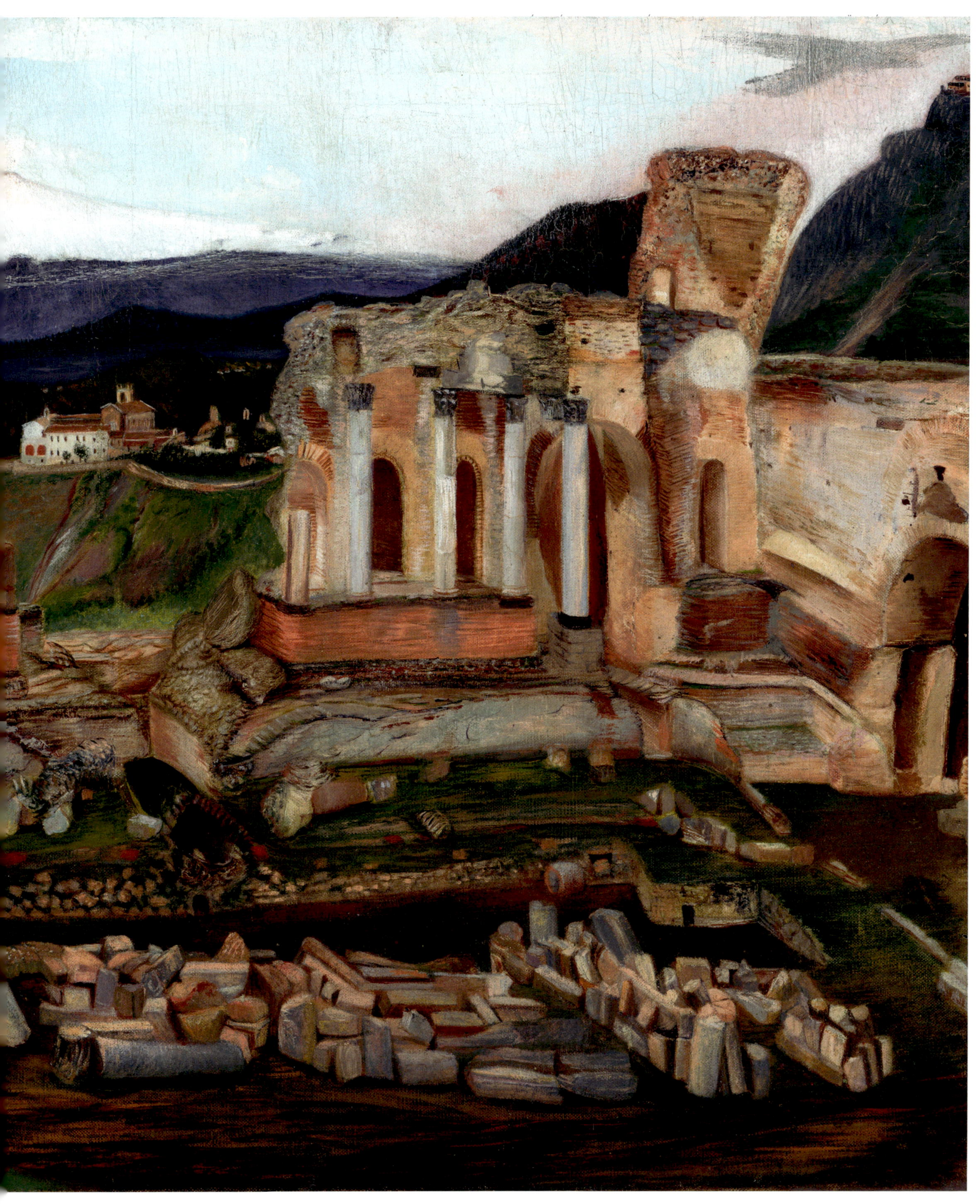

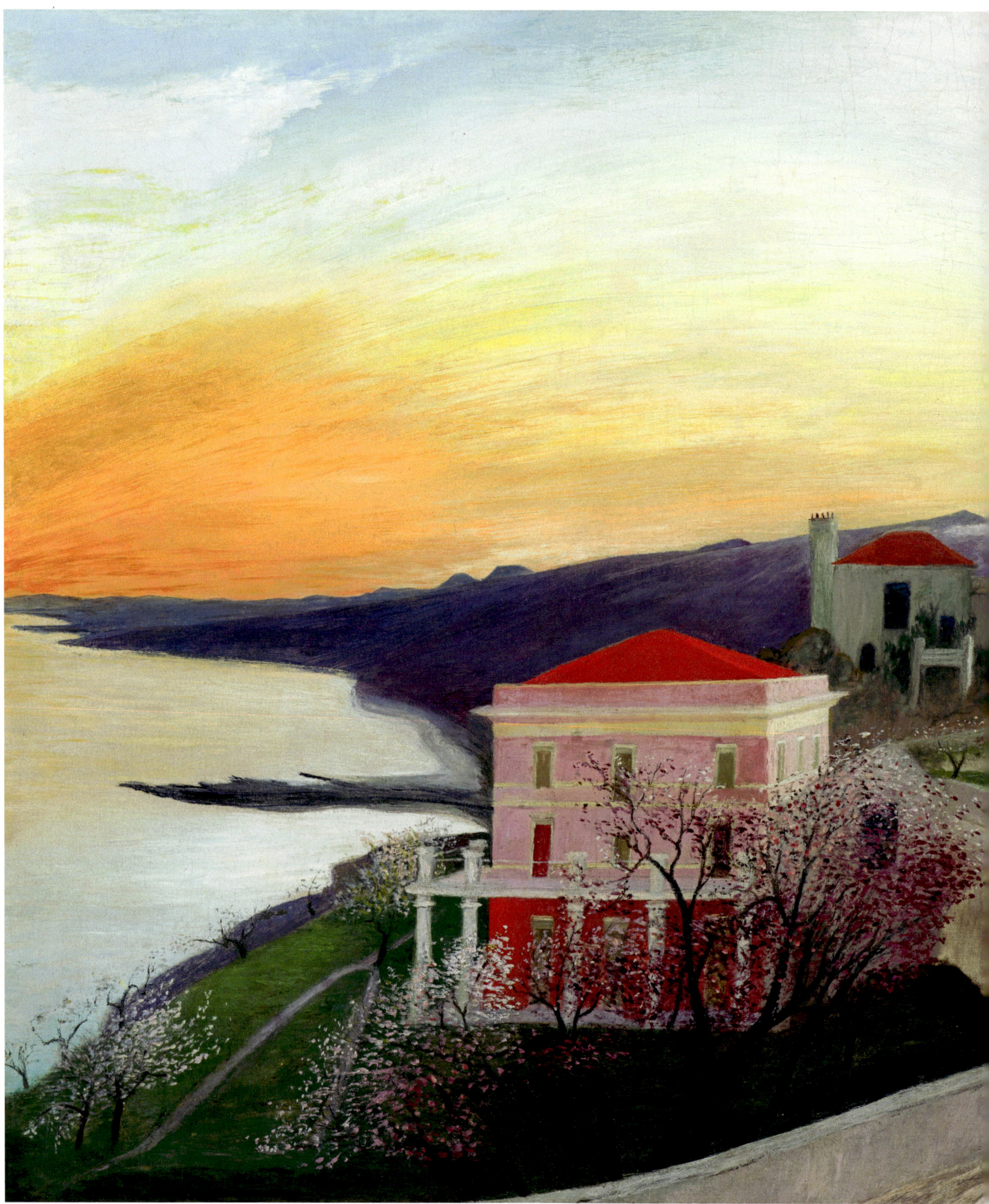

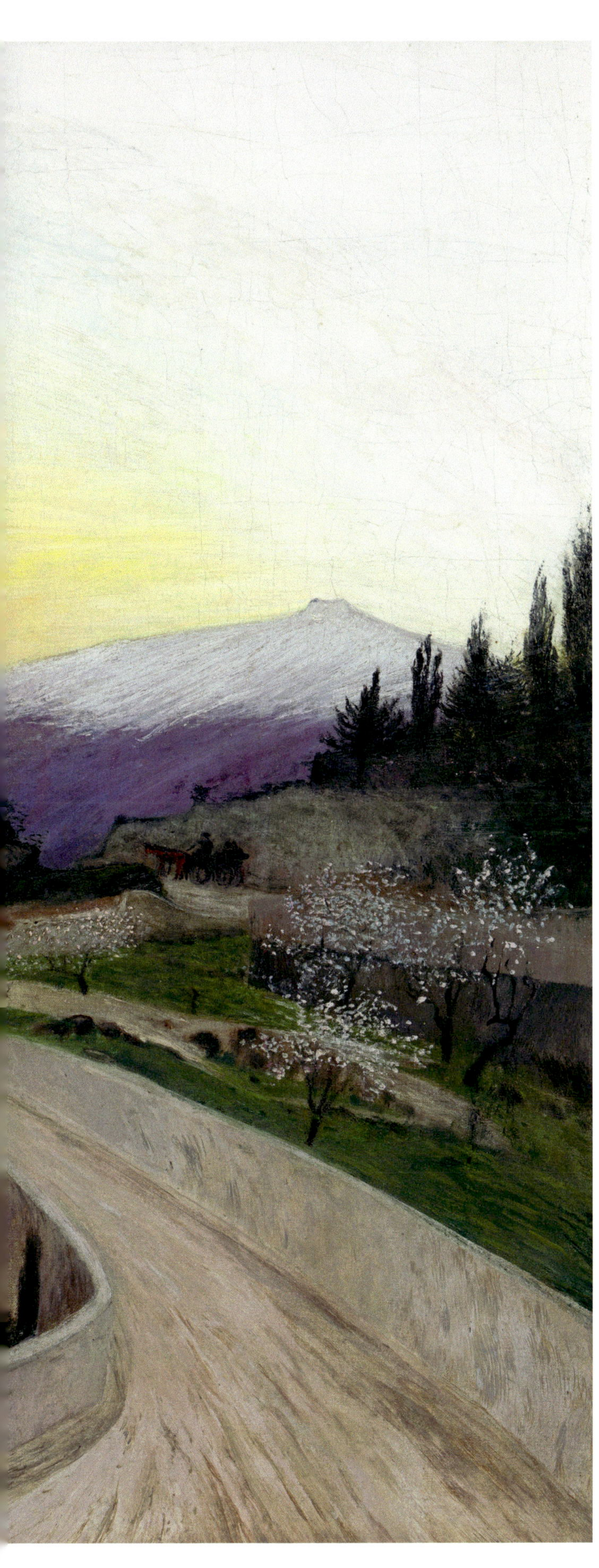

12. KAT. SZ. | CAT. NO. 12.
Mandulavirágzás Taorminában
Almond Blossom in Taormina, 1902
Janus Pannonius Múzeum, Pécs
Janus Pannonius Museum, Pécs

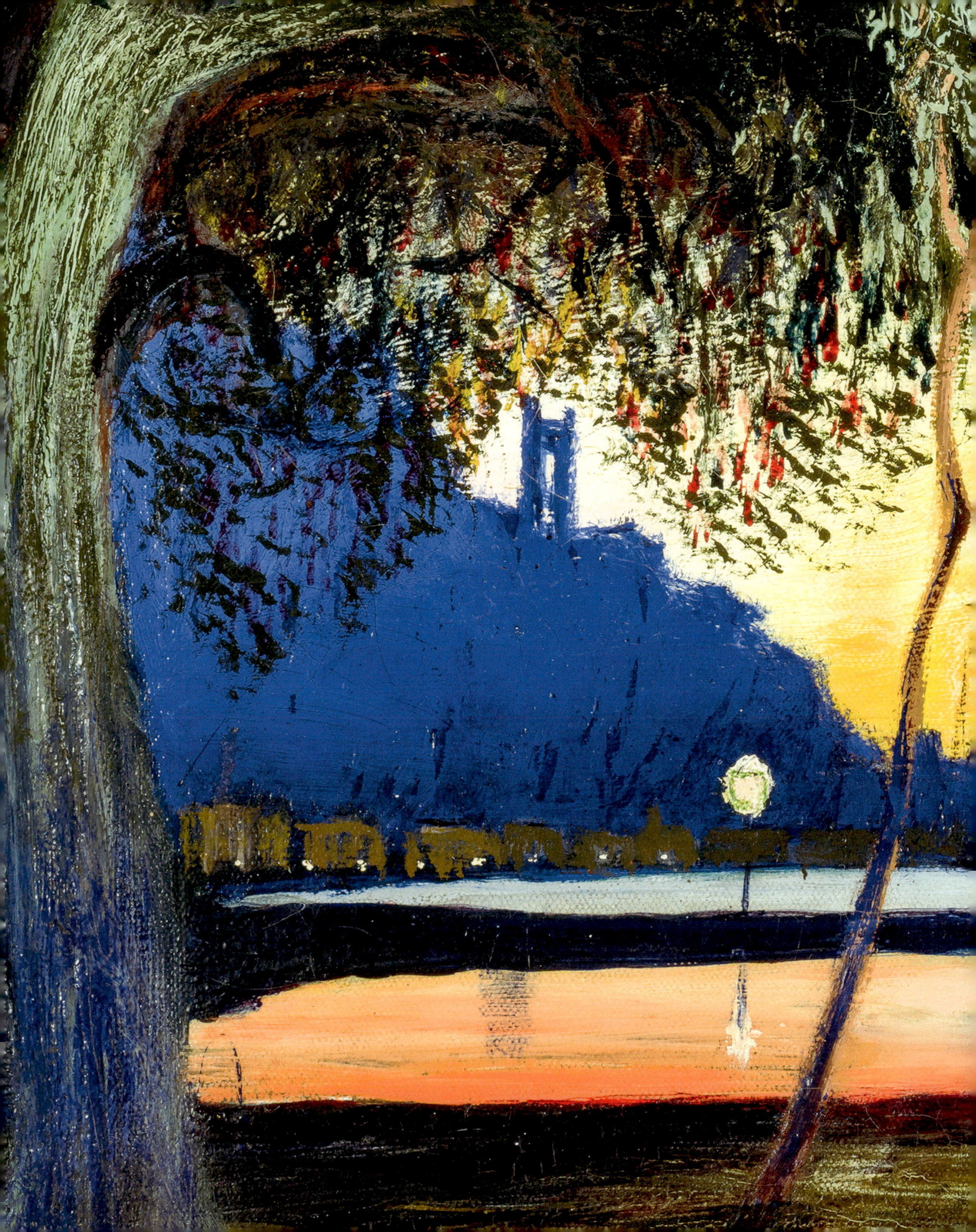

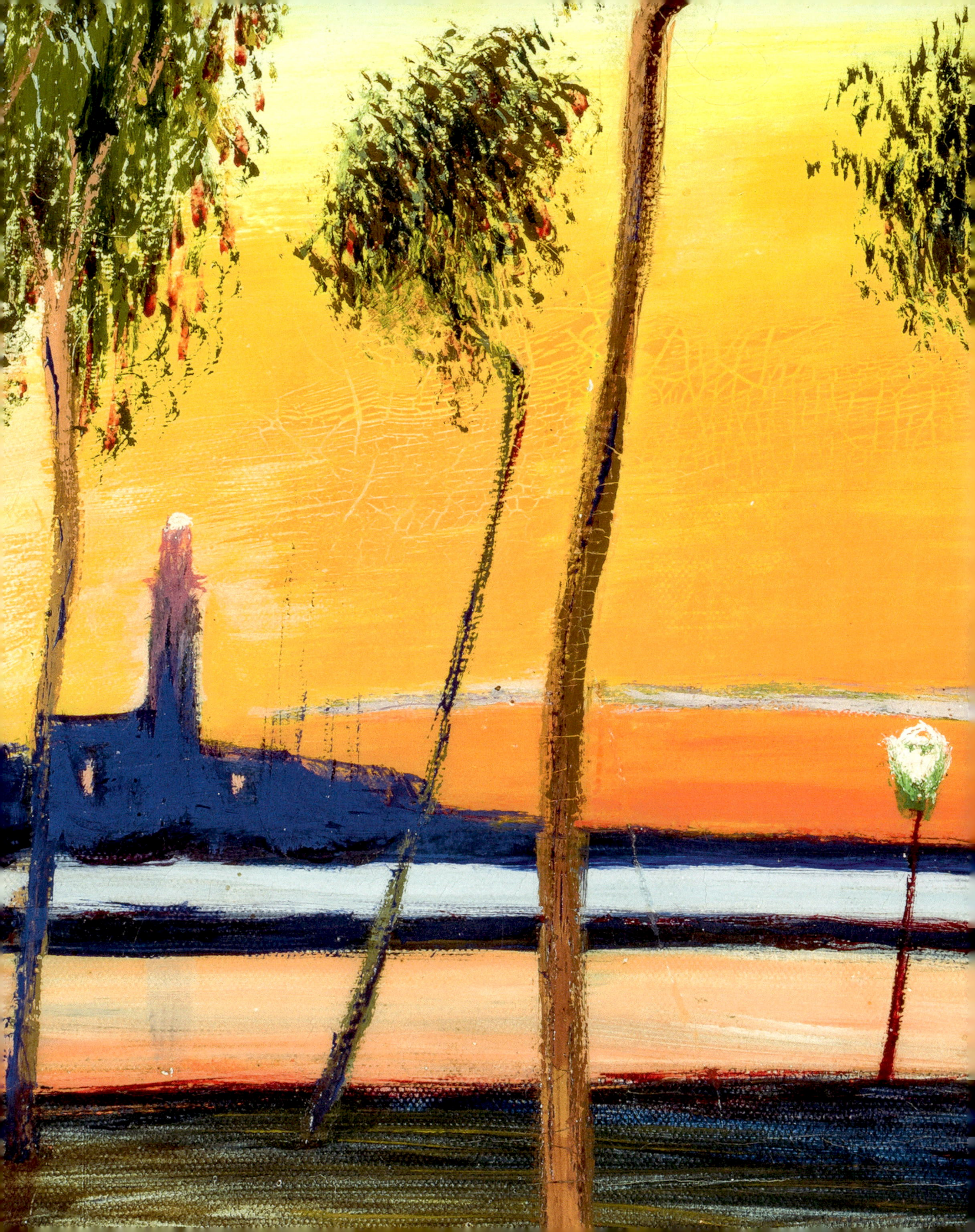

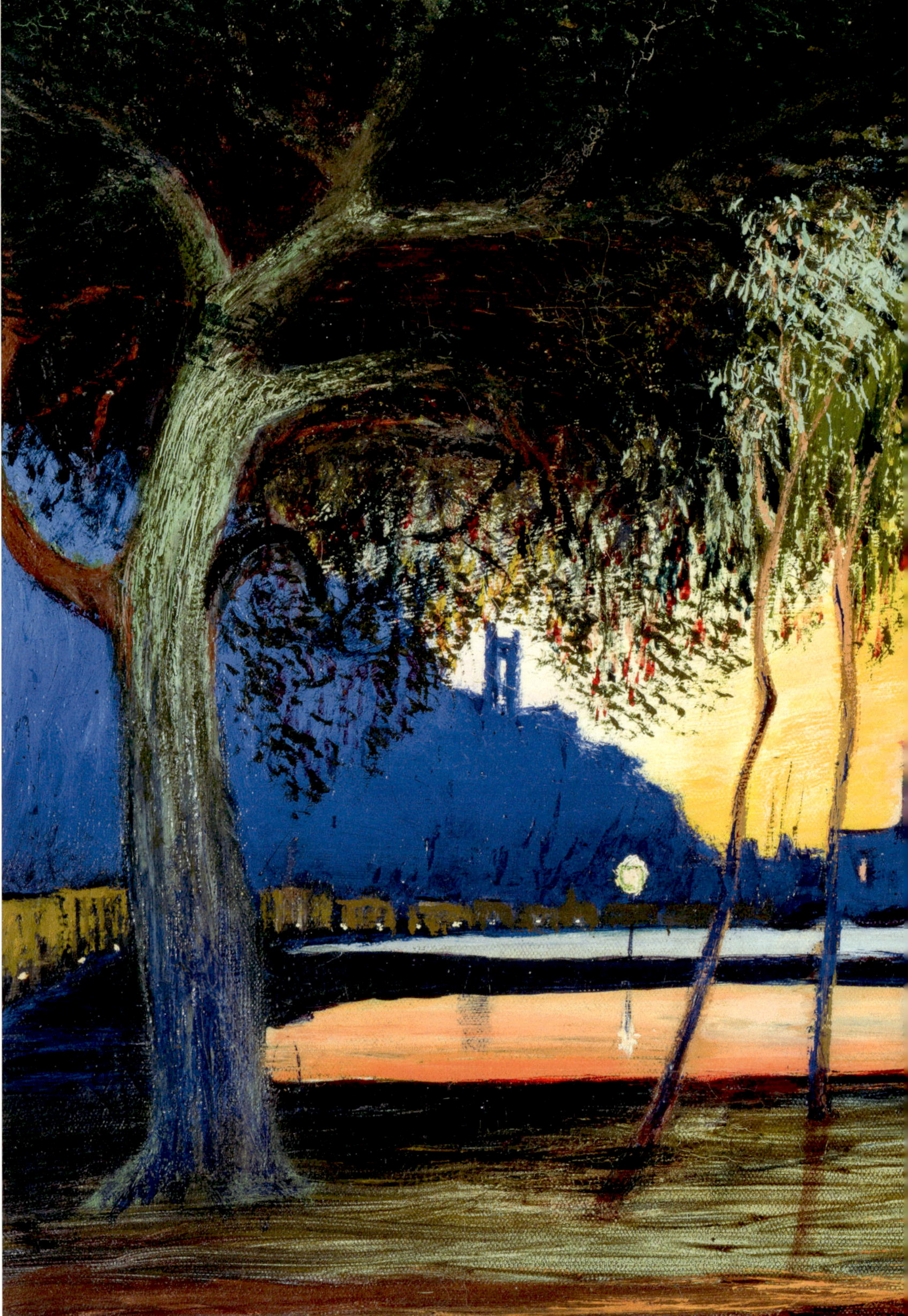

10. KAT. SZ. | CAT. NO. 10

Naplemente a Nápolyi-öbölben |
Sunset over the Bay of Naples, 1901

Magántulajdon, Budapest
Private collection, Budapest

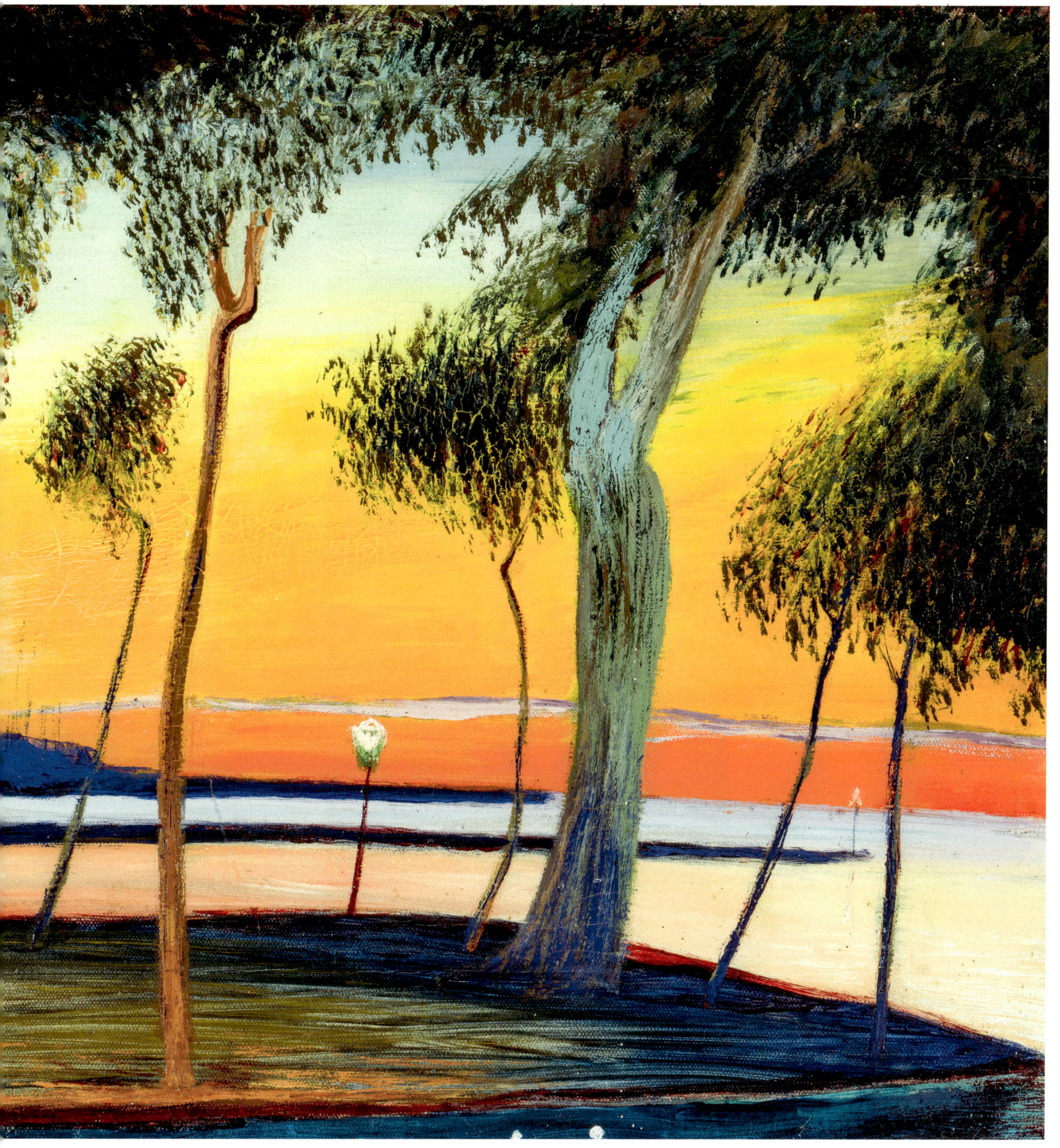

17. KAT. SZ. | CAT. NO. 17
Jajcei villanymű éjjel |
The Jajce Power Station at Night, 1903
Szépművészeti Múzeum –
Magyar Nemzeti Galéria, Budapest
Museum of Fine Arts – Hungarian
National Gallery, Budapest

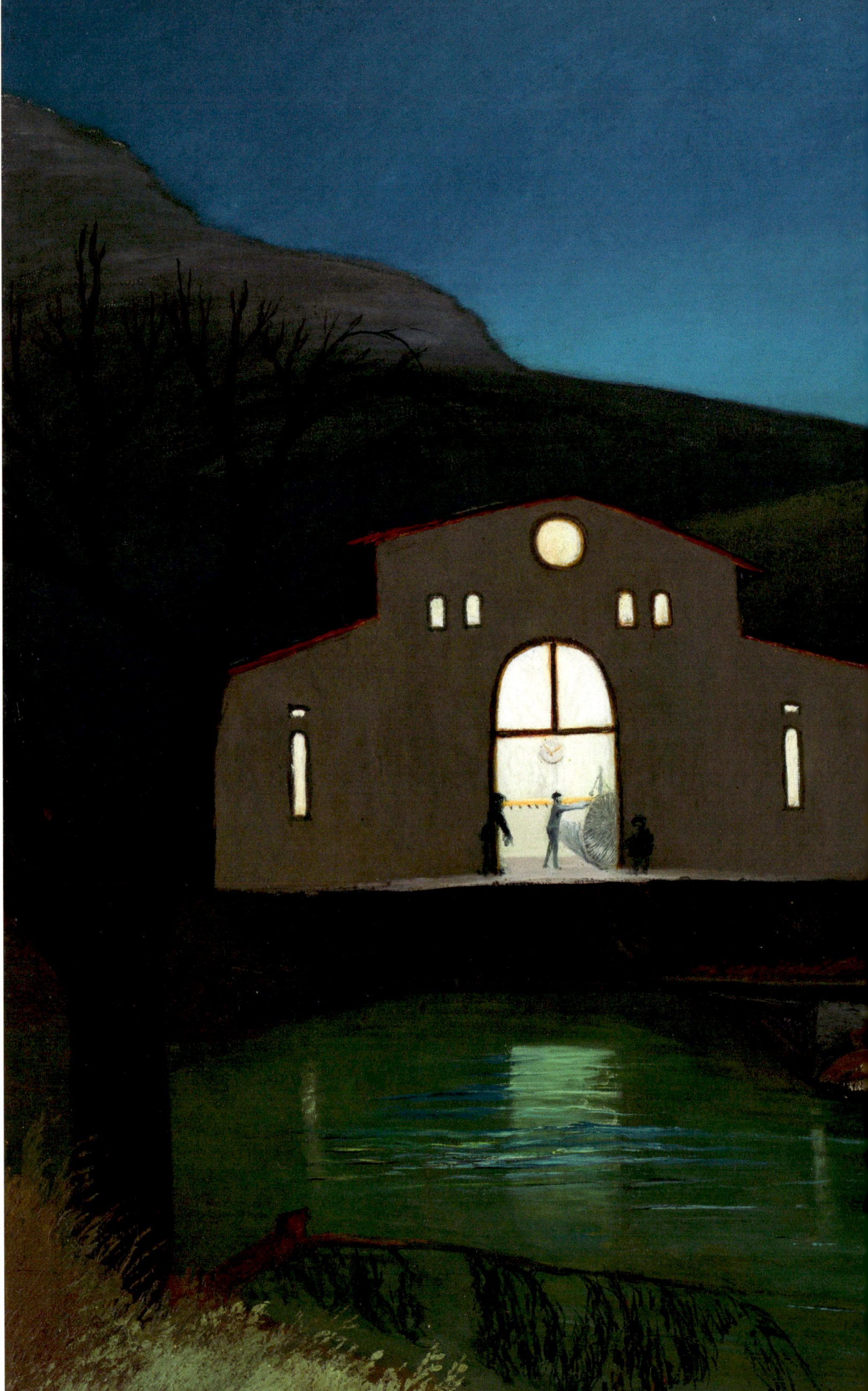

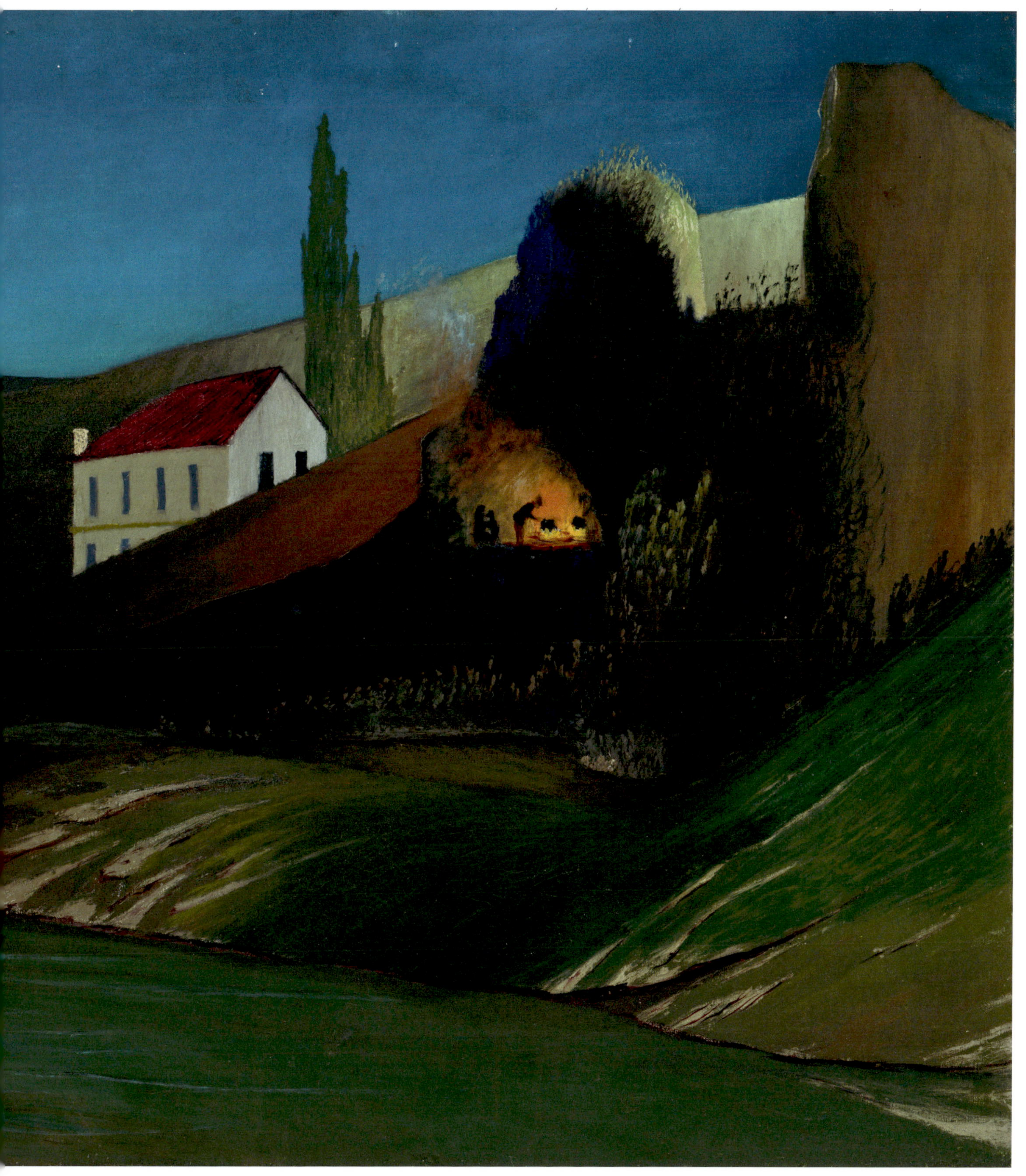

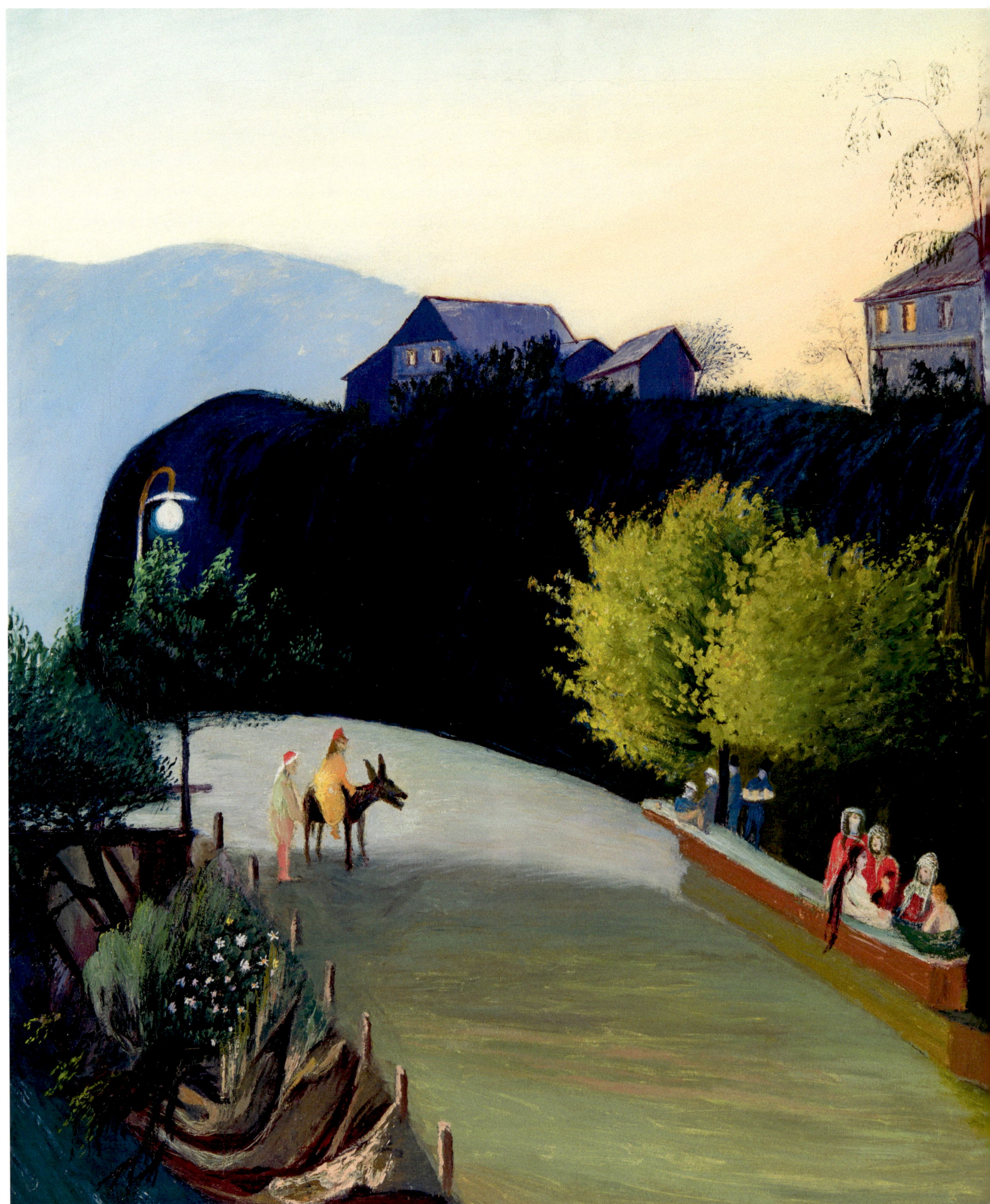

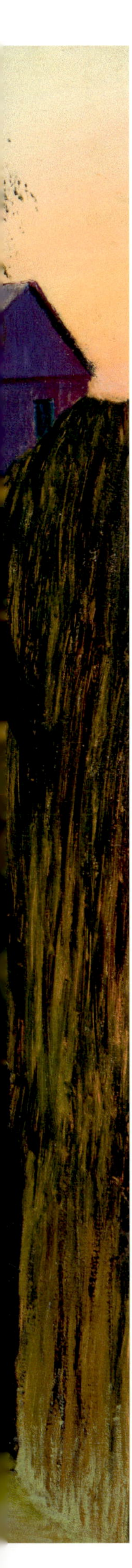

18. KAT. SZ. | CAT. NO. 18
Villanyvilágított fák Jajcében |
Illuminated Trees in Jajce, 1903
Szépművészeti Múzeum –
Magyar Nemzeti Galéria, Budapest
Museum of Fine Arts – Hungarian
National Gallery, Budapest

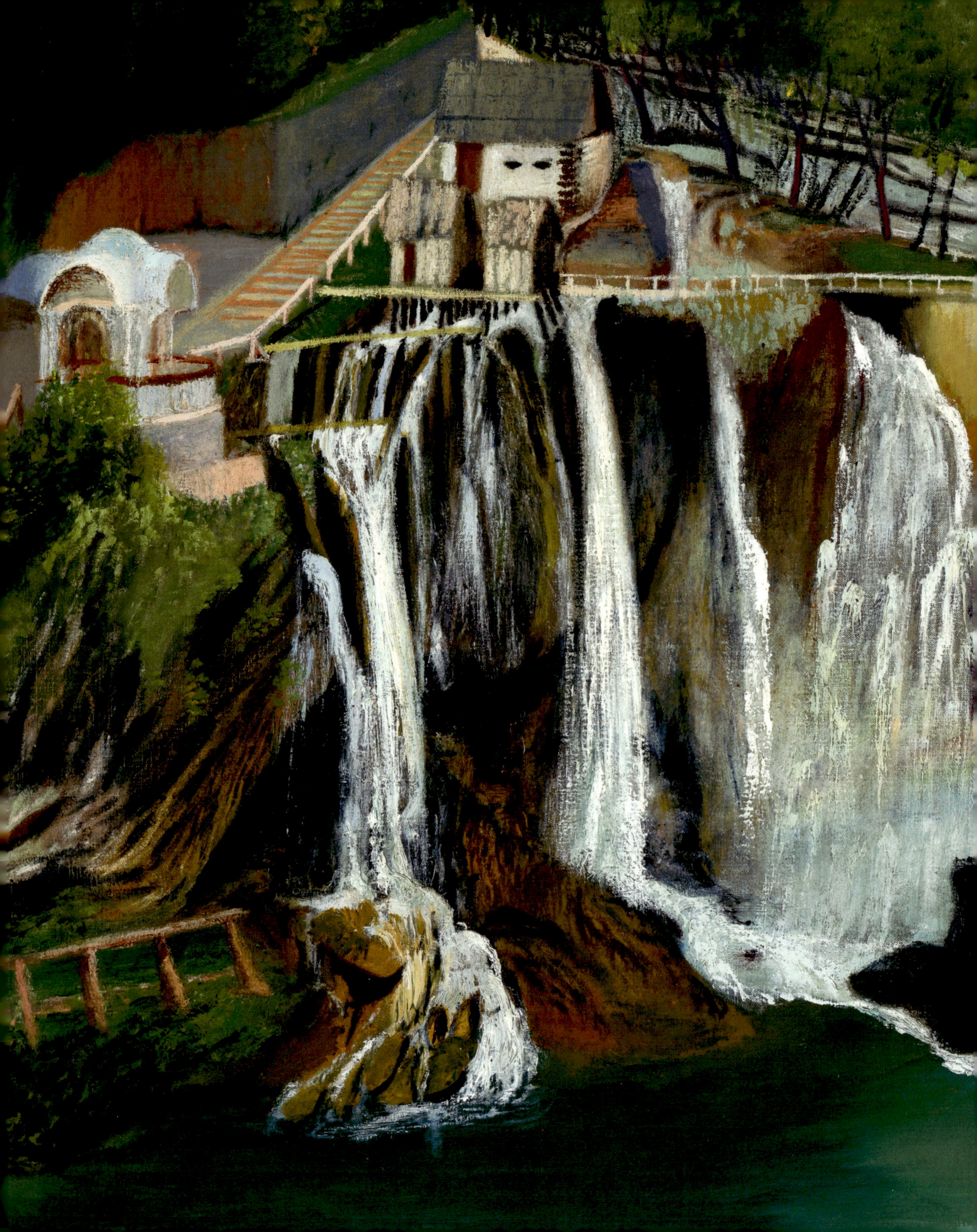

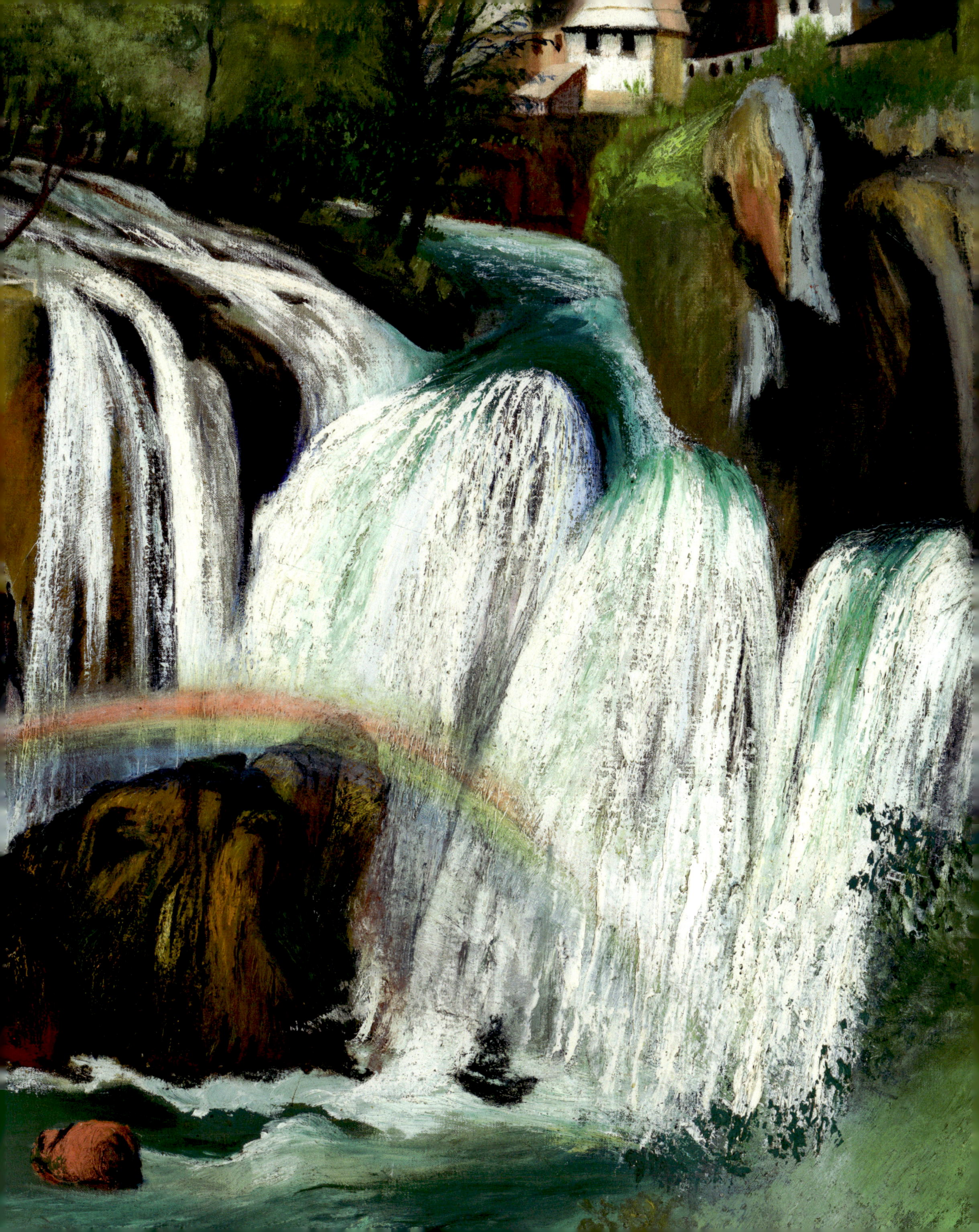

19. KAT. SZ. | CAT. NO. 19

Jajcei vízesés | Waterfall at Jajce, 1903

Szépművészeti Múzeum –
Magyar Nemzeti Galéria, Budapest
Museum of Fine Arts – Hungarian
National Gallery, Budapest

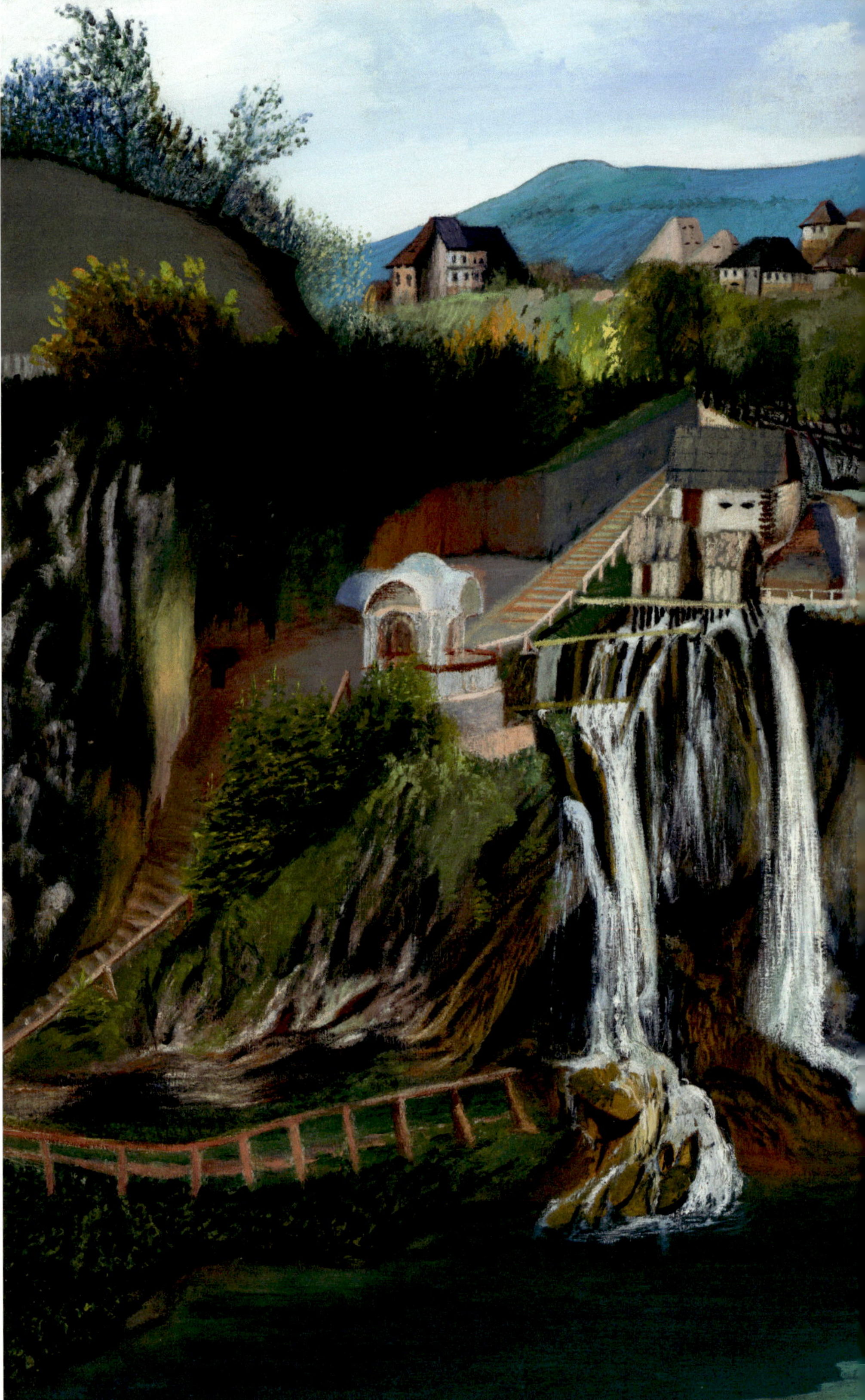

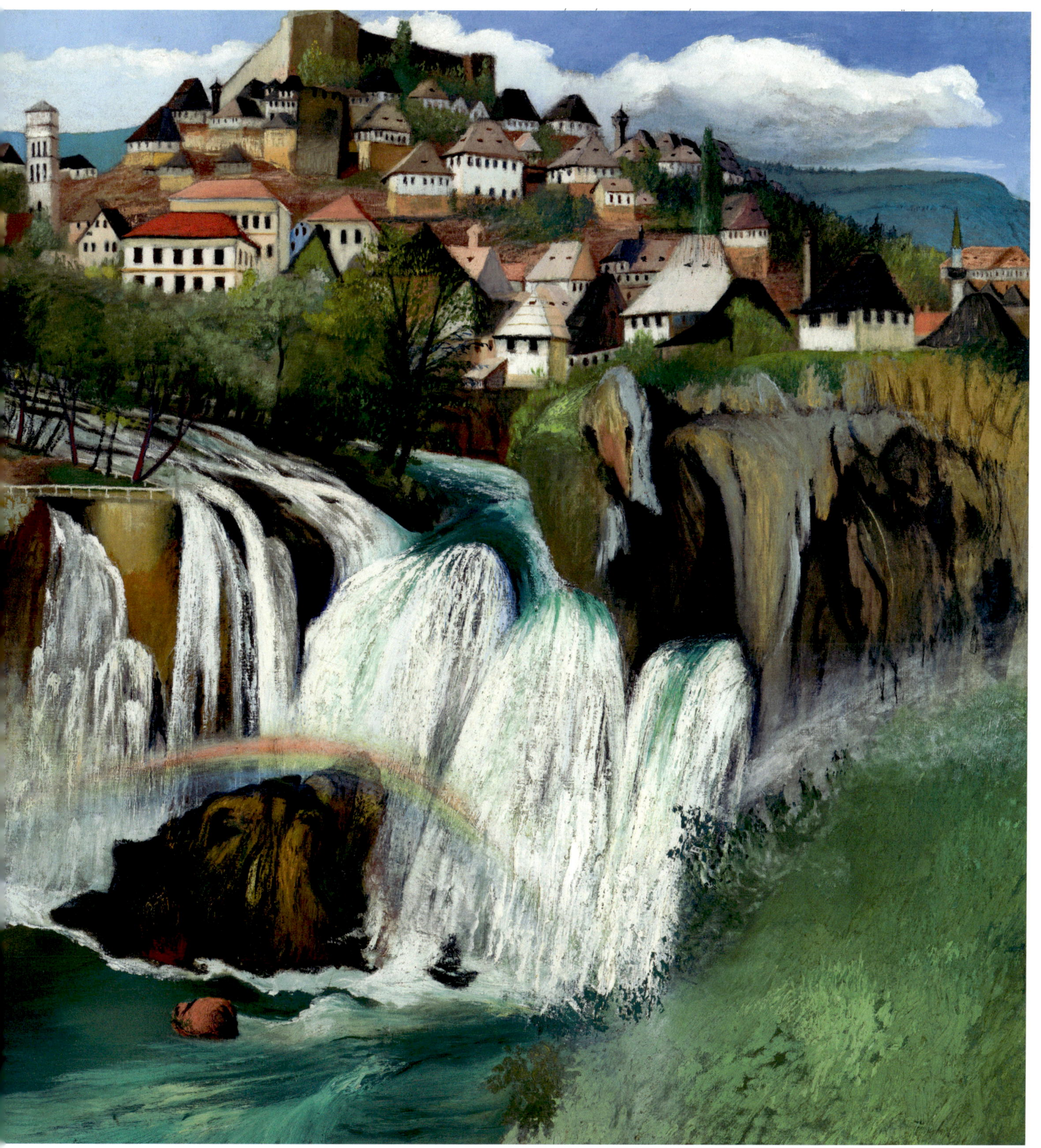

15. KAT. SZ. | CAT. NO. 15

Tavasznyílás Mosztárban |
Spring Blossom in Mostar, 1903

Janus Pannonius Múzeum, Pécs
Janus Pannonius Museum, Pécs

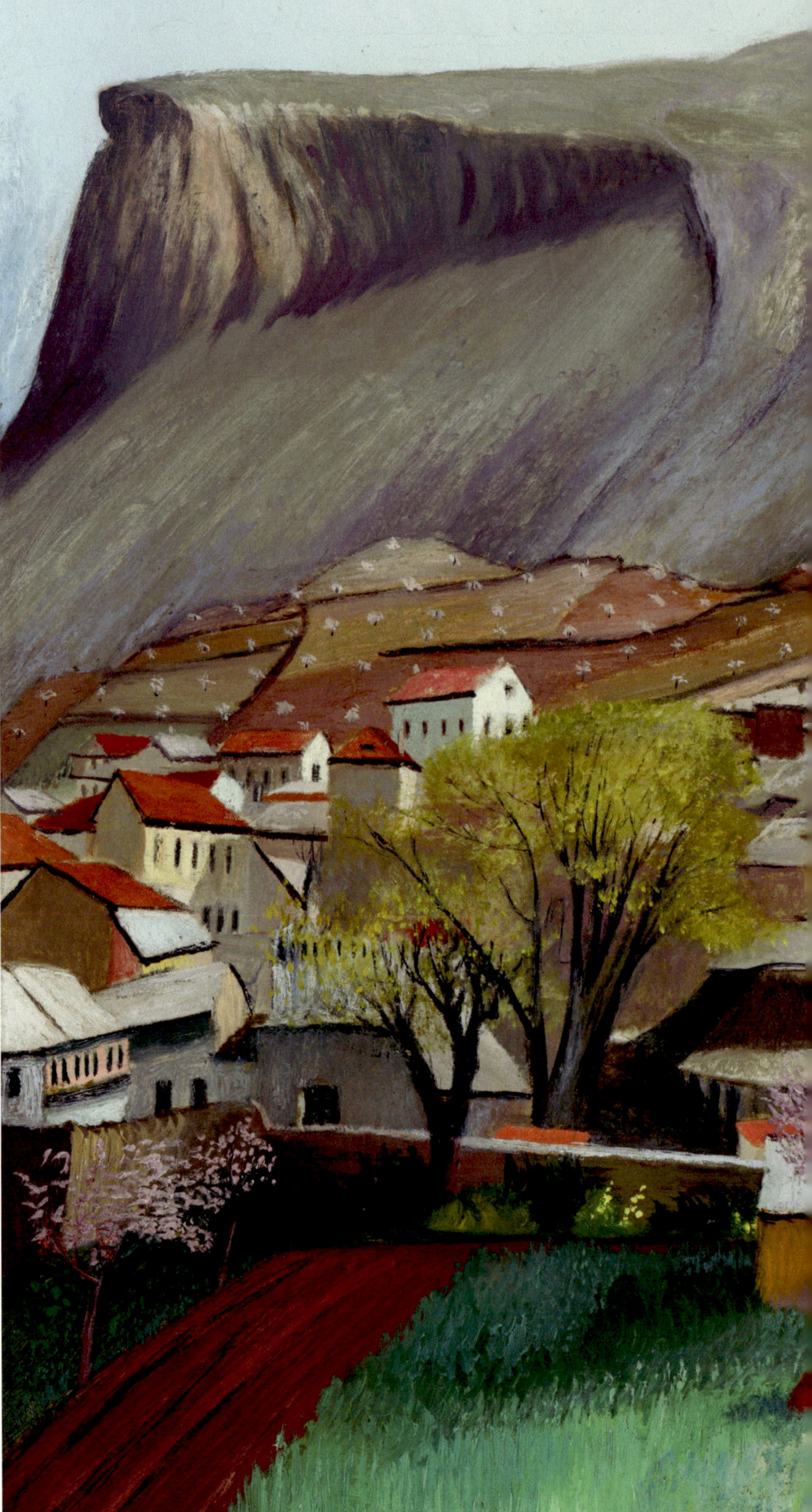

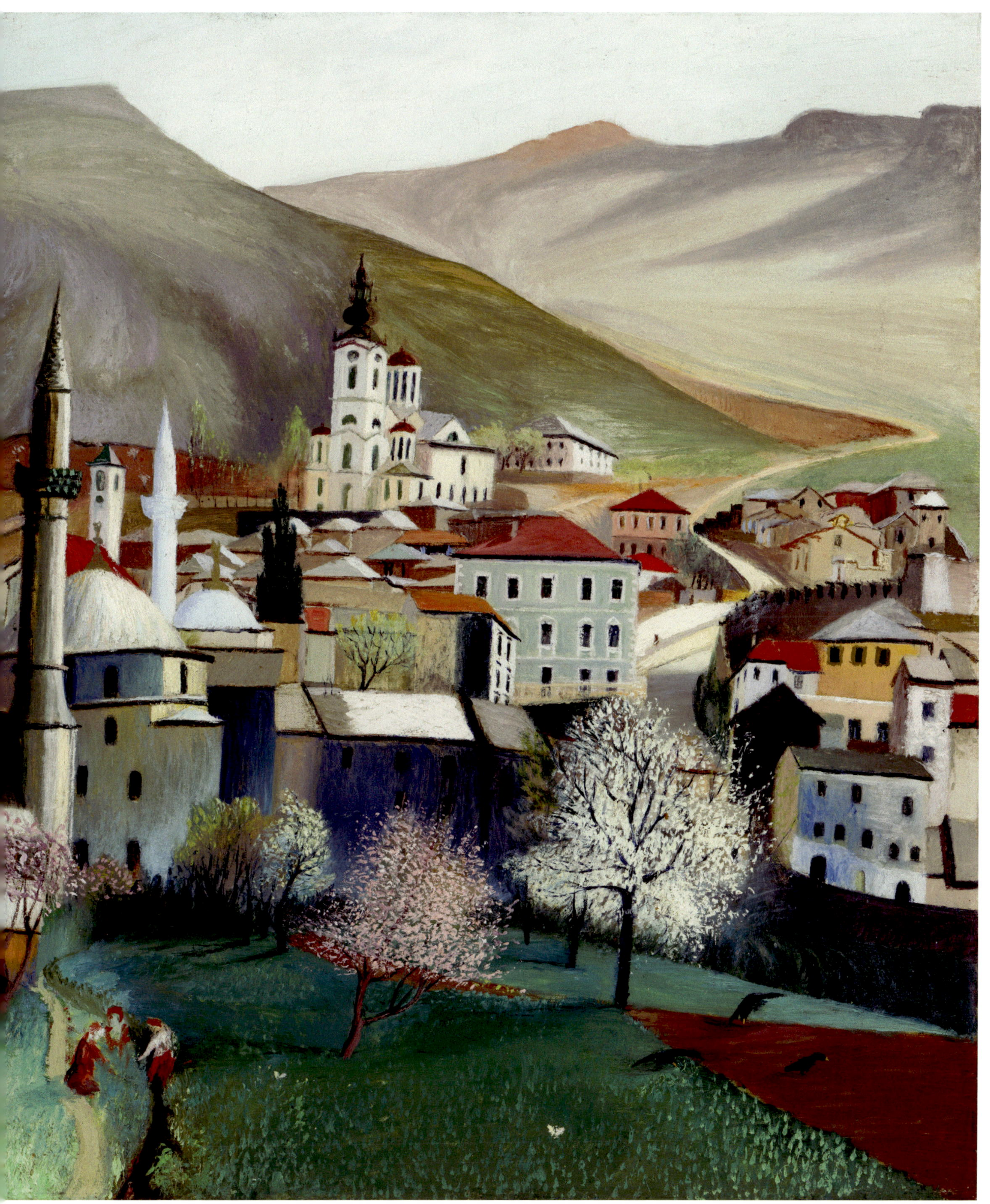

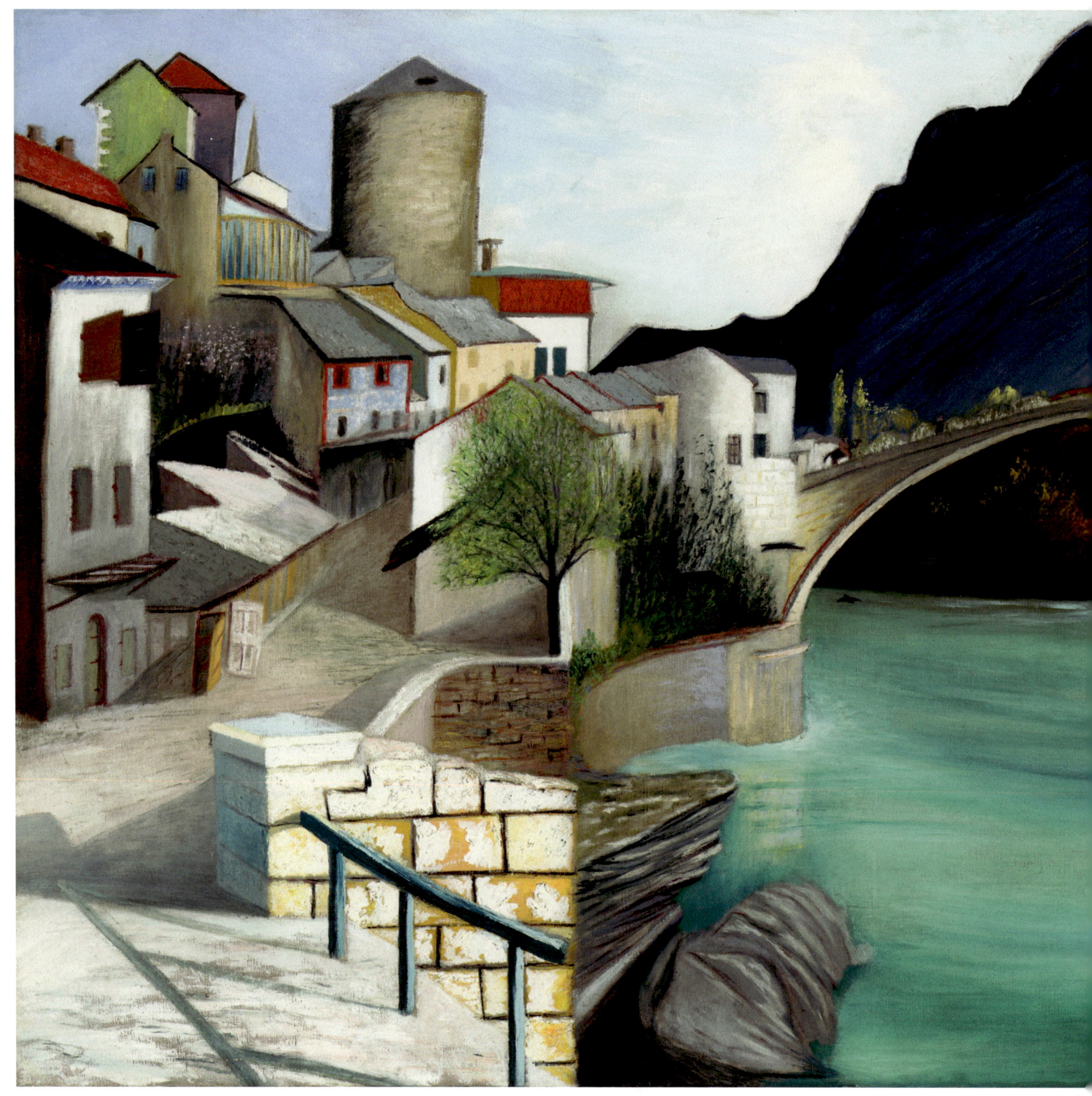

16. KAT. SZ. | CAT. NO. 16

Római híd Mosztárban | Roman Bridge in Mostar, 1903

Janus Pannonius Múzeum, Pécs

Janus Pannonius Museum, Pécs

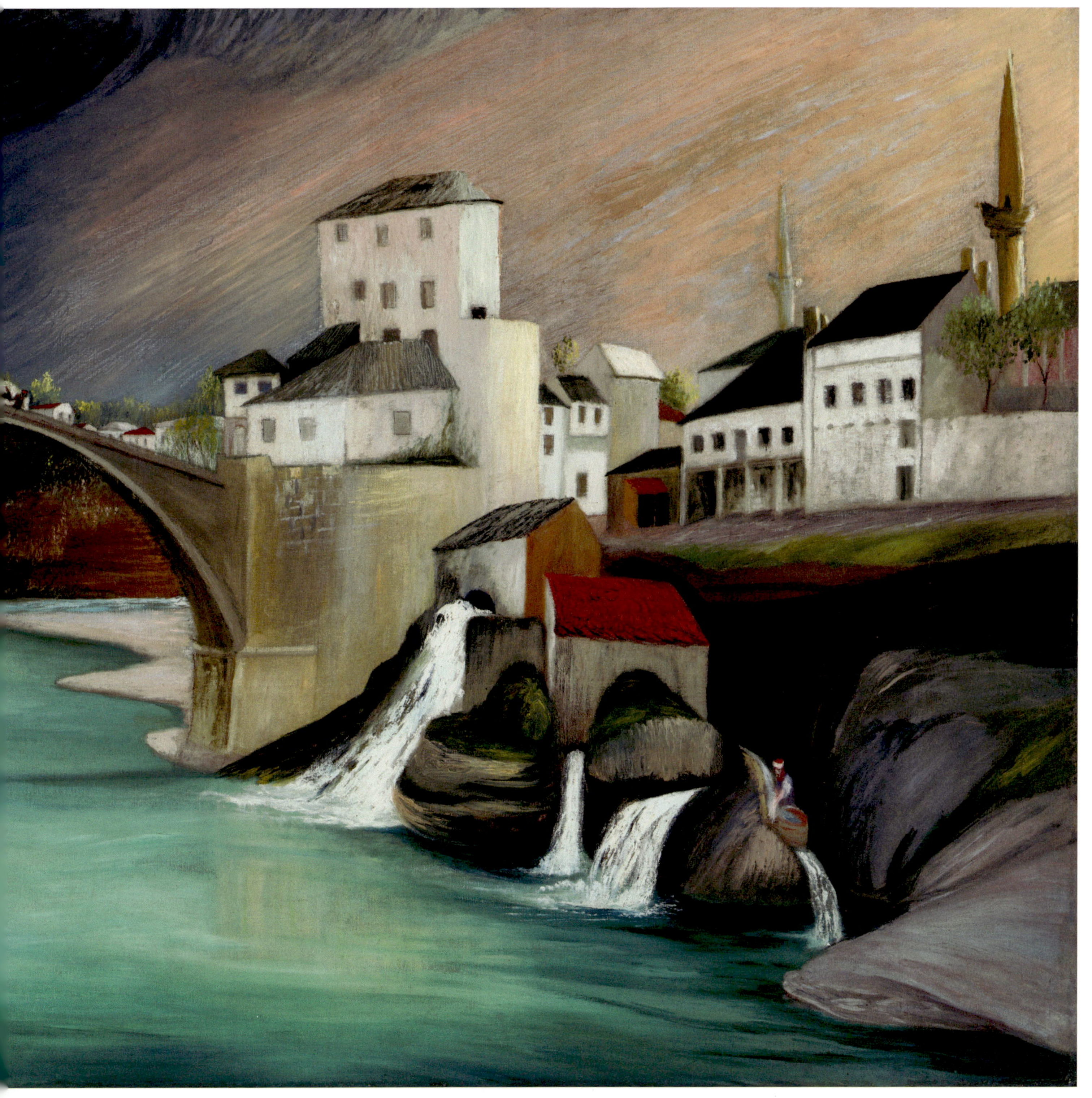

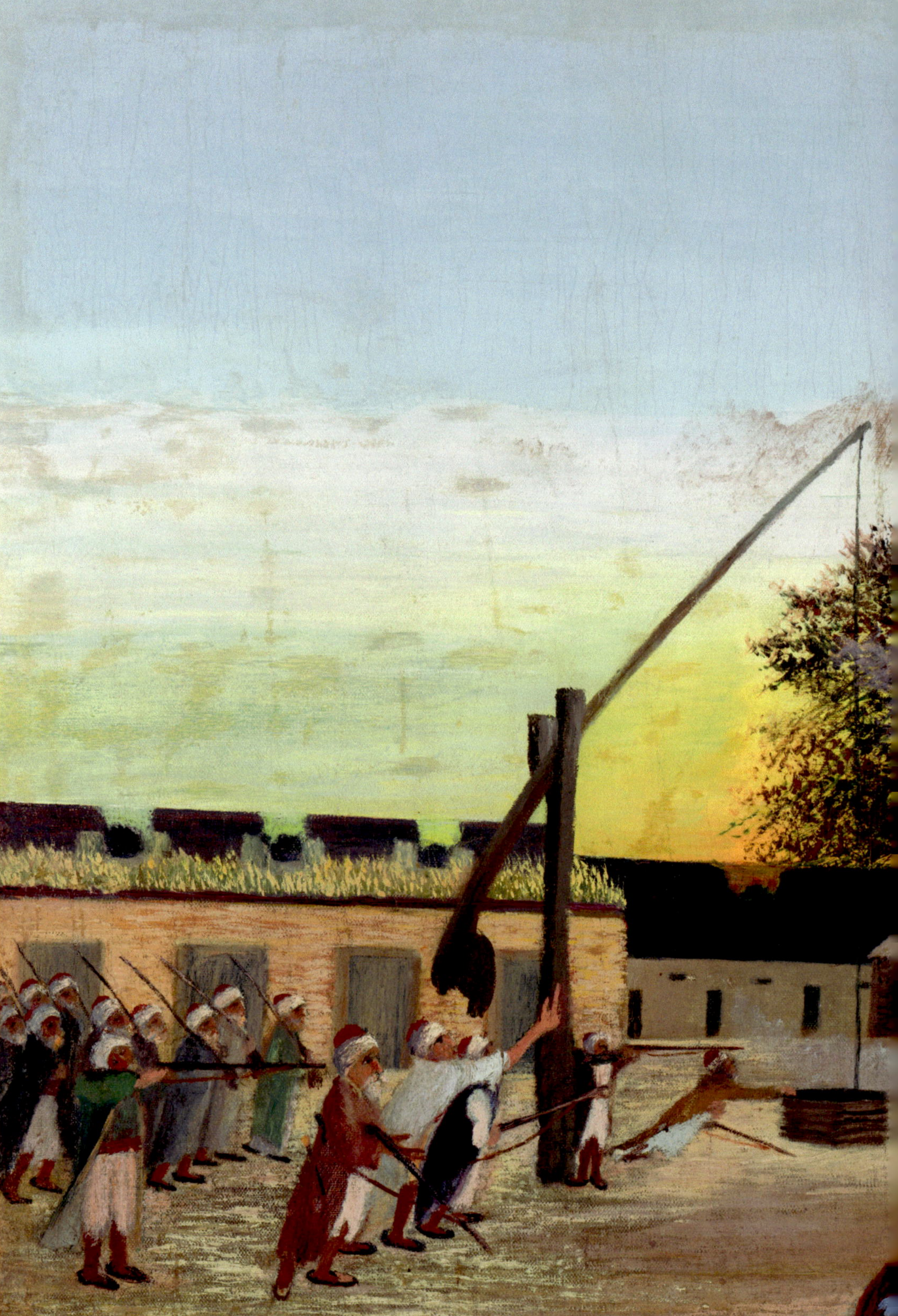

20. KAT. SZ. | CAT. NO. 20
Zrínyi kirohanása |
Zrínyi's Assault, 1903

Janus Pannonius Múzeum, Pécs
Janus Pannonius Museum, Pécs

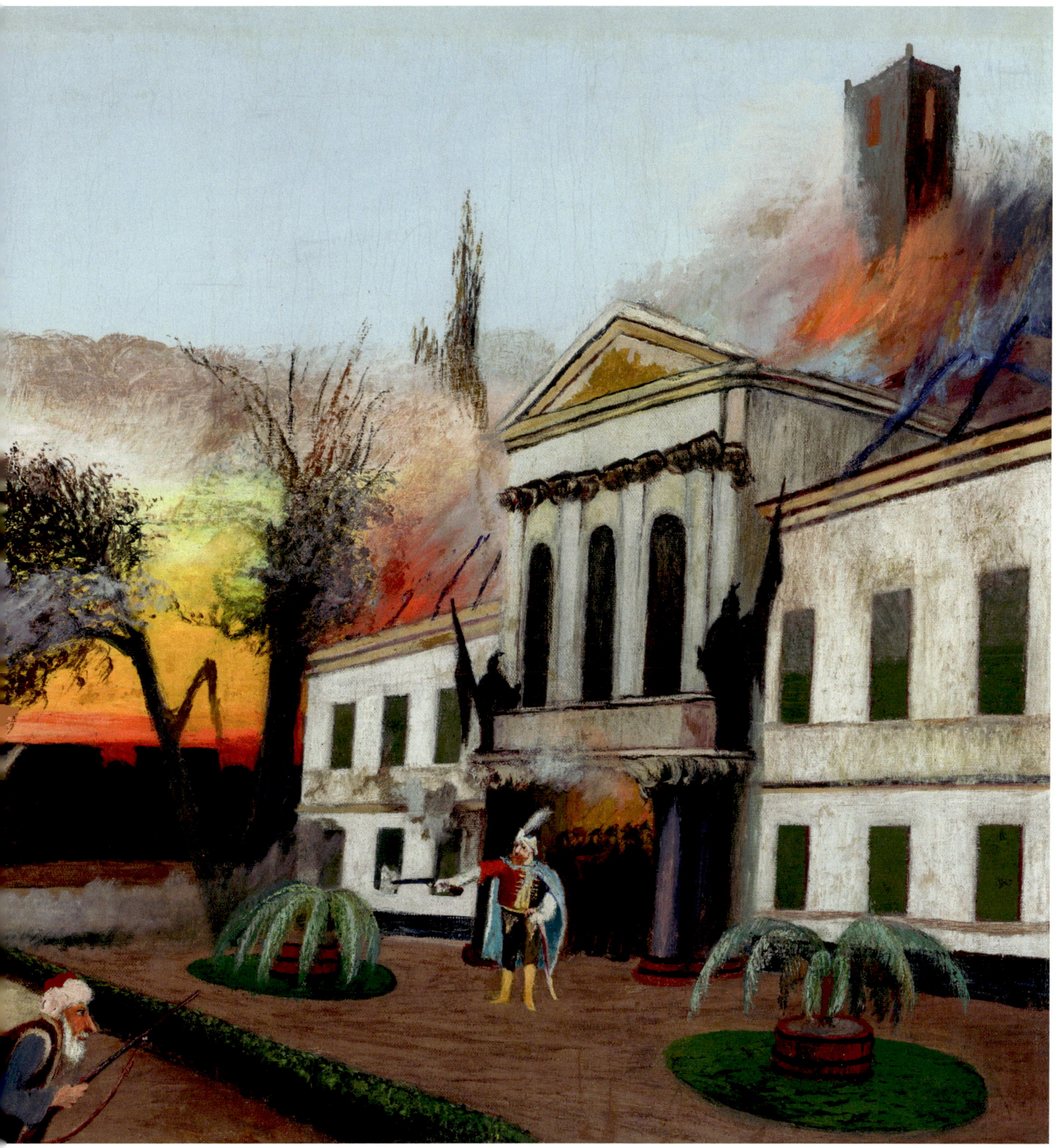

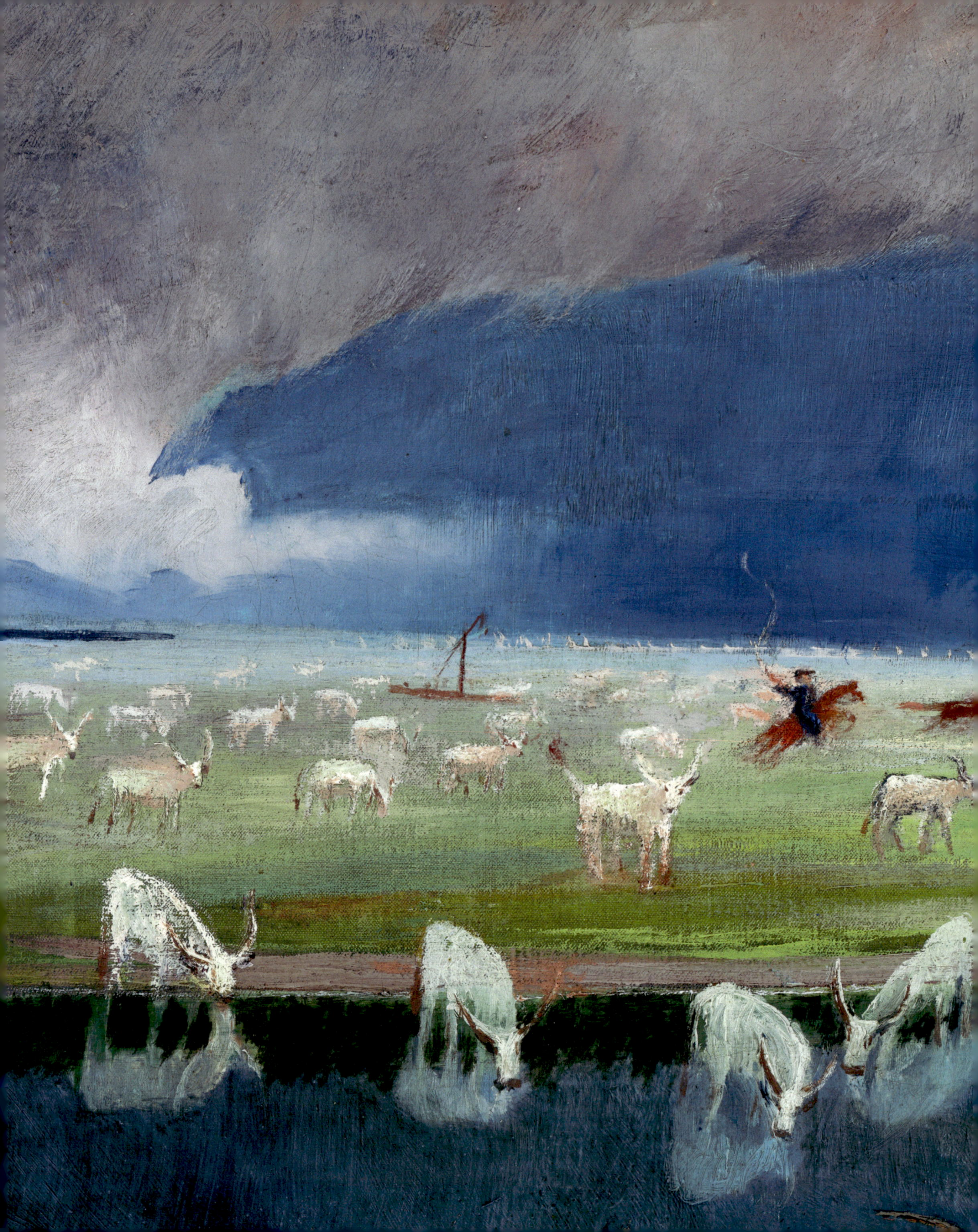

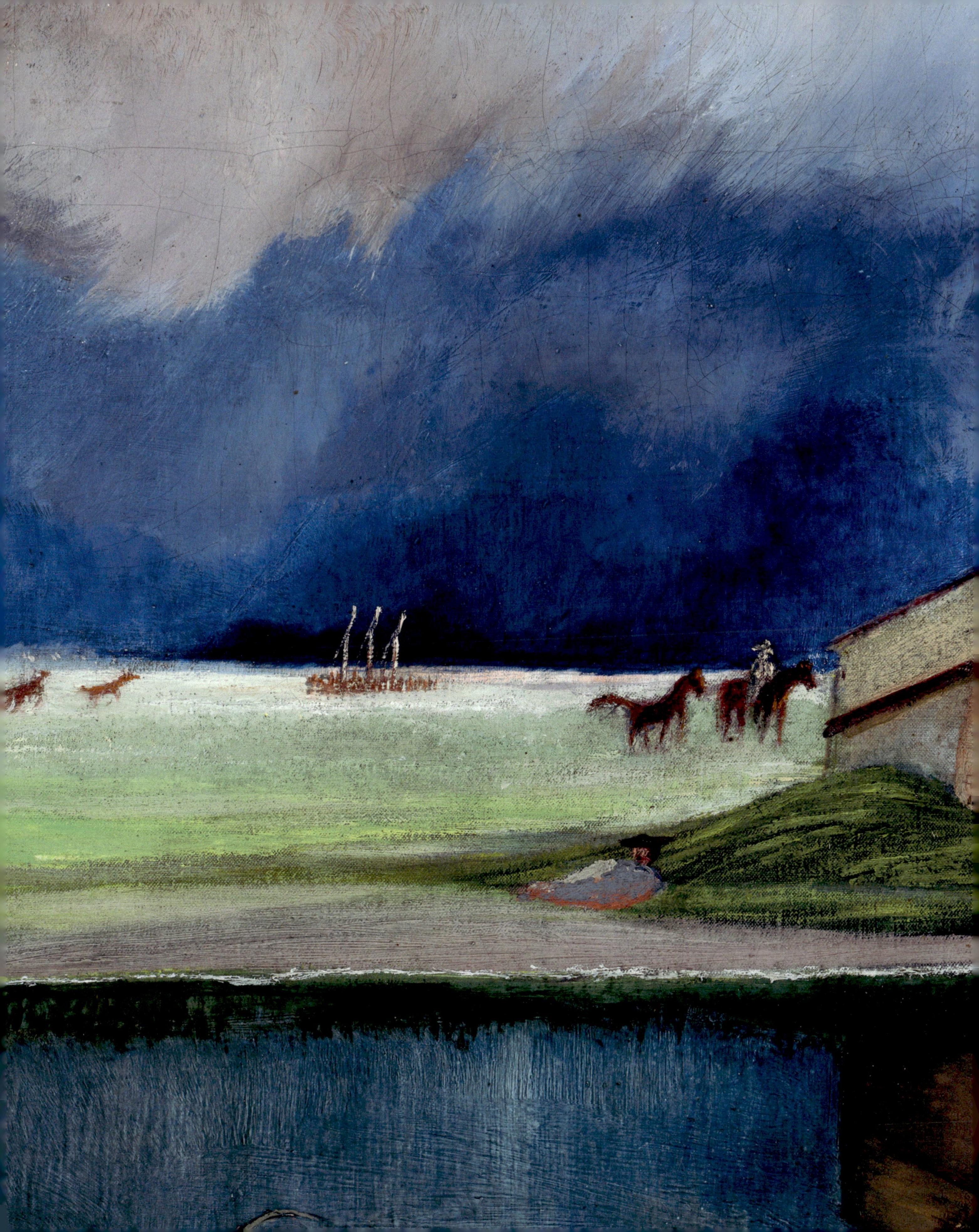

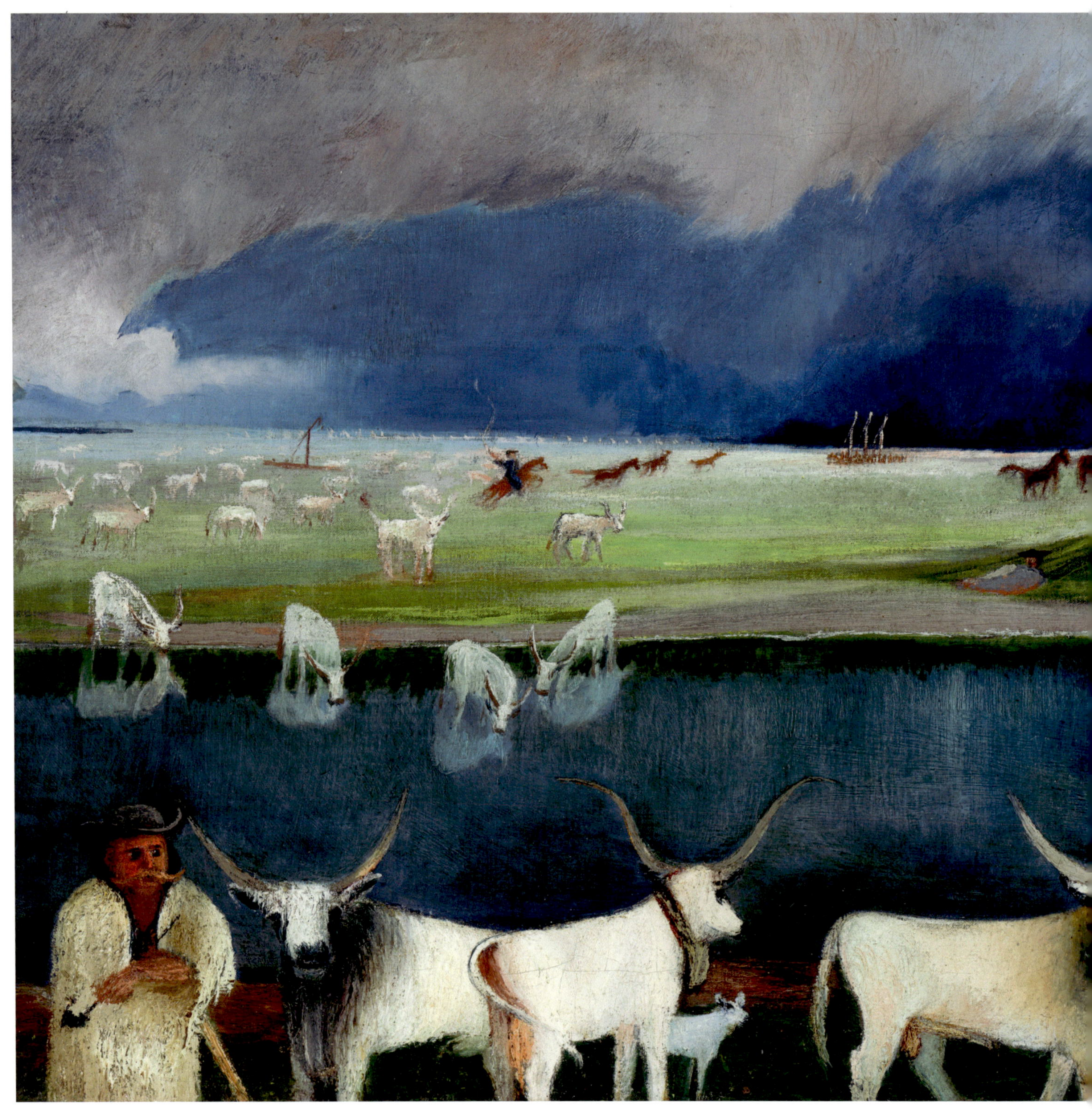

Vihar a nagy Hortobágyon | Storm on the Great Hortobágy, 1903

Szépművészeti Múzeum – Magyar Nemzeti Galéria, Budapest

Museum of Fine Arts – Hungarian National Gallery, Budapest

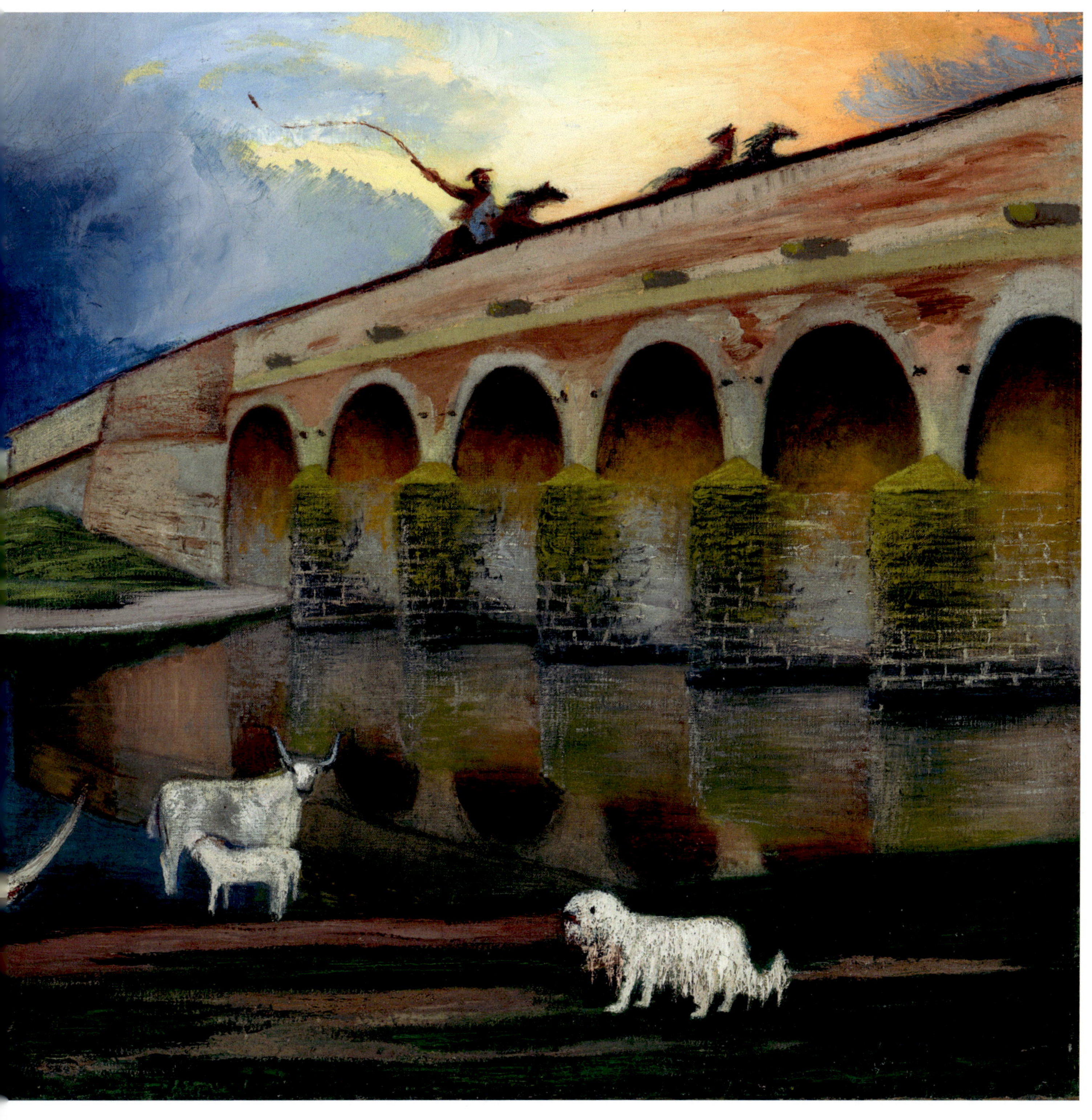

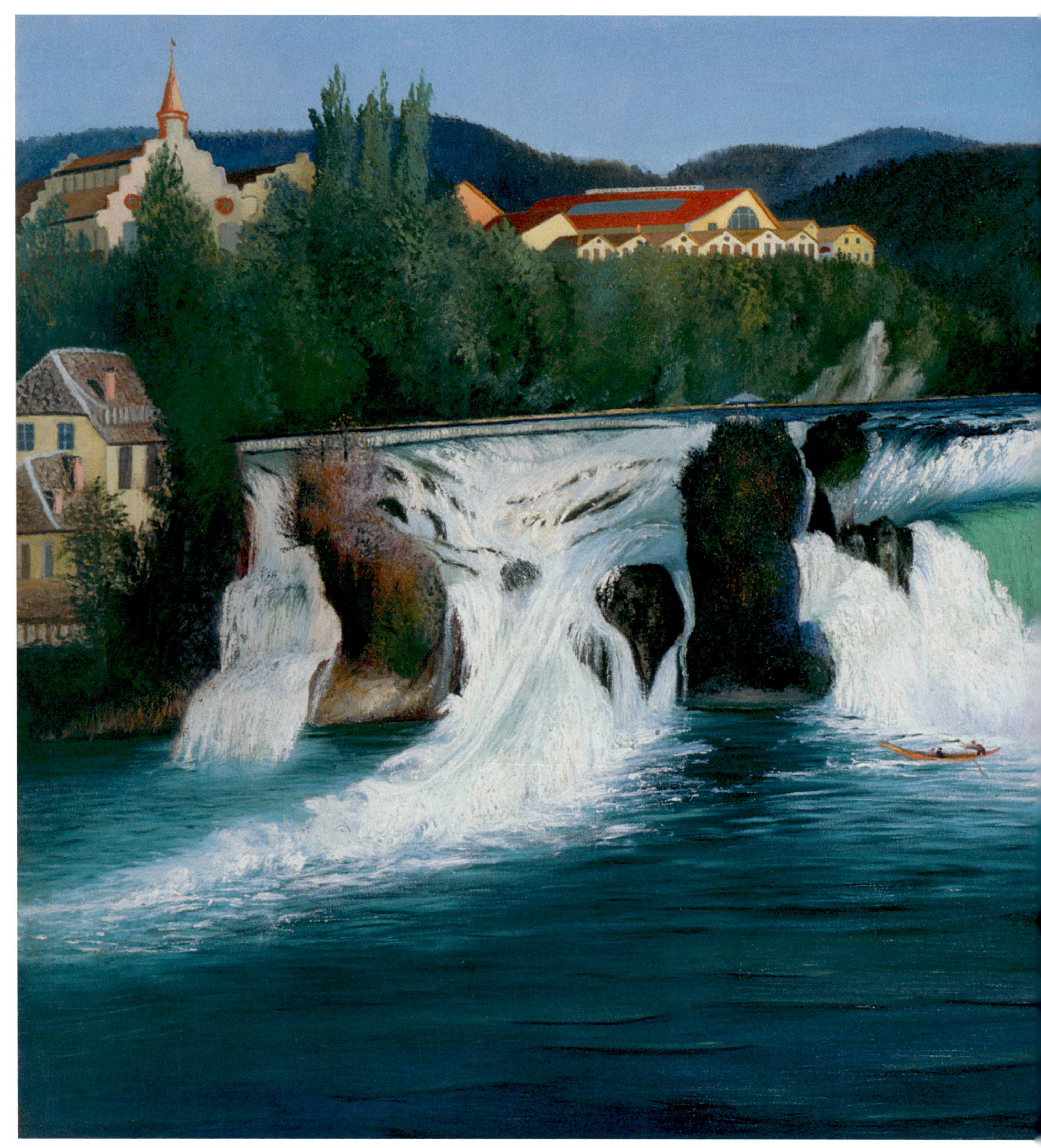

23. KAT. SZ. | CAT. NO. 23

Schaffhauseni vízesés | Schaffhausen Falls, 1903

Szépművészeti Múzeum – Magyar Nemzeti Galéria, Budapest

Museum of Fine Arts – Hungarian National Gallery, Budapest

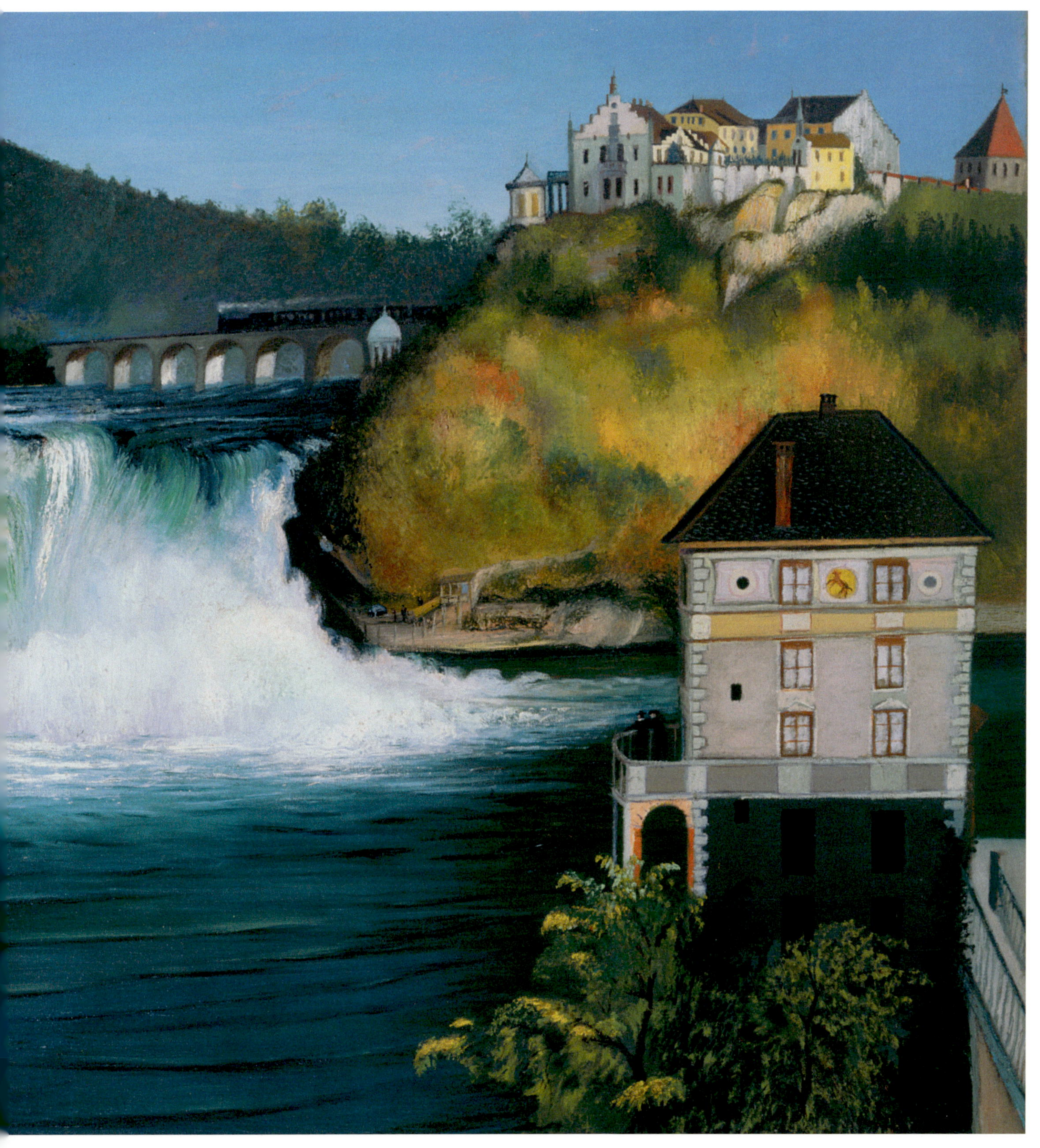

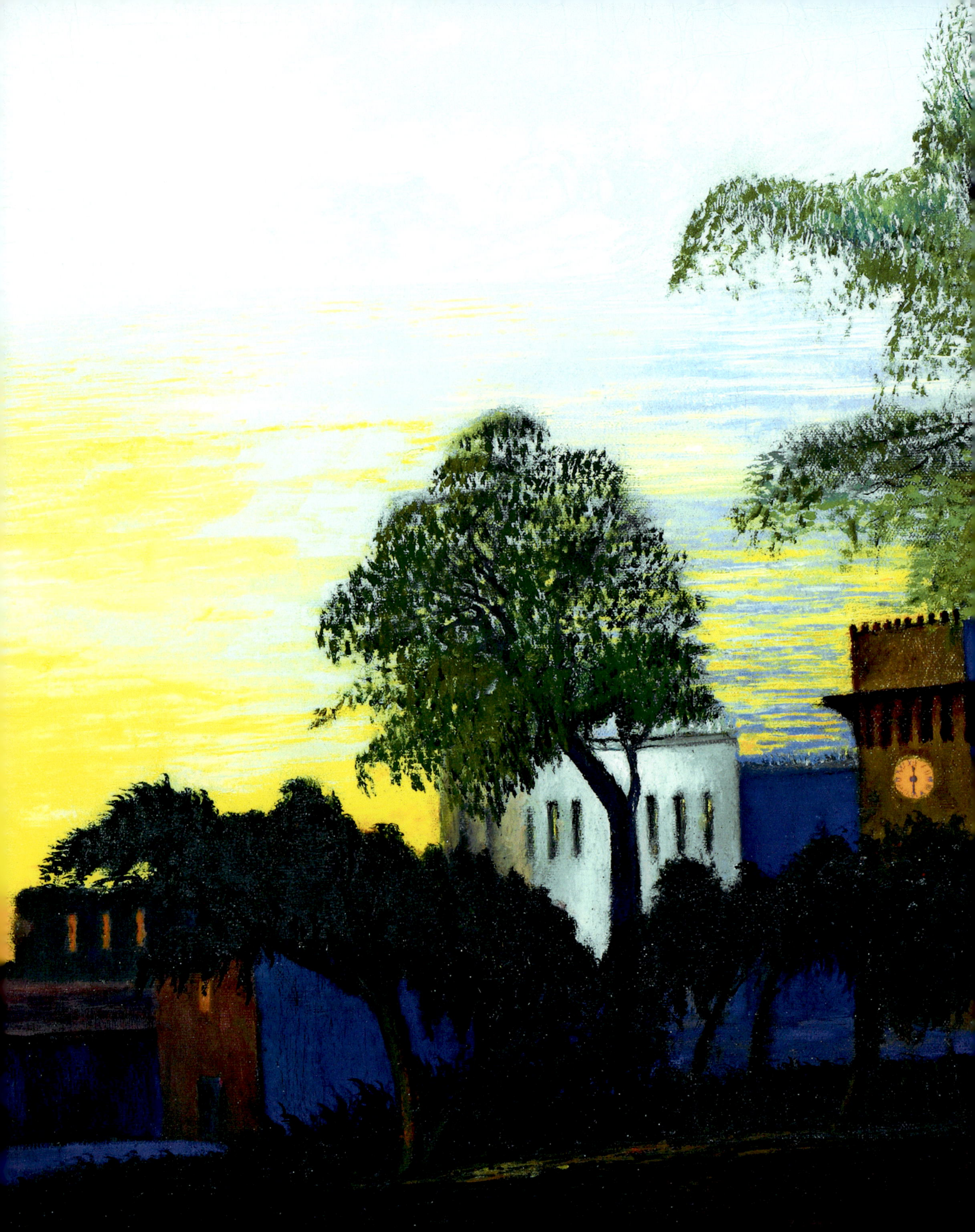

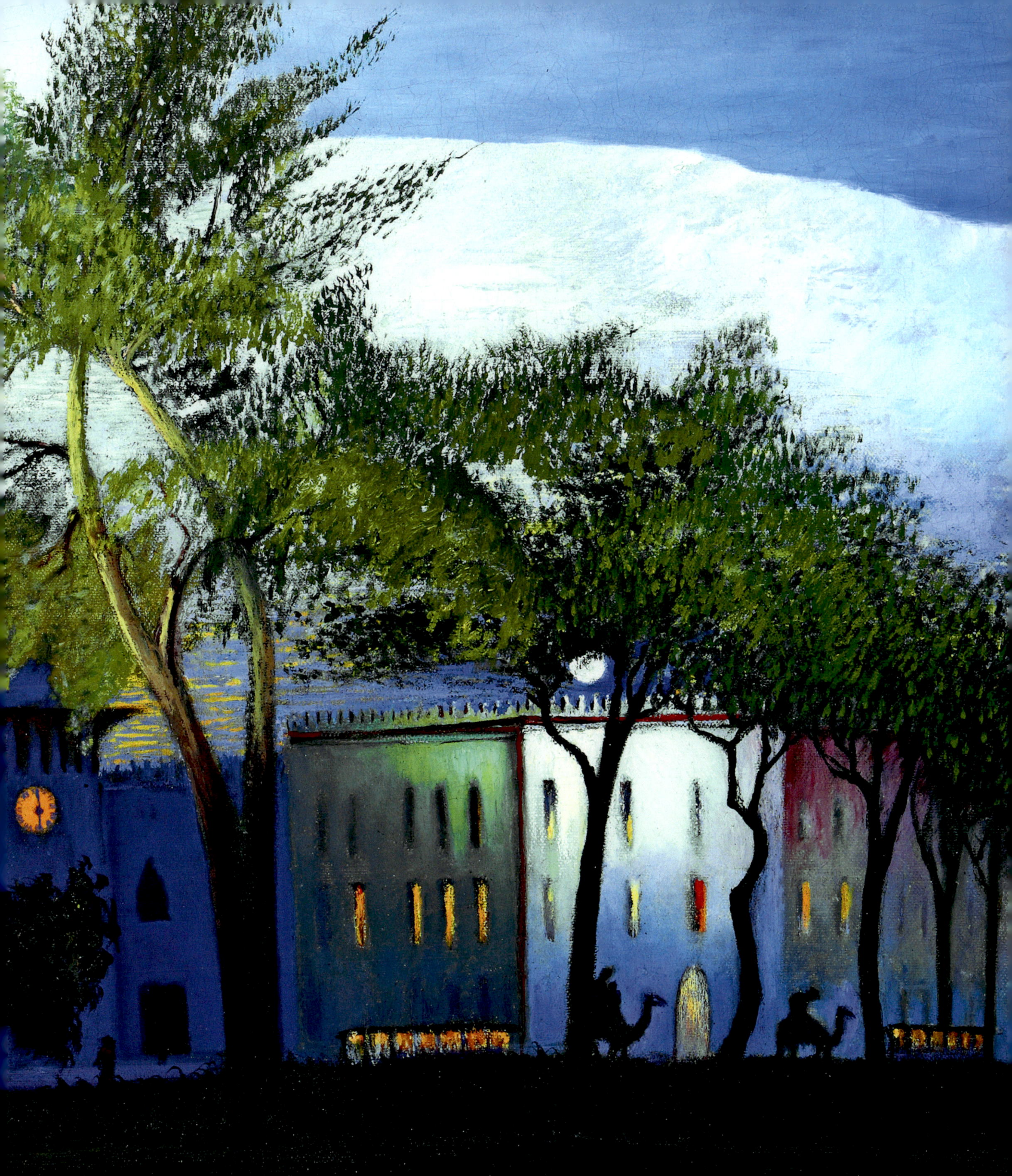

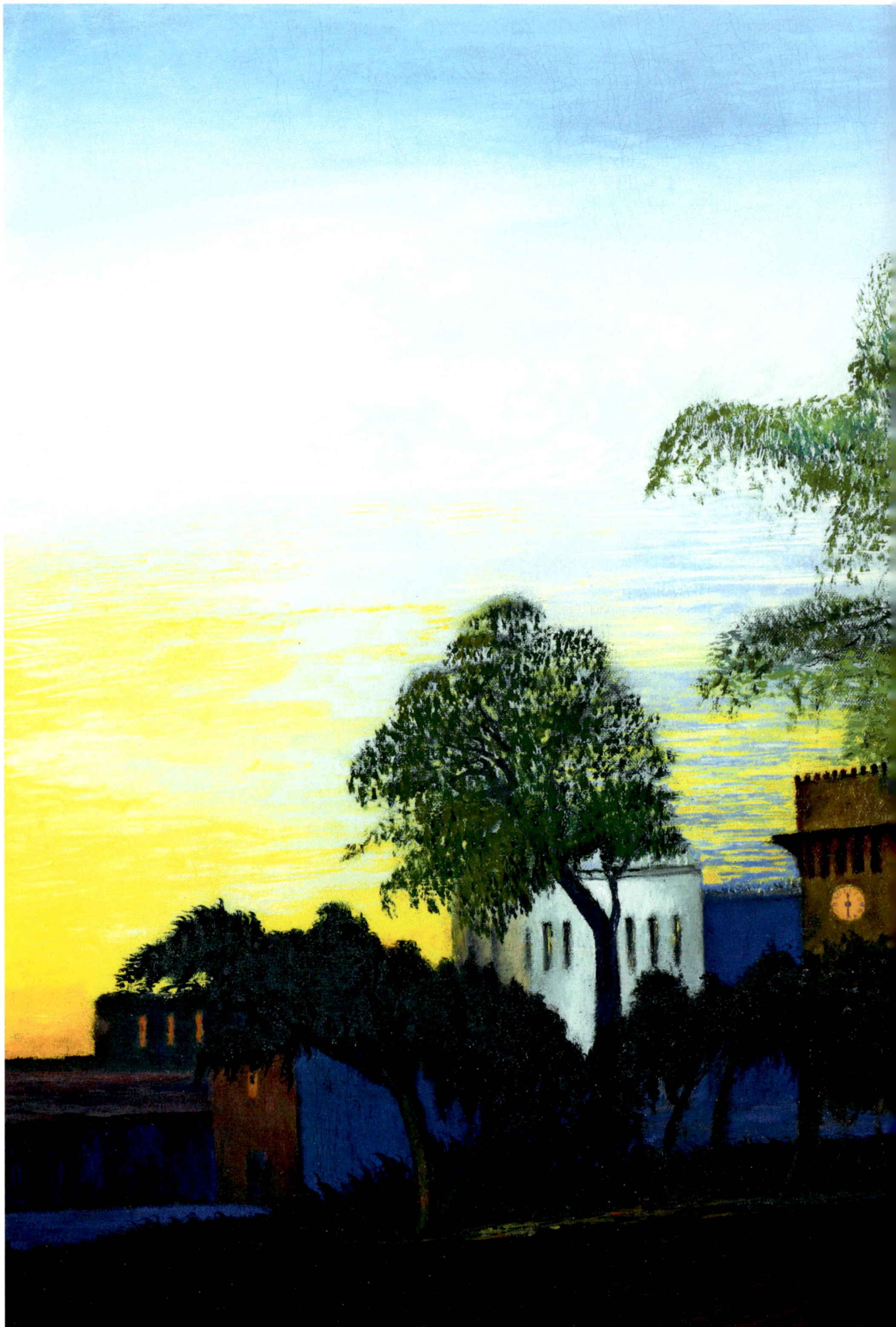

22. KAT. SZ. | CAT. NO. 22
Kairói pályaudvar |
Railway Station in Cairo, 1903
Magántulajdon, Budapest
Private collection, Budapest

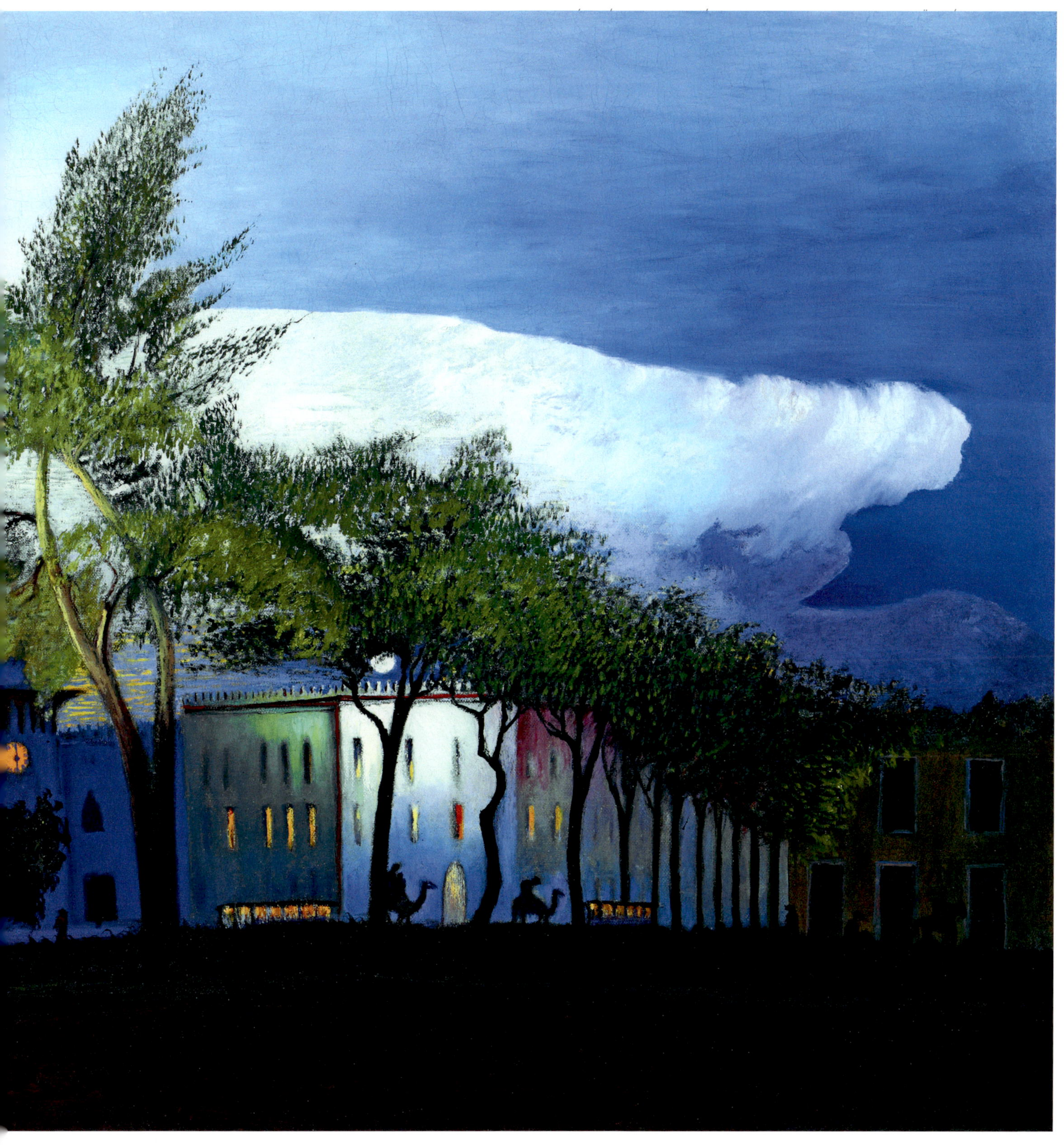

Fohászkodó üdvözítő | Praying Prophet, 1903

Janus Pannonius Múzeum, Pécs
Janus Pannonius Museum, Pécs

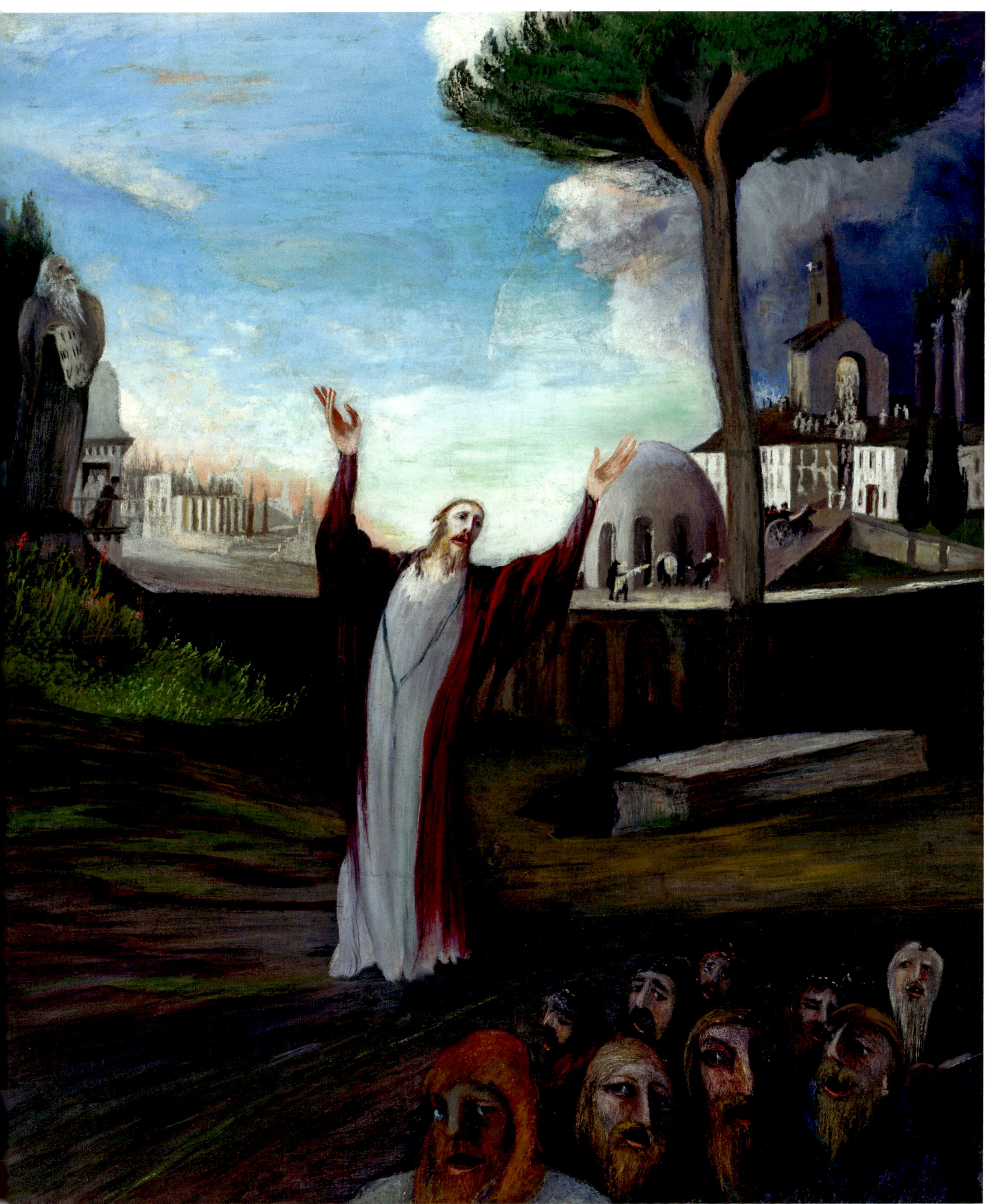

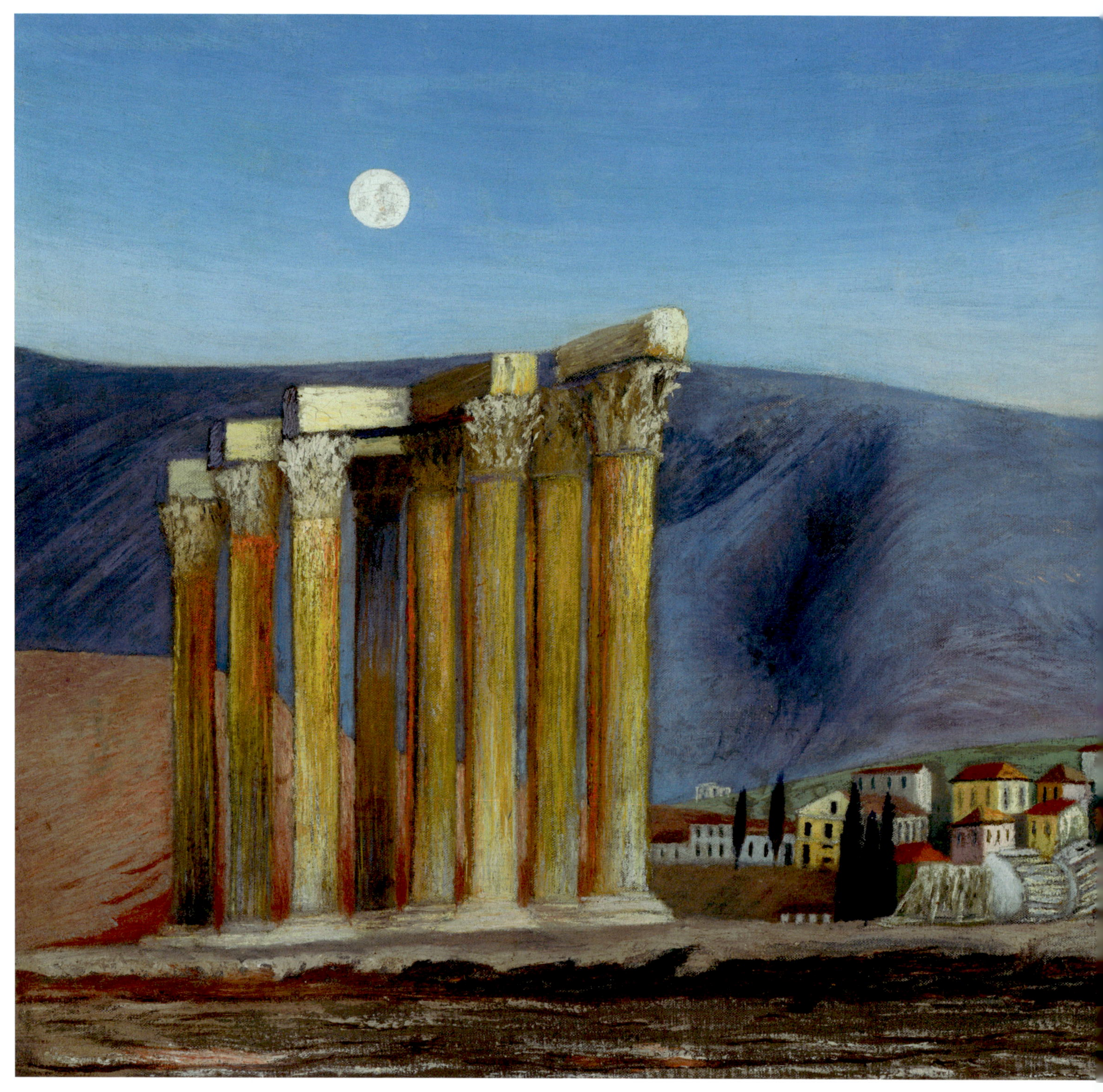

25. KAT. SZ. | CAT. NO. 25

A Jupiter-templom romjai Athénban | Ruins of the Temple of Jupiter in Athens, 1904

Janus Pannonius Múzeum, Pécs

Janus Pannonius Museum, Pécs

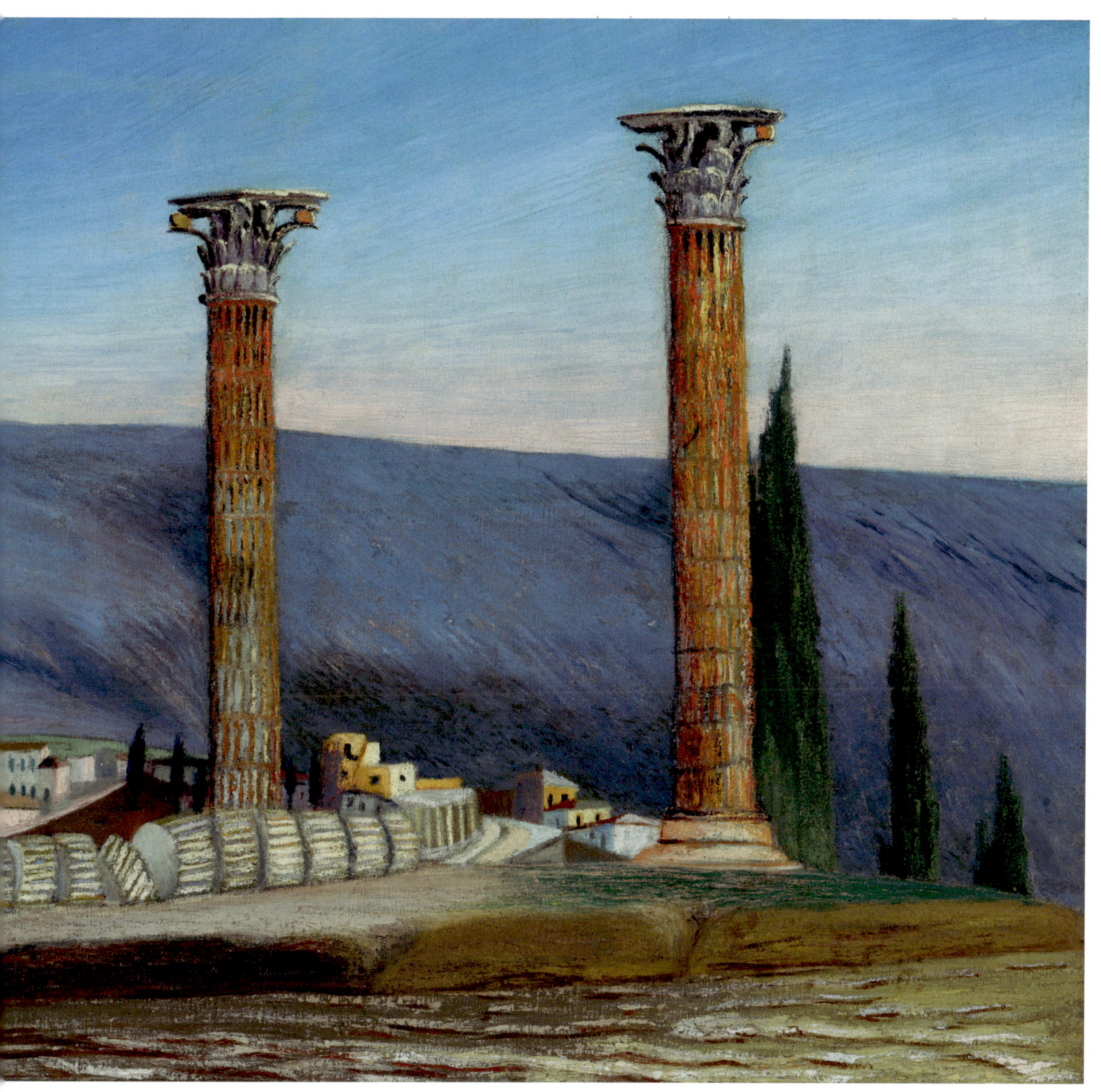

26. KAT. SZ. | CAT. NO. 26

Kocsizás újholdnál Athénben, Sétakocsizás újholdnál Athénben |
Carriage Ride in Athens at New Moon, 1904

Szépművészeti Múzeum – Magyar Nemzeti Galéria, Budapest
Museum of Fine Arts – Hungarian National Gallery, Budapest

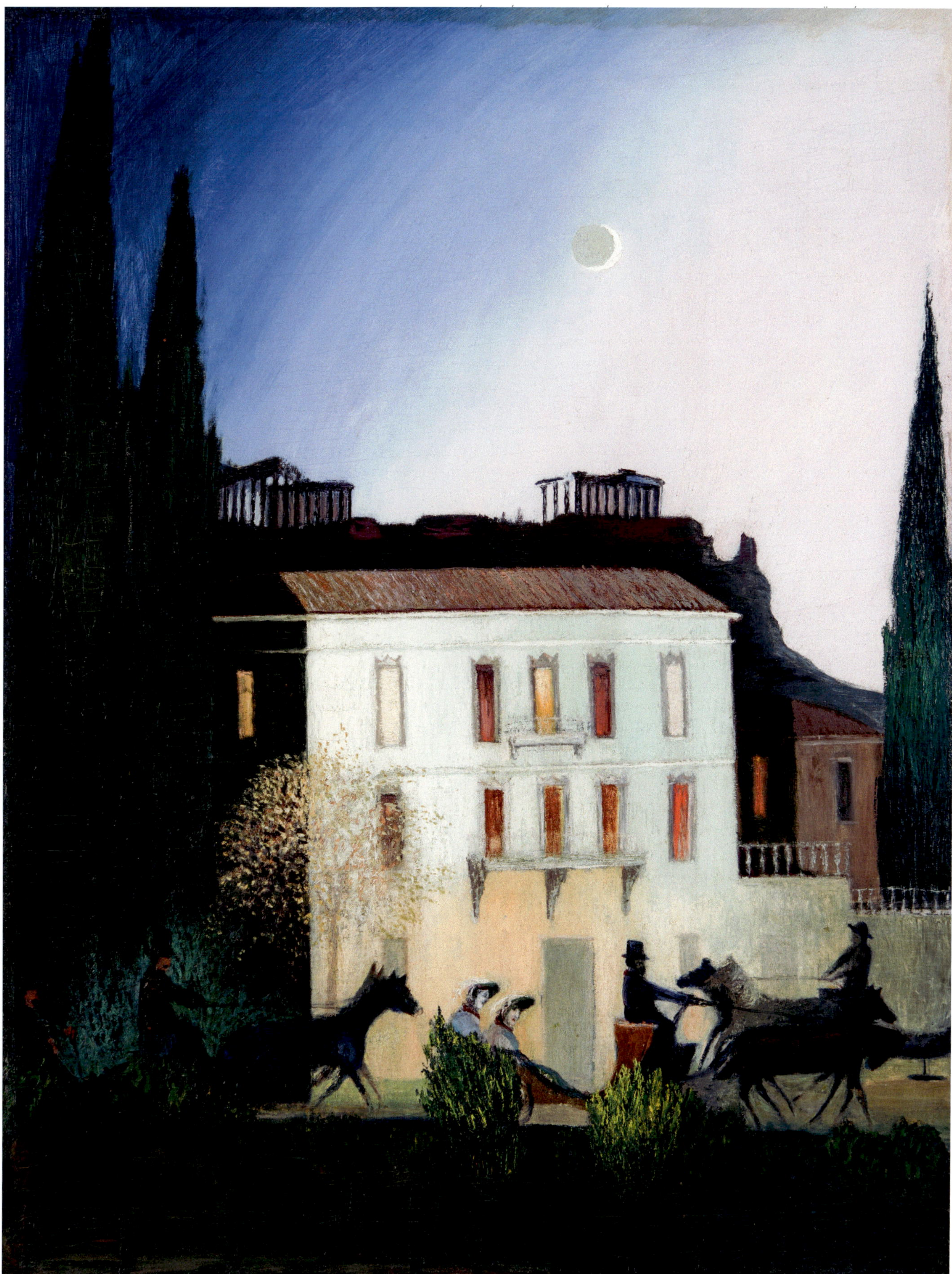

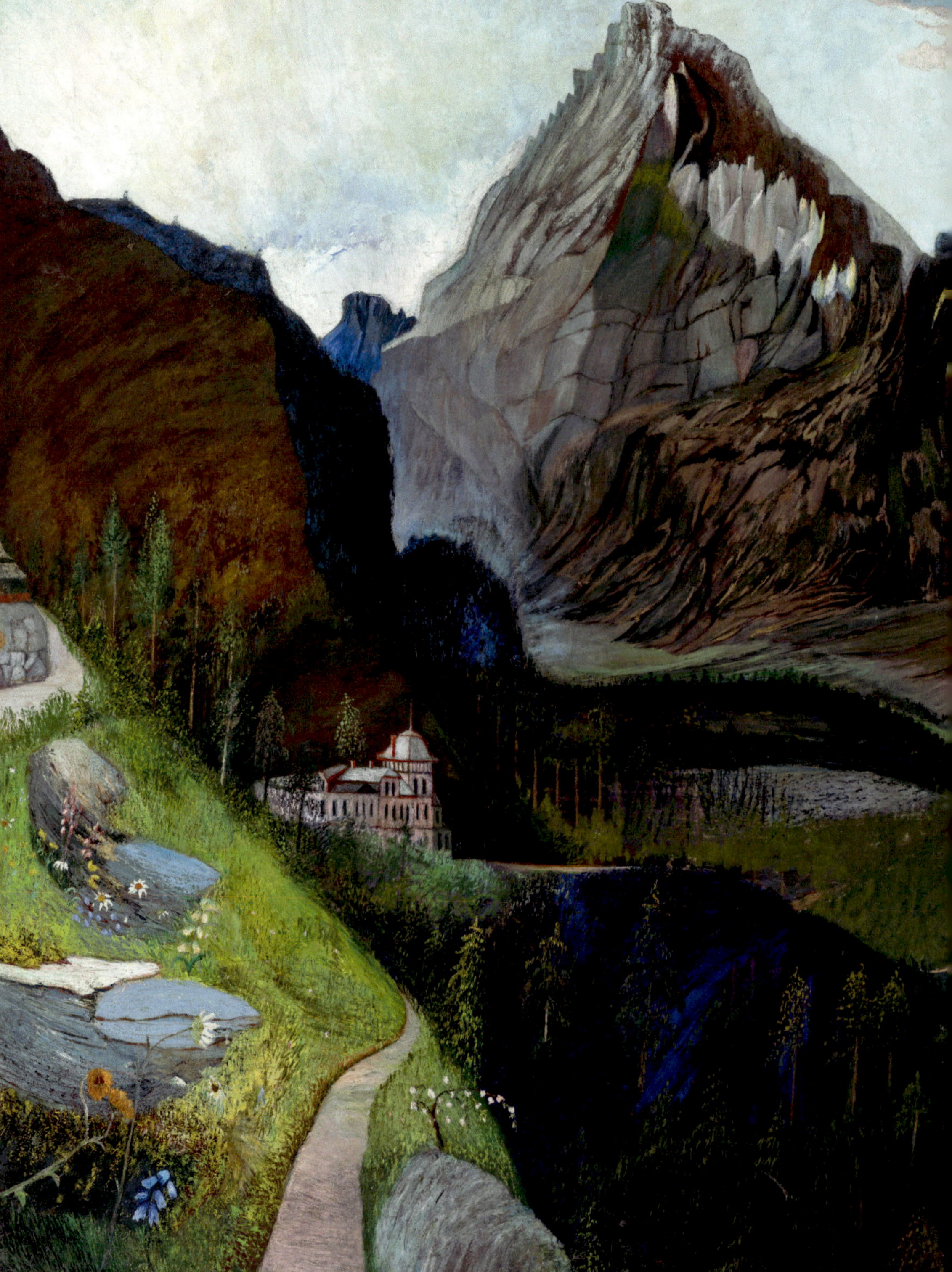

28. KAT. SZ. | CAT. NO. 28
A Nagy Tarpatak a Tátrában |
Valley of Great Tarpatak
in the High Tatra, 1904–1905
Szépművészeti Múzeum –
Magyar Nemzeti Galéria, Budapest
Museum of Fine Arts – Hungarian
National Gallery, Budapest

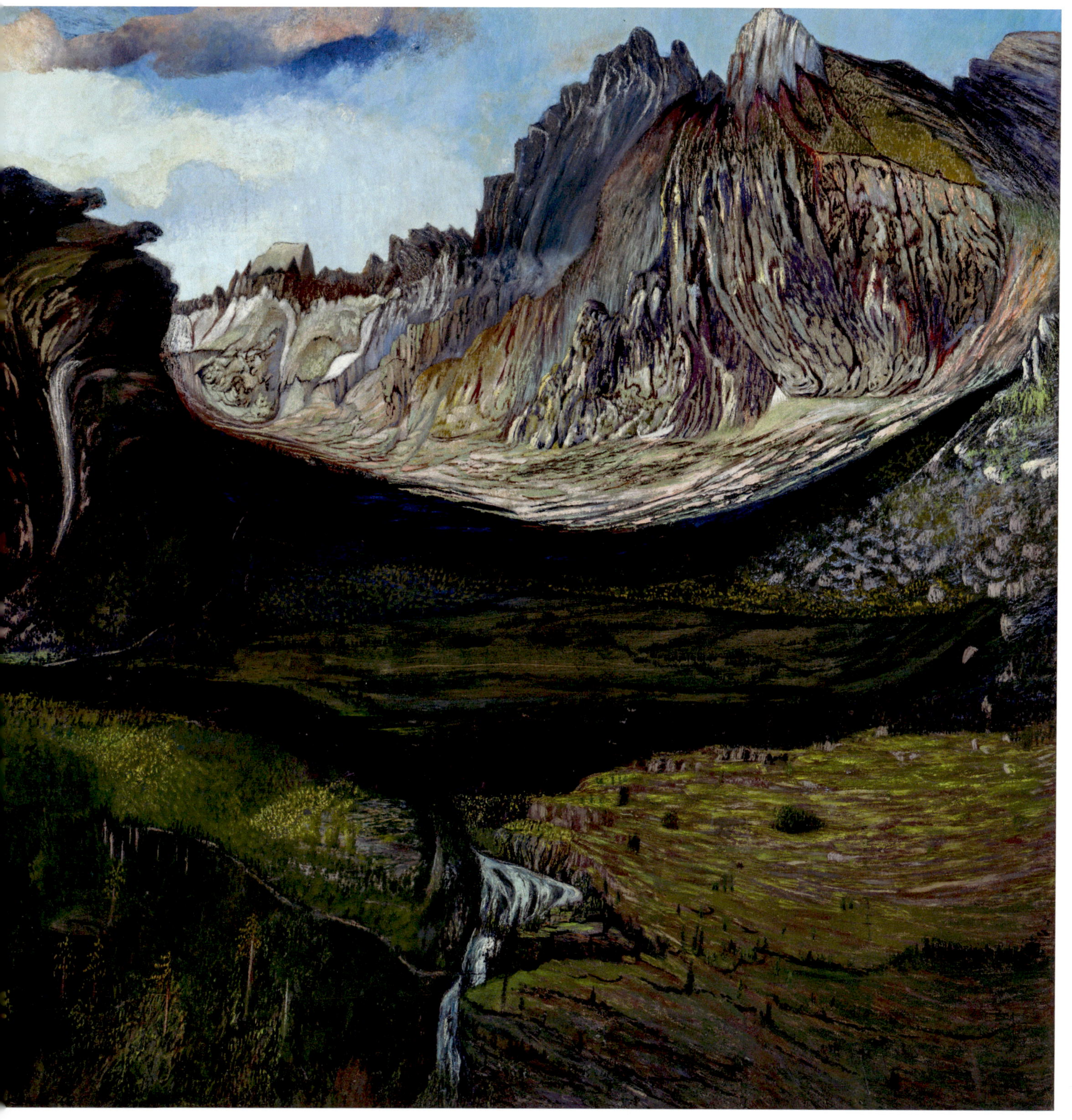

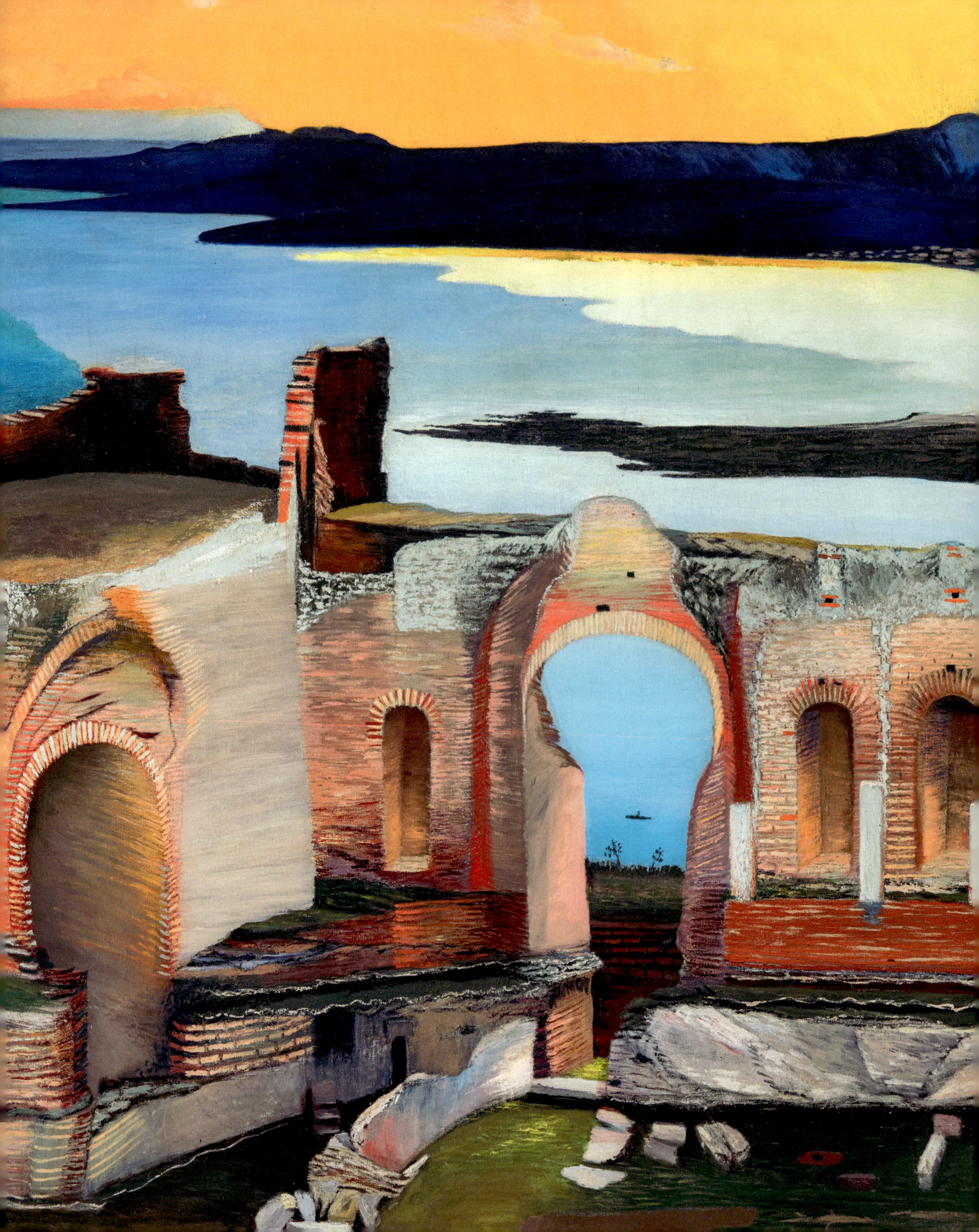

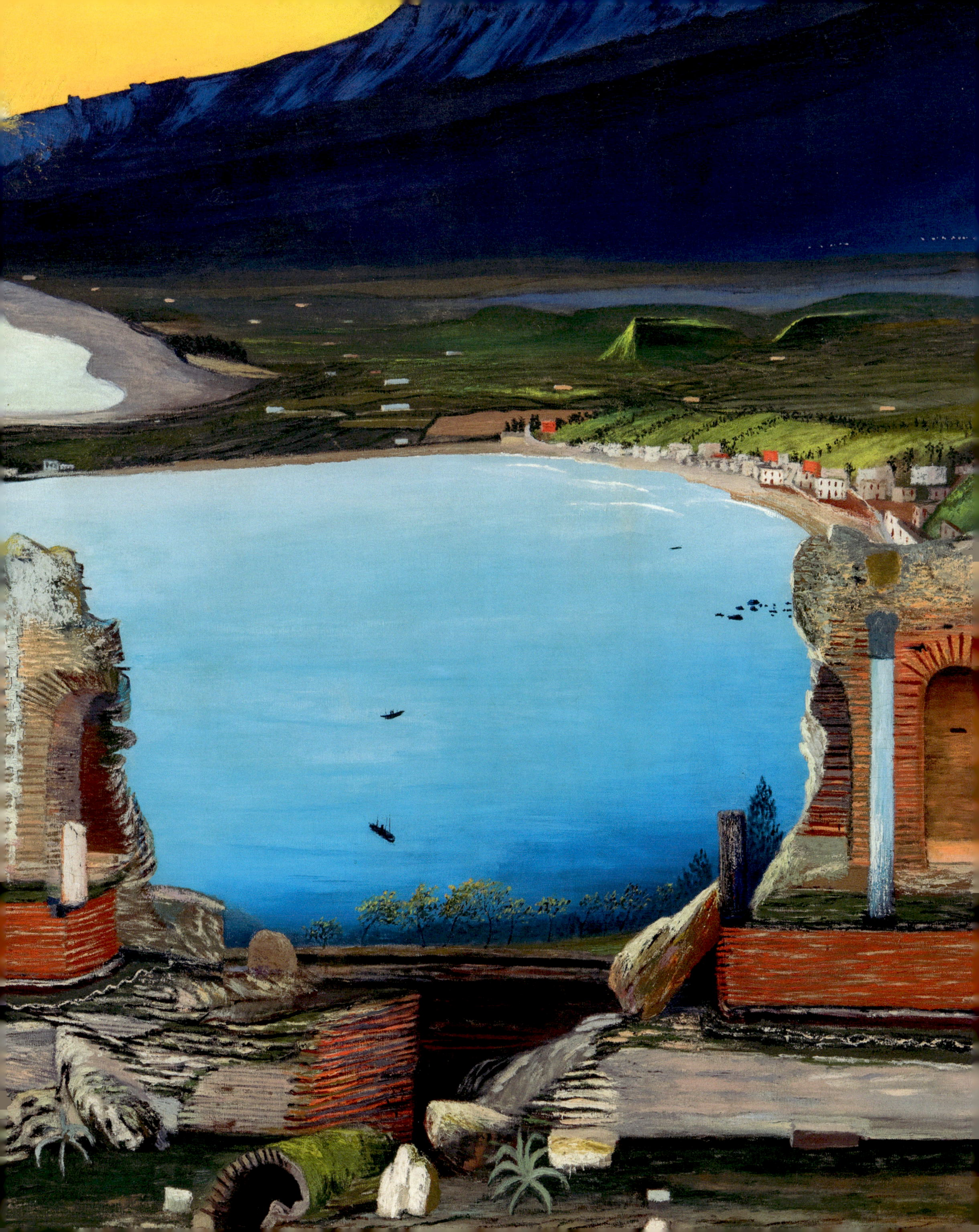

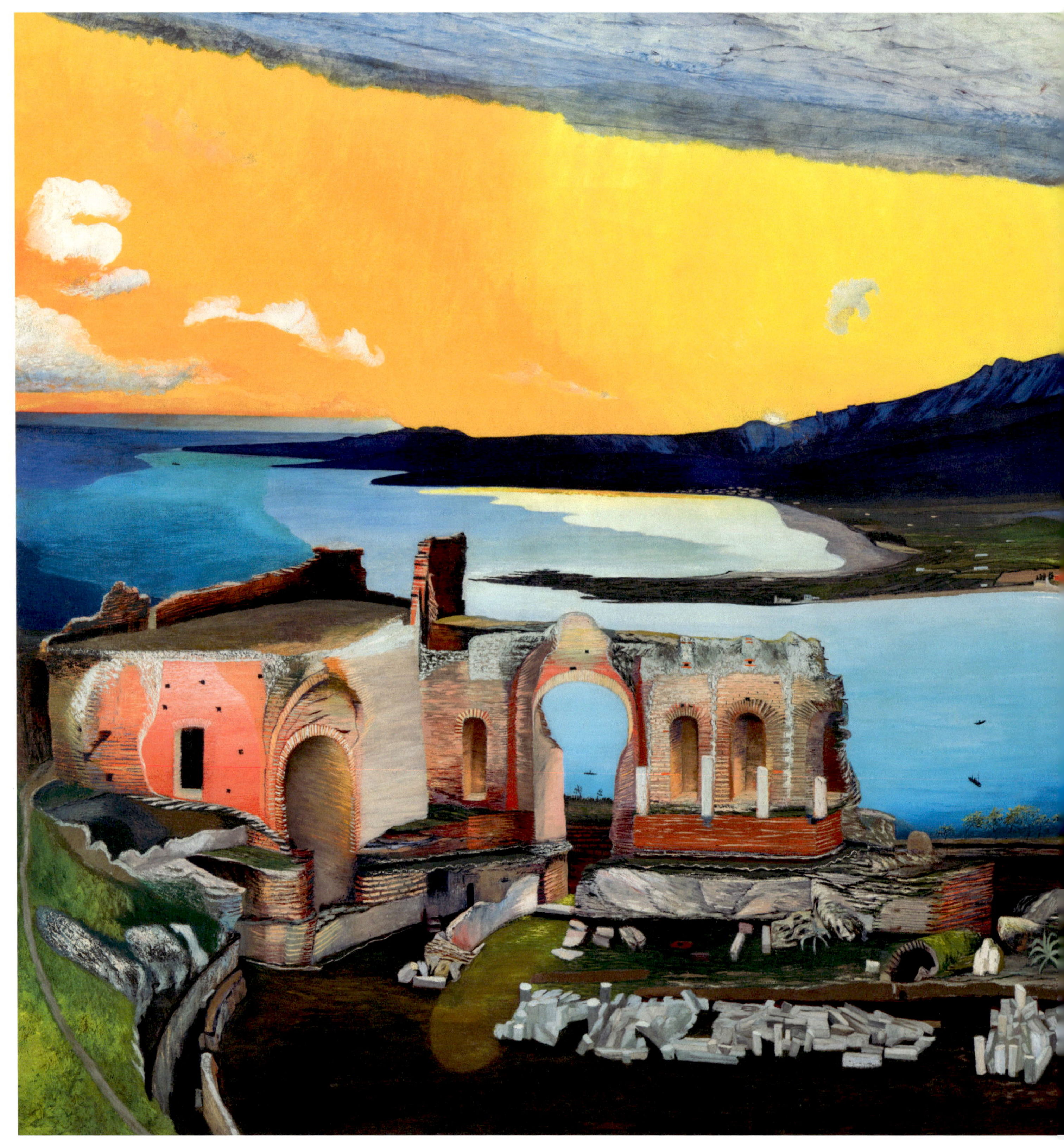

29. KAT. SZ. | CAT. NO. 29

A taorminai görög színház romjai | Ruins of the Ancient Greek Theatre in Taormina, 1904–1905

Szépművészeti Múzeum – Magyar Nemzeti Galéria, Budapest

Museum of Fine Arts – Hungarian National Gallery, Budapest

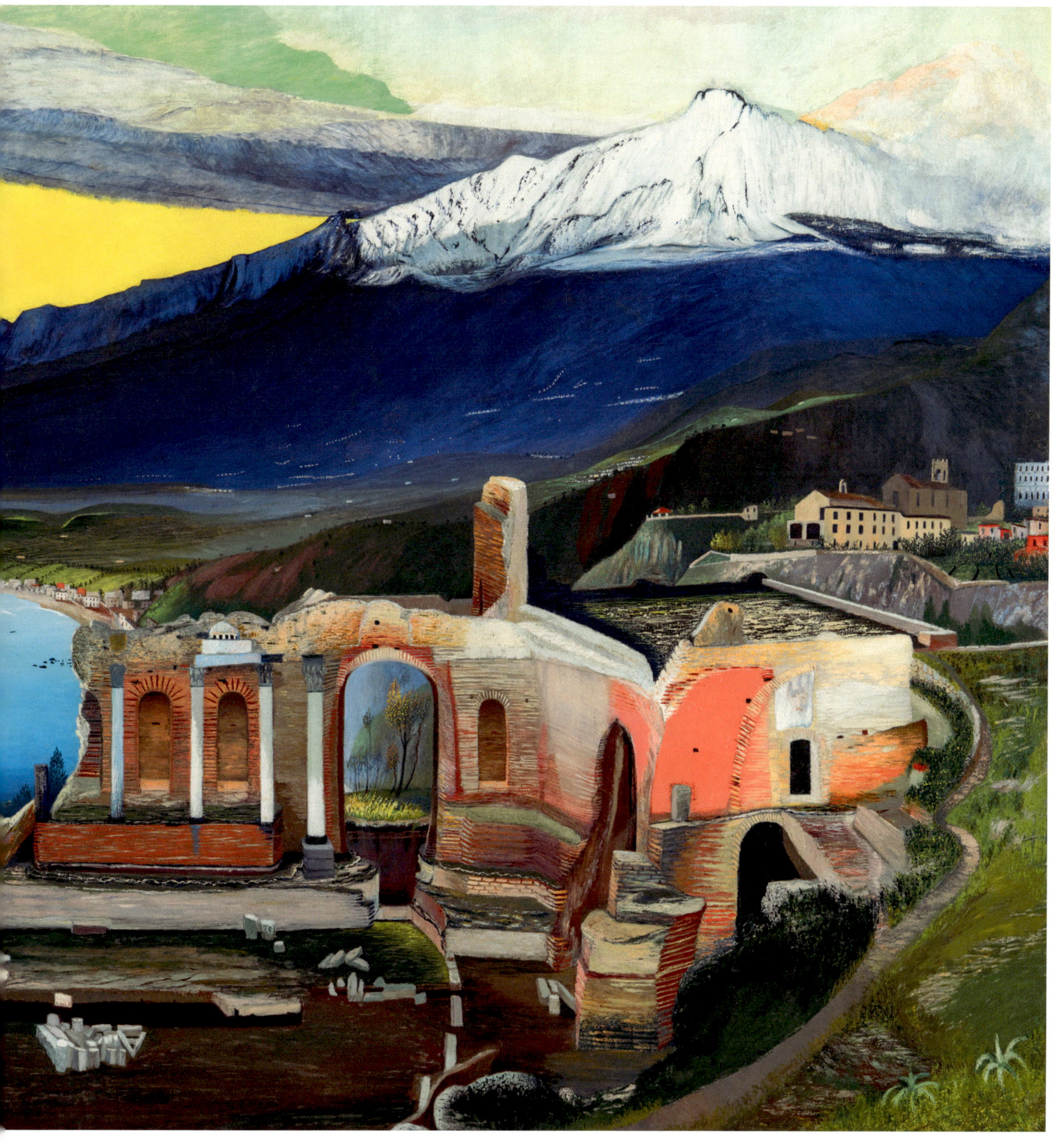

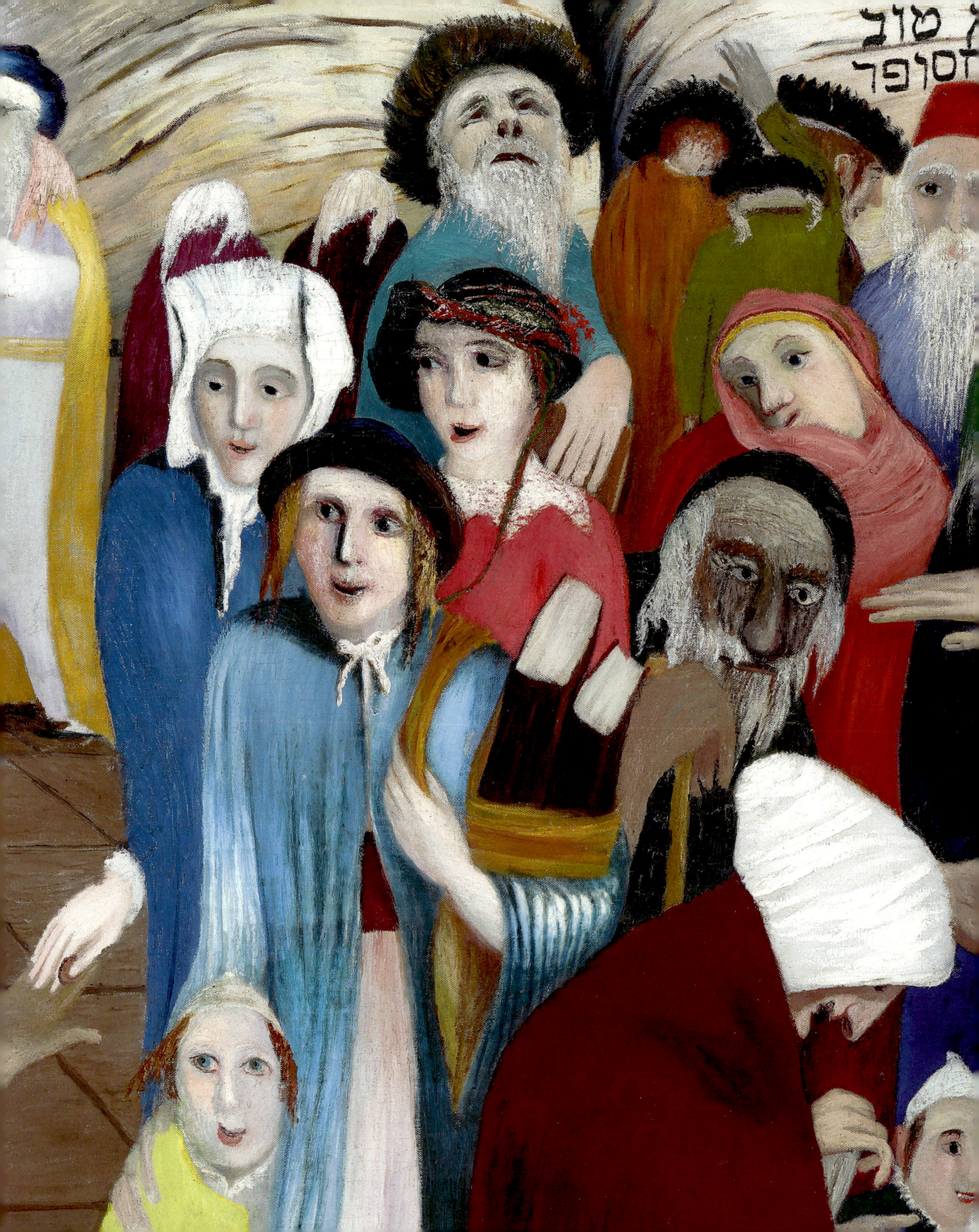

ל טוב
יוסף

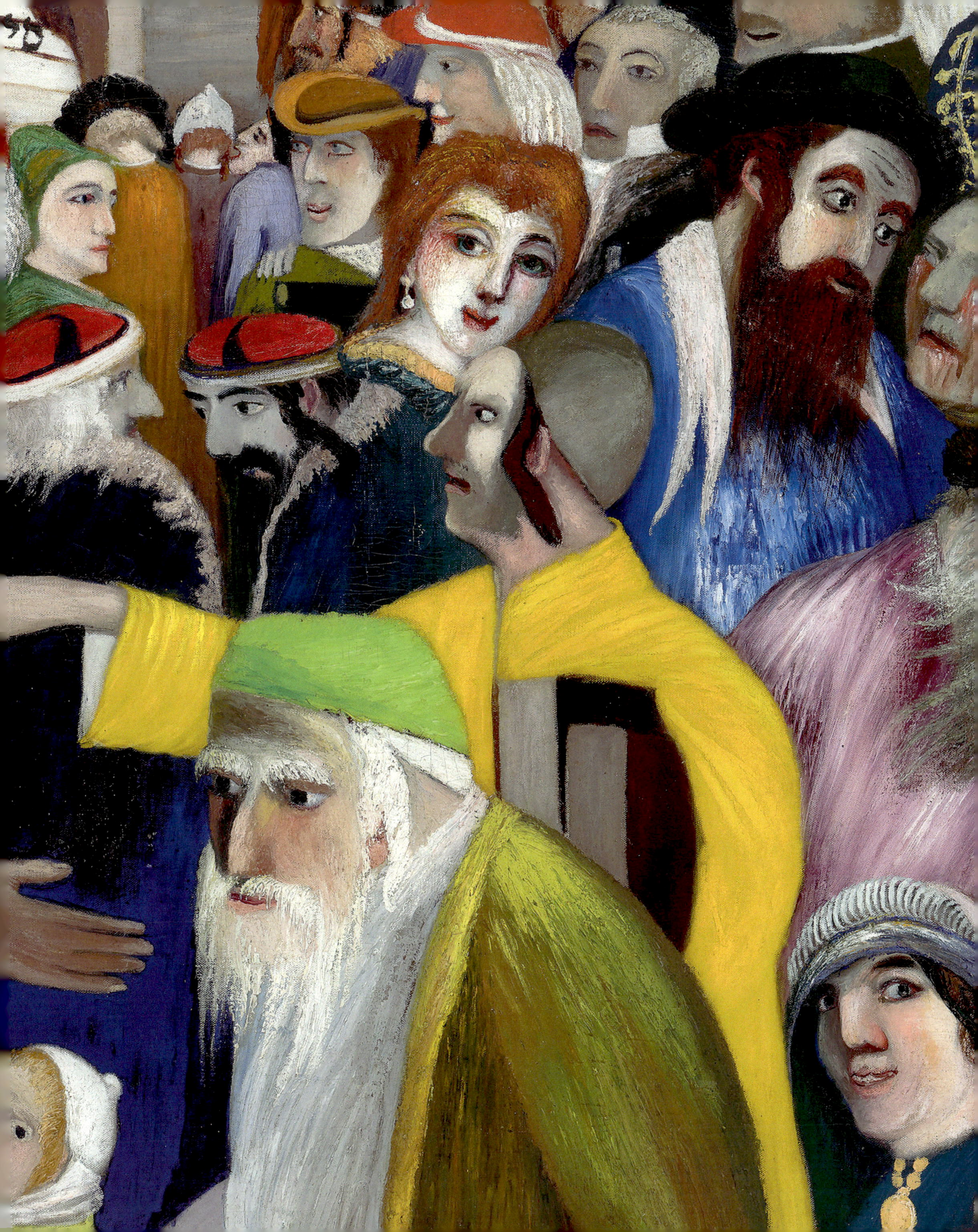

A Panaszfal bejáratánál Jeruzsálemben |
At the Entrance to the Wailing-Wall in Jerusalem, 1904

Szépművészeti Múzeum – Magyar Nemzeti Galéria, Budapest
Museum of Fine Arts – Hungarian National Gallery, Budapest

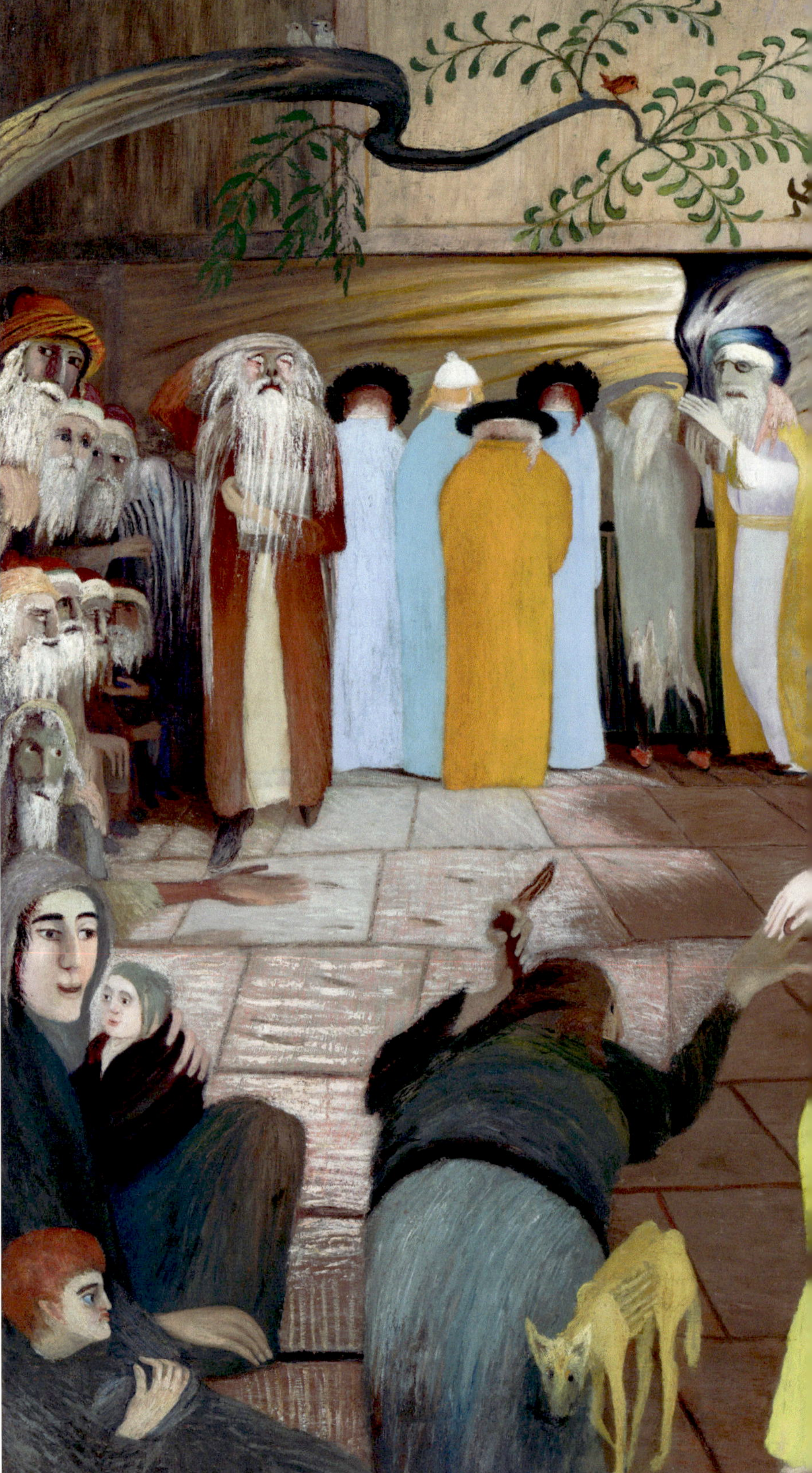

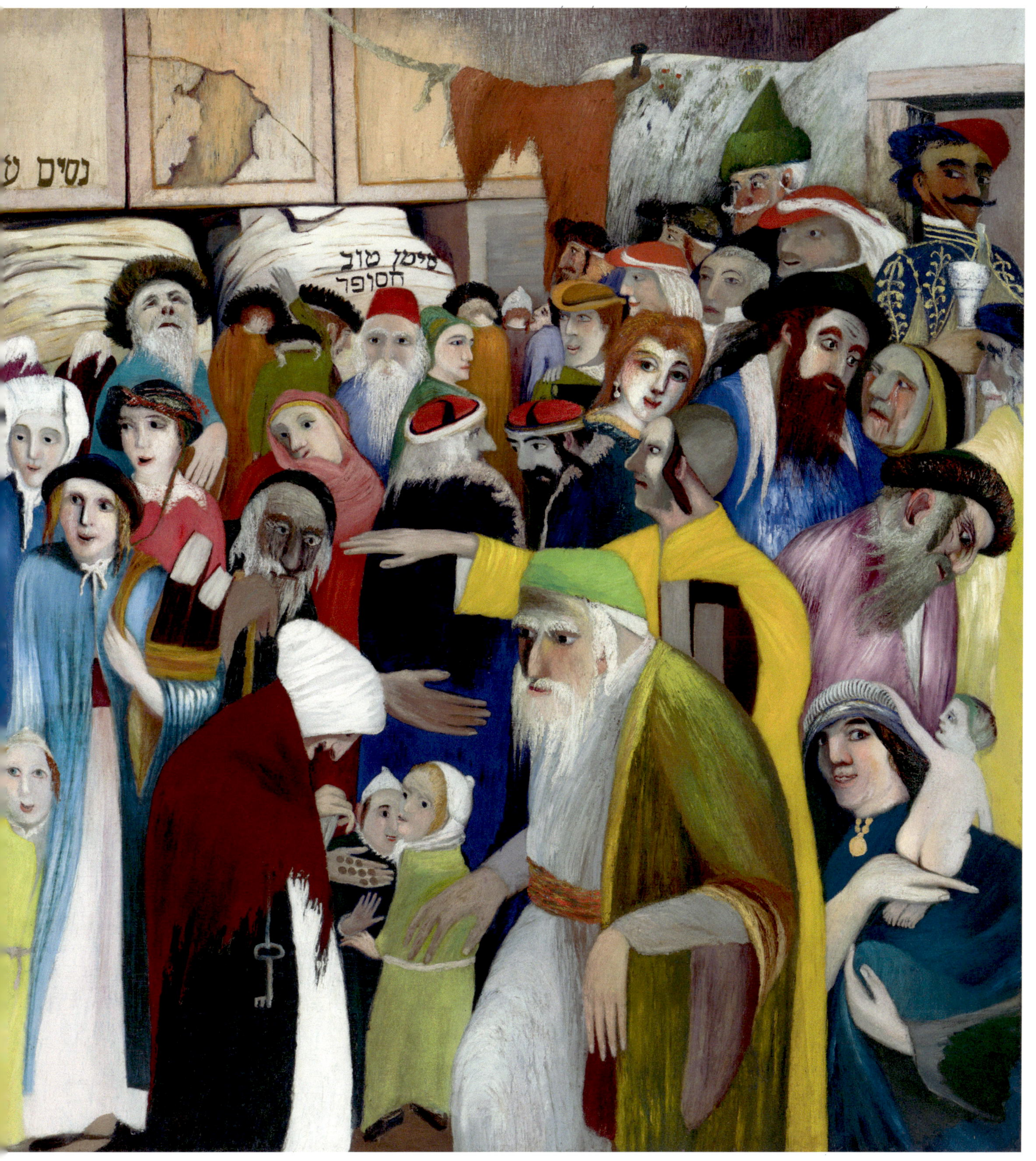
נסים ע
סימן טוב
הסופר

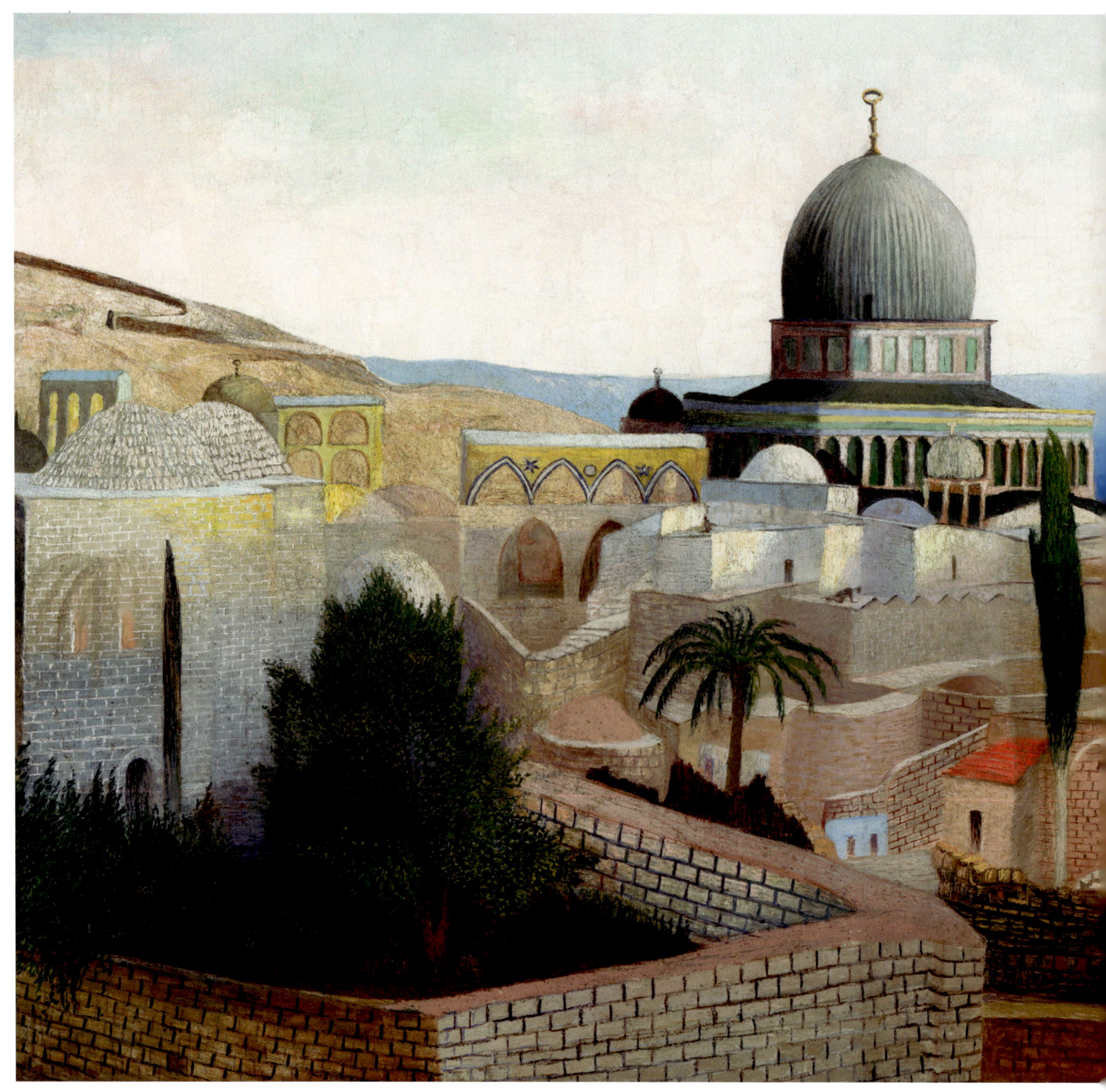

30. KAT. SZ. | CAT. NO. 30

Templomtéri kilátás a Holt-tengerre Jeruzsálemben |
View of the Dead Sea from the Temple Mount in Jerusalem, 1905

Janus Pannonius Múzeum, Pécs
Janus Pannonius Museum, Pécs

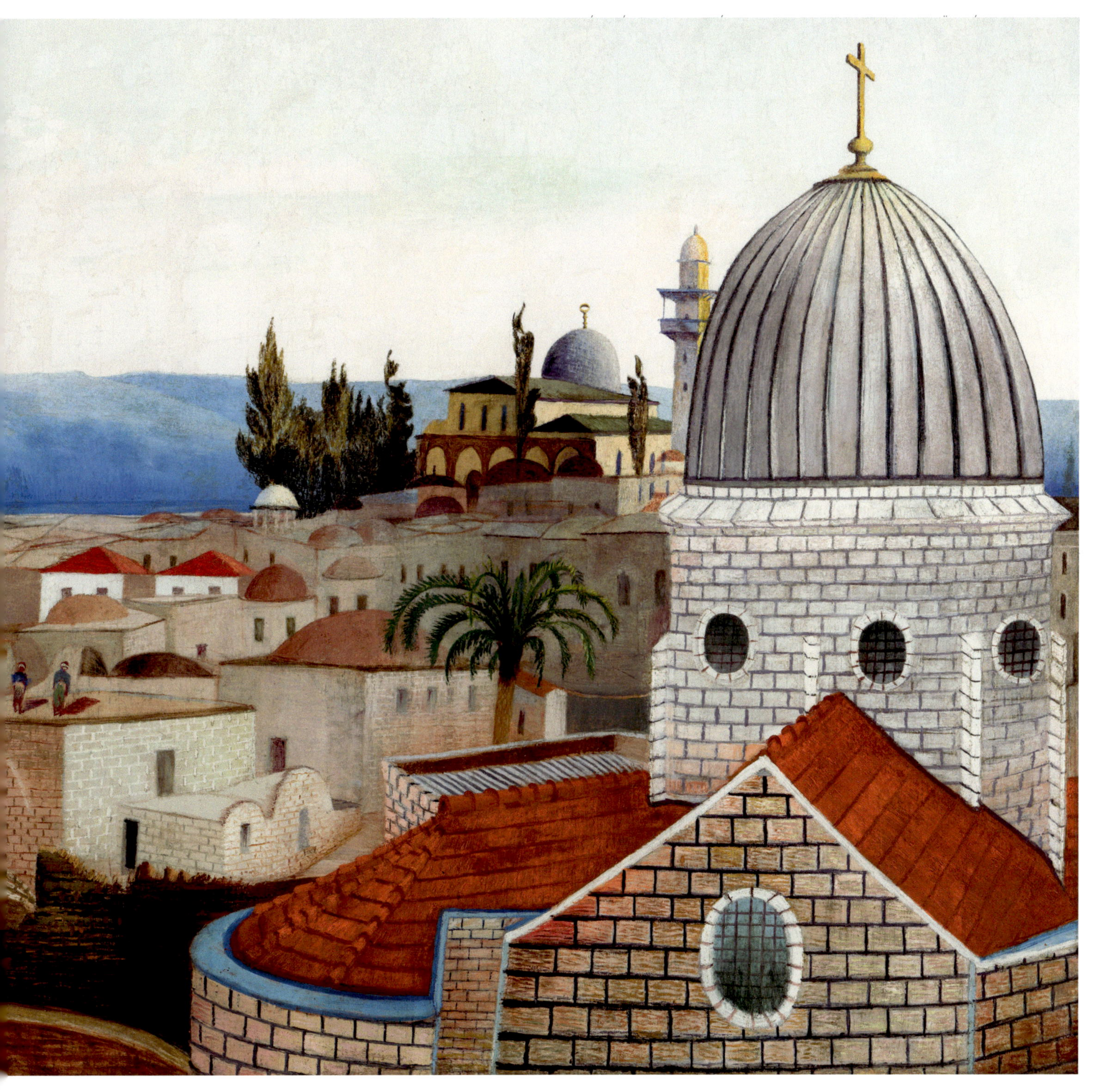

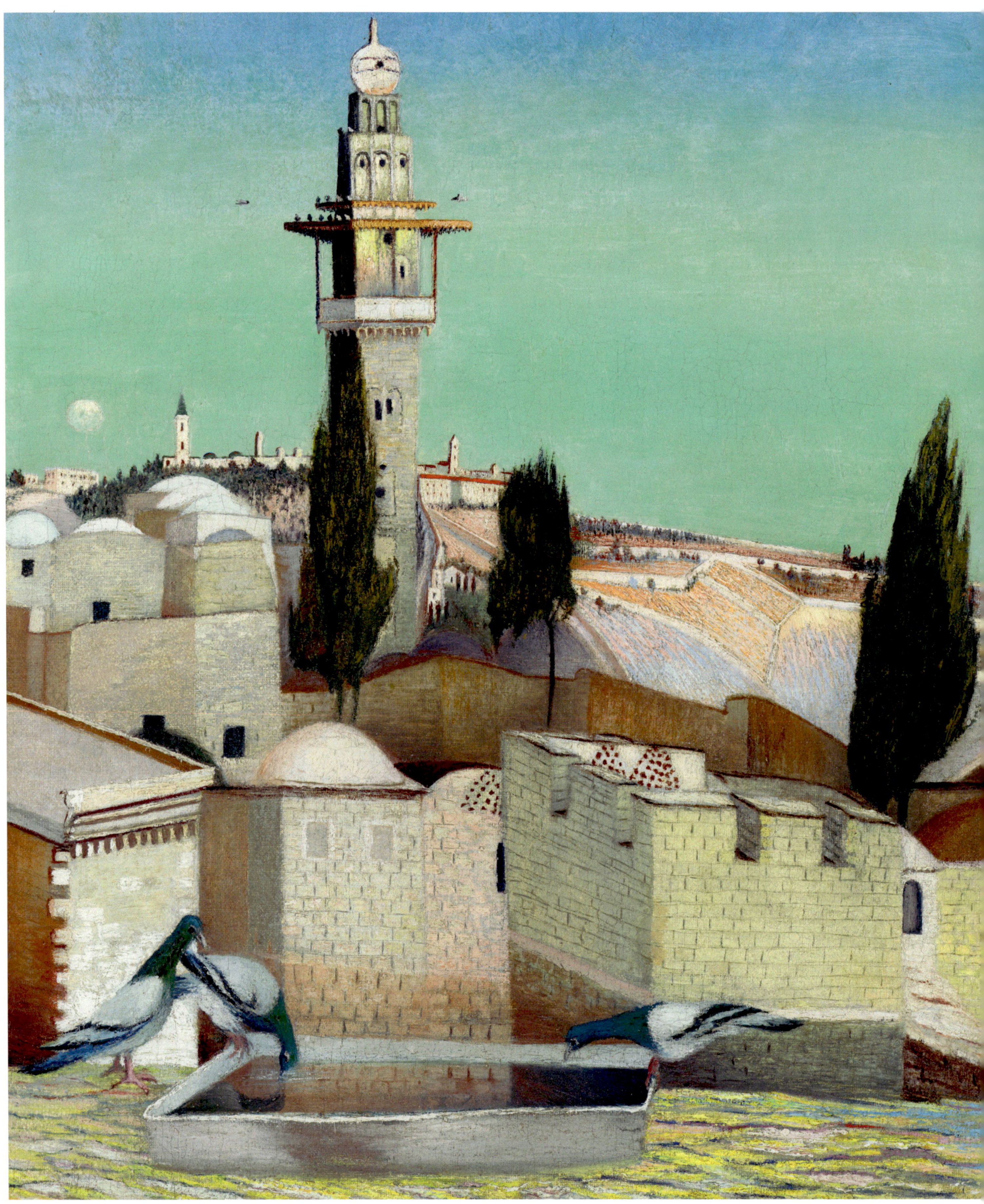

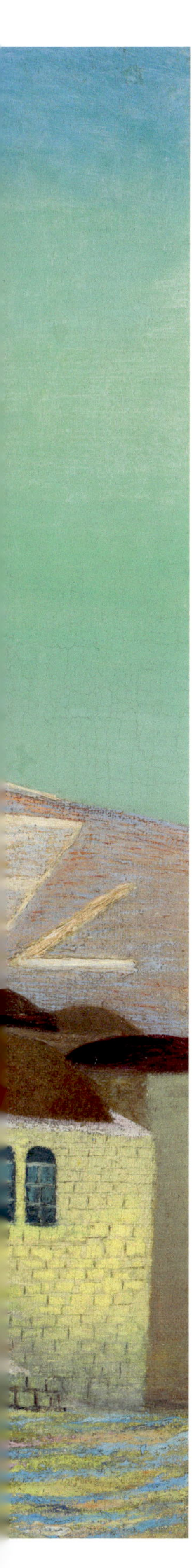

31. KAT. SZ. | CAT. NO. 31
Az Olajfák hegye Jeruzsálemben |
The Mount of Olives in Jerusalem, 1905
Janus Pannonius Múzeum, Pécs
Janus Pannonius Museum, Pécs

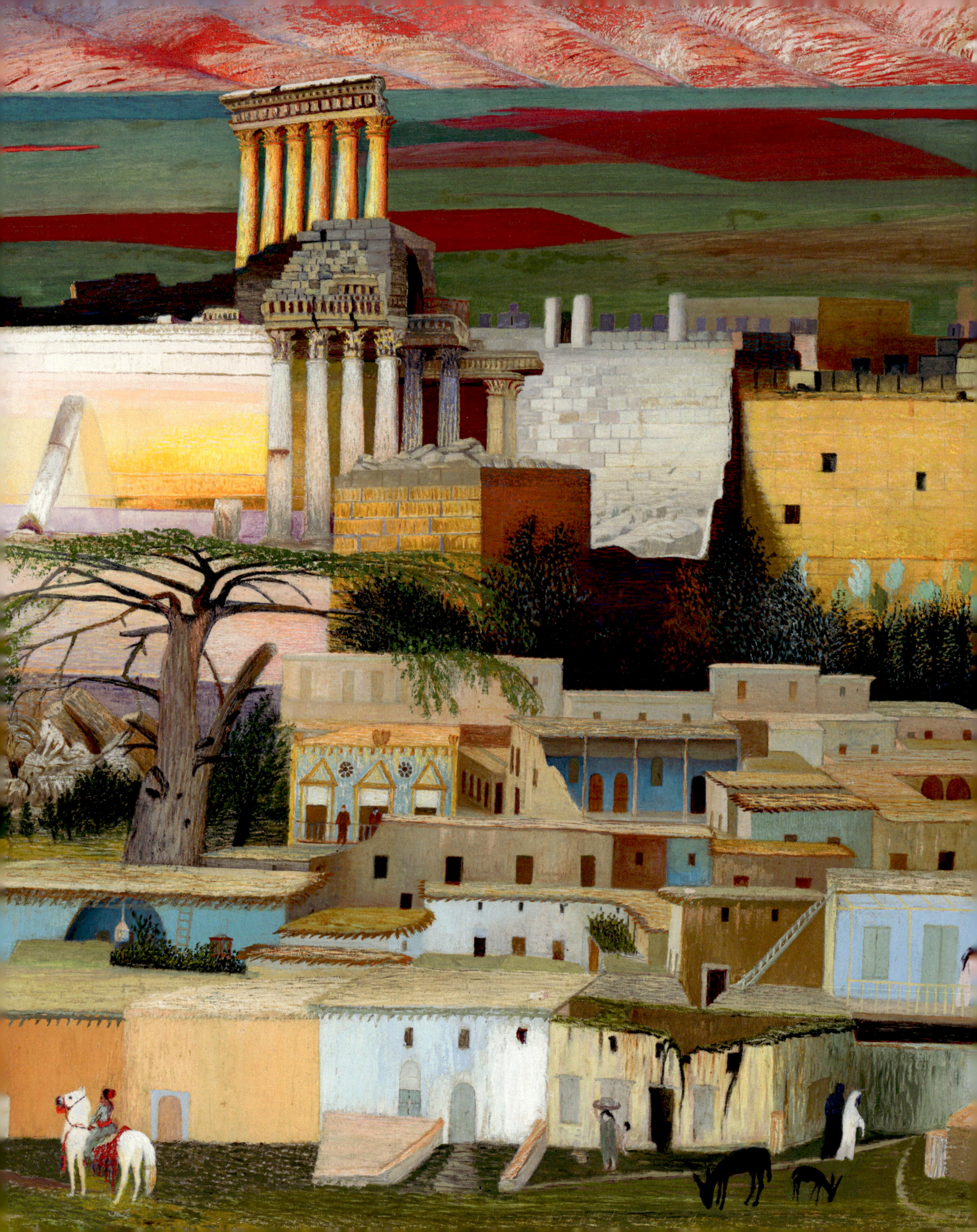

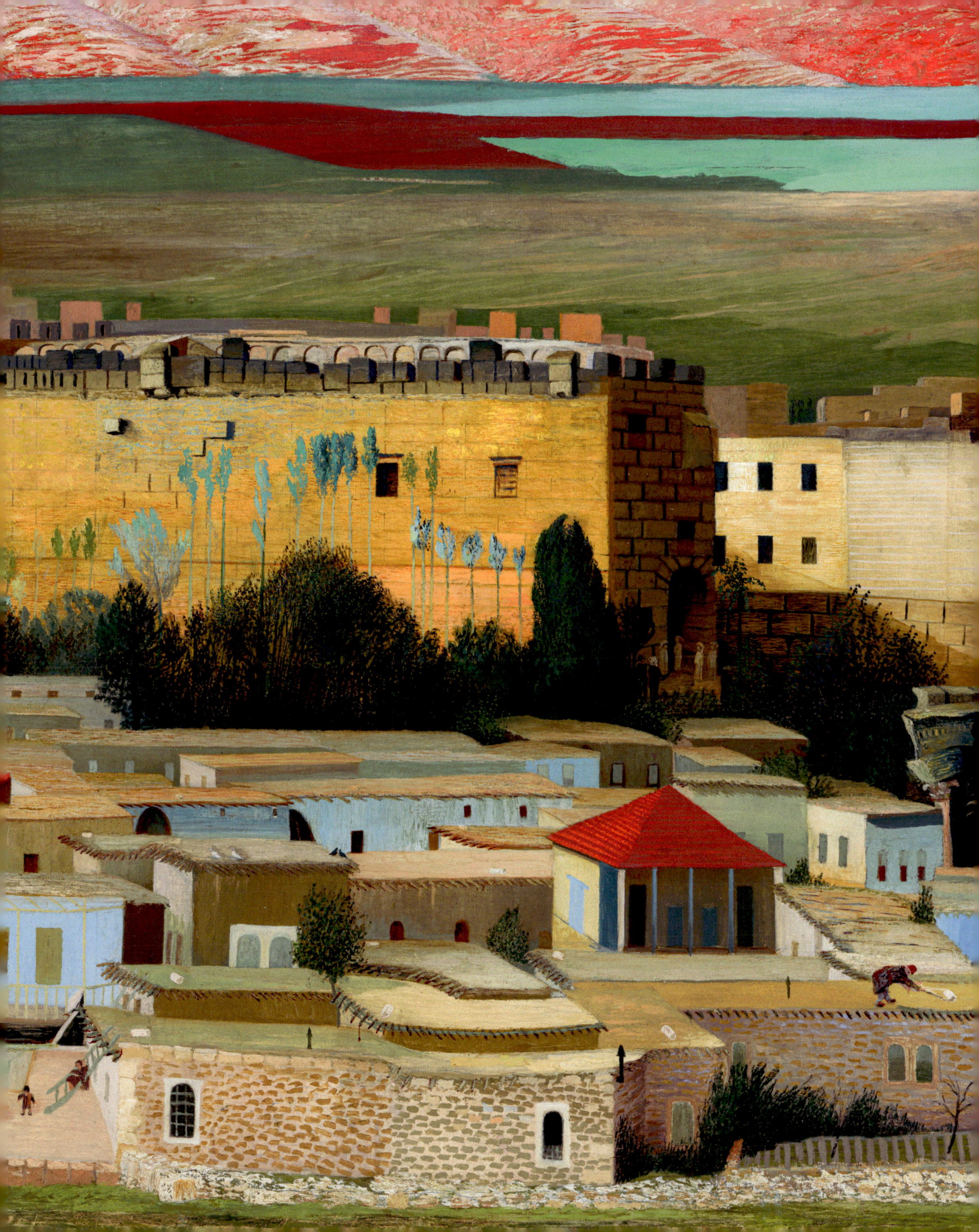

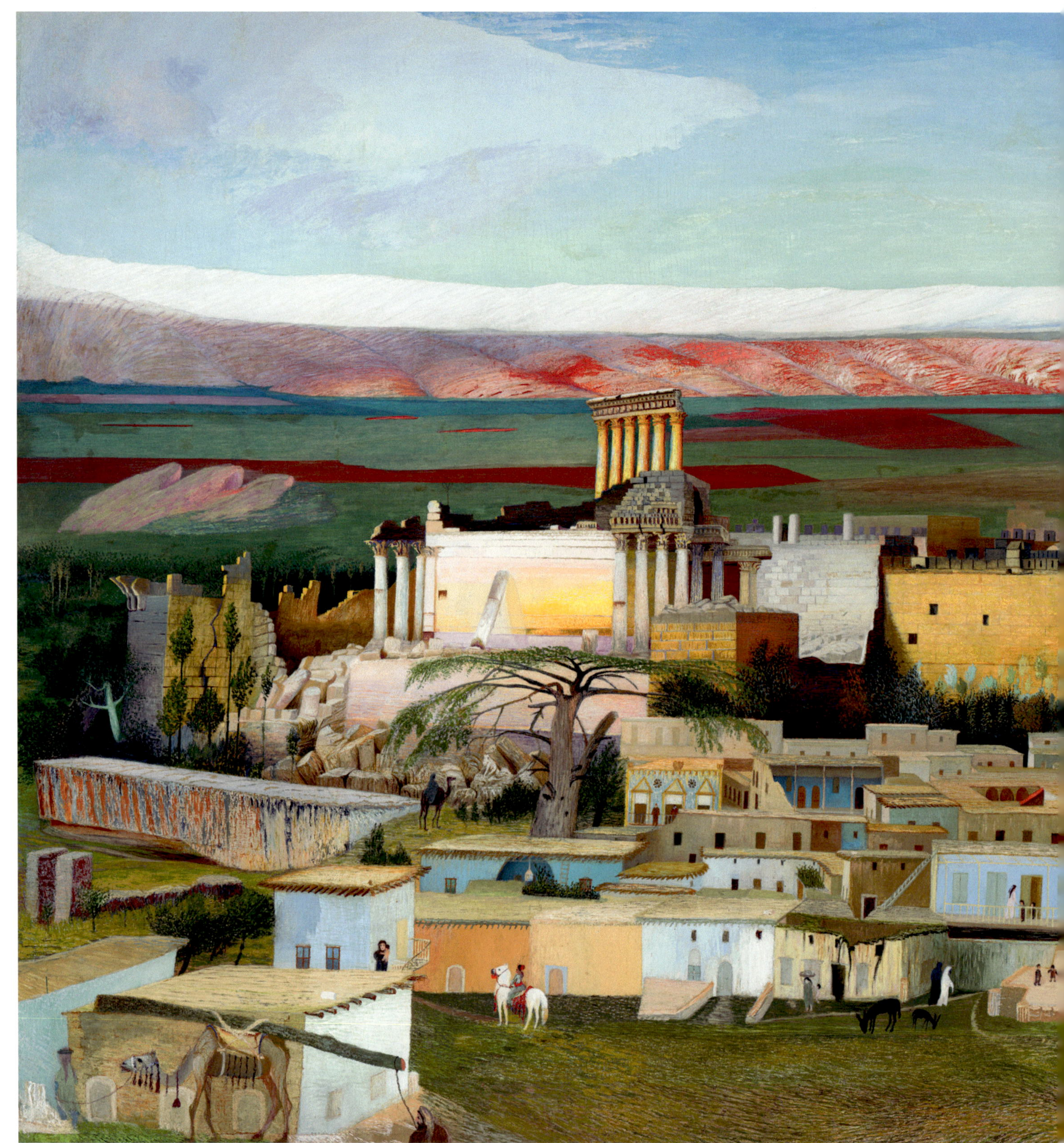

32. KAT. SZ. | CAT. NO. 32

Baalbek, A Naptemplom Baalbekben | Baalbek, The Temple of Sun in Baalbek, 1906

Szépművészeti Múzeum – Magyar Nemzeti Galéria, Budapest

Museum of Fine Arts – Hungarian National Gallery, Budapest

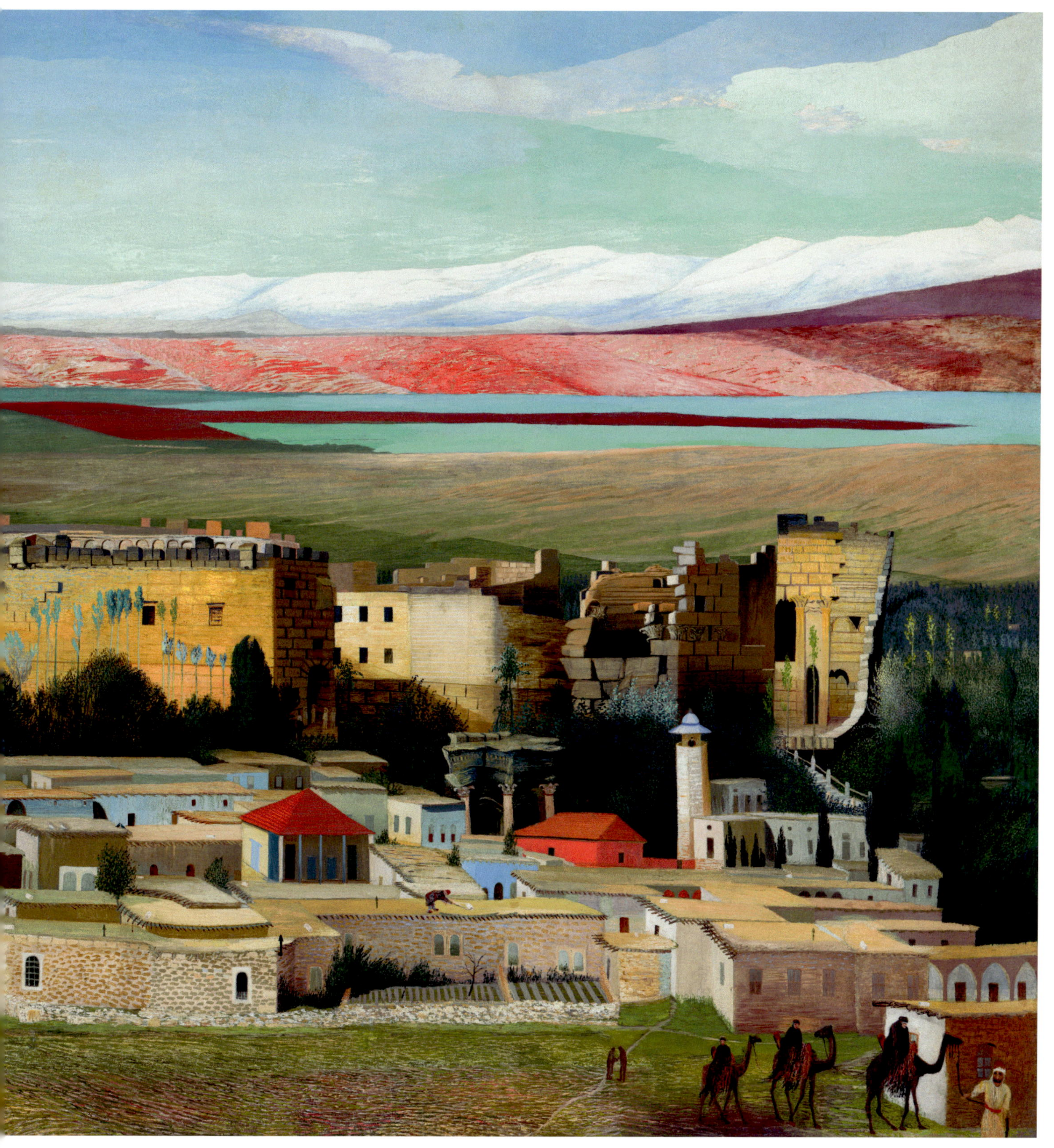

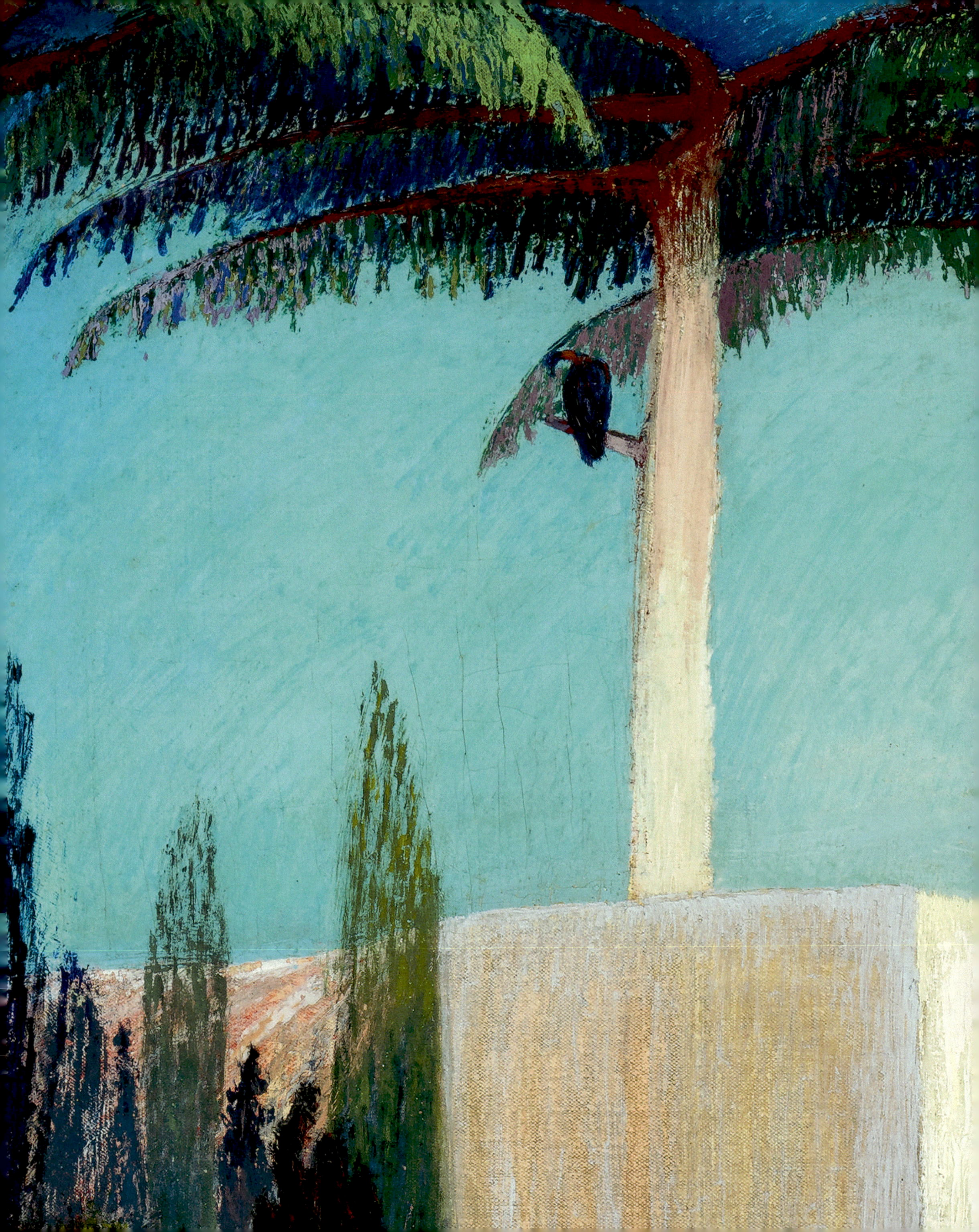

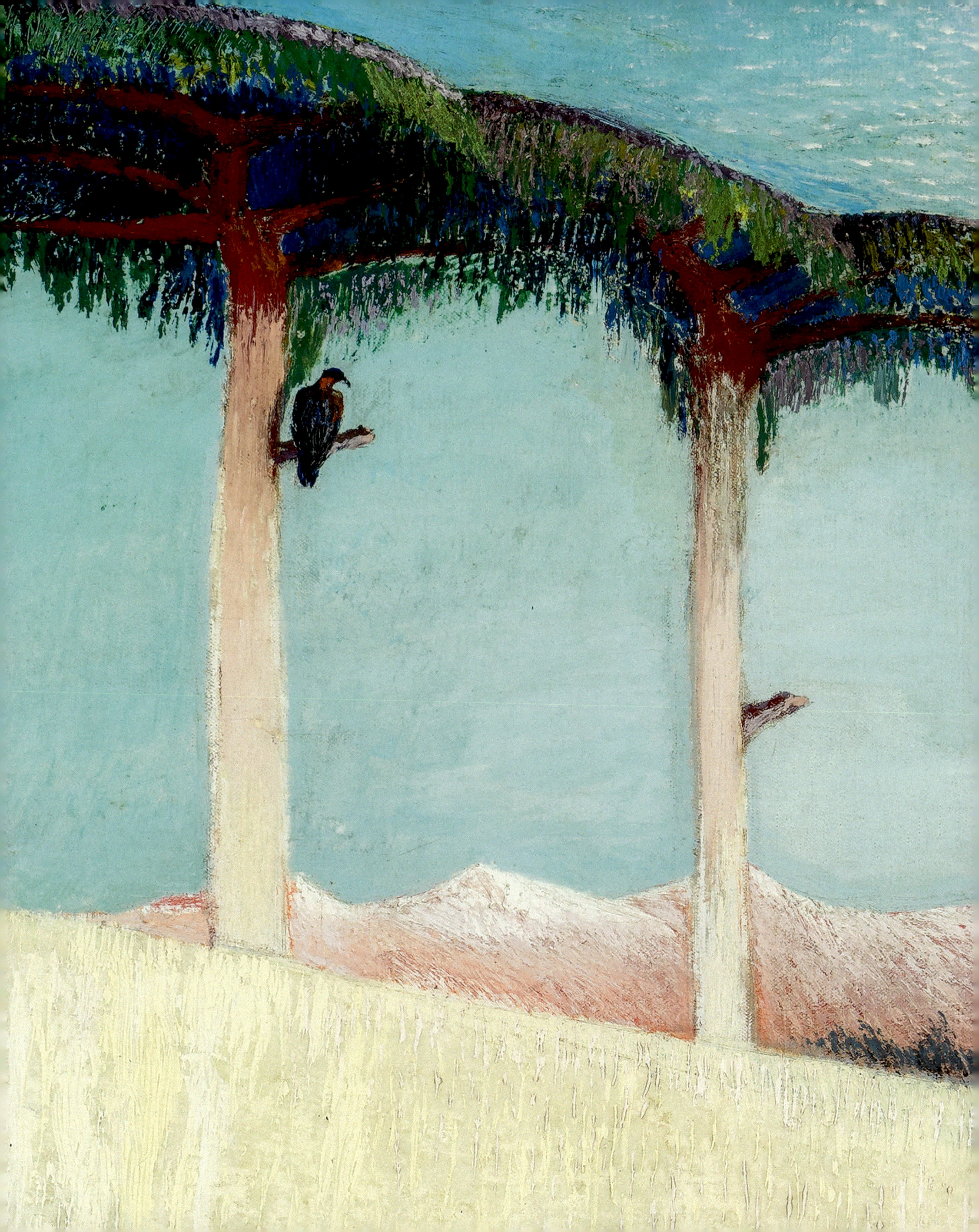

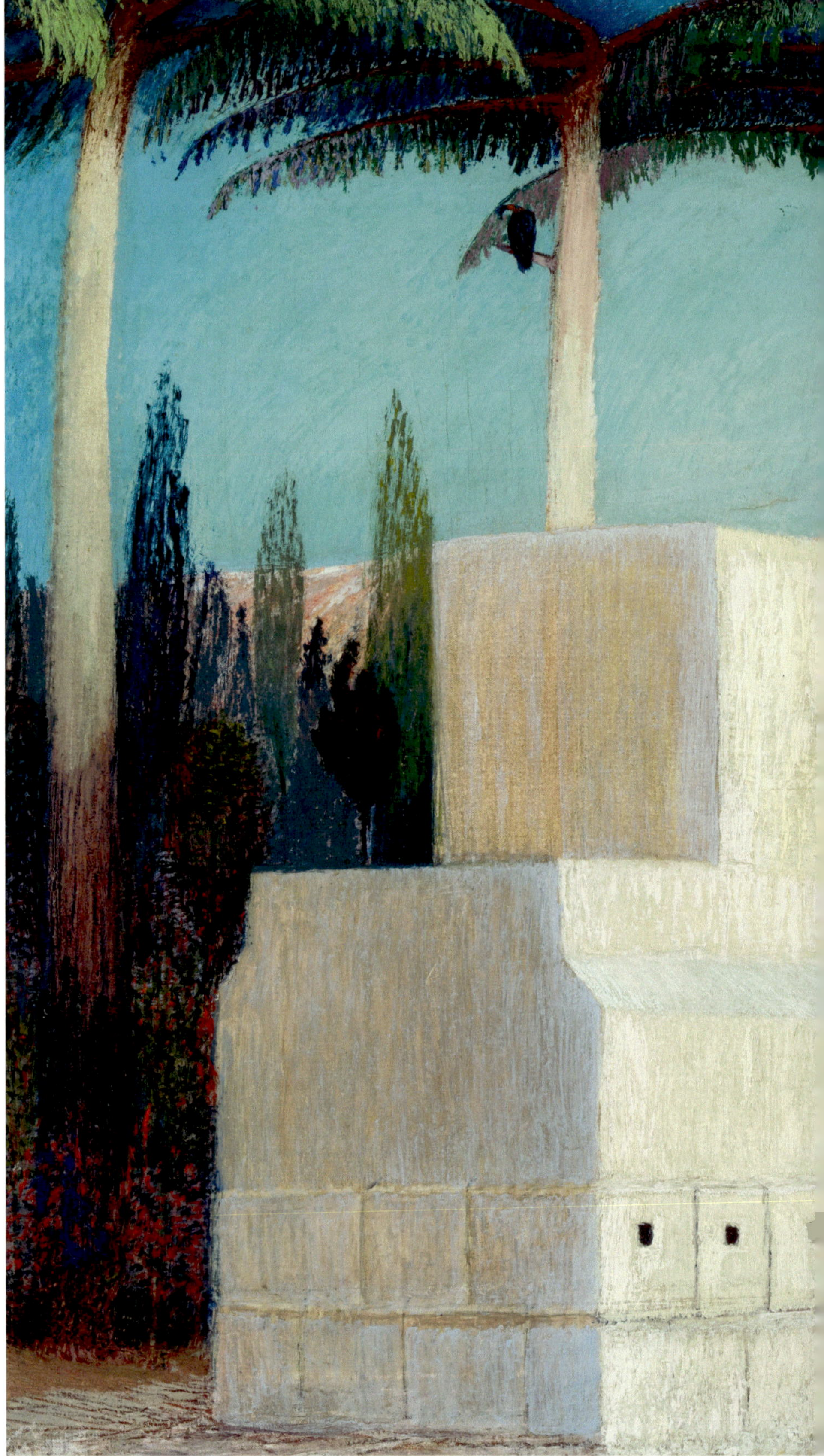

33. KAT. SZ. | CAT. NO. 33

Áldozati kő Baalbekben |
Sacrificial Stone in Baalbek, 1906

Magántulajdon, Budapest
Private collection, Budapest

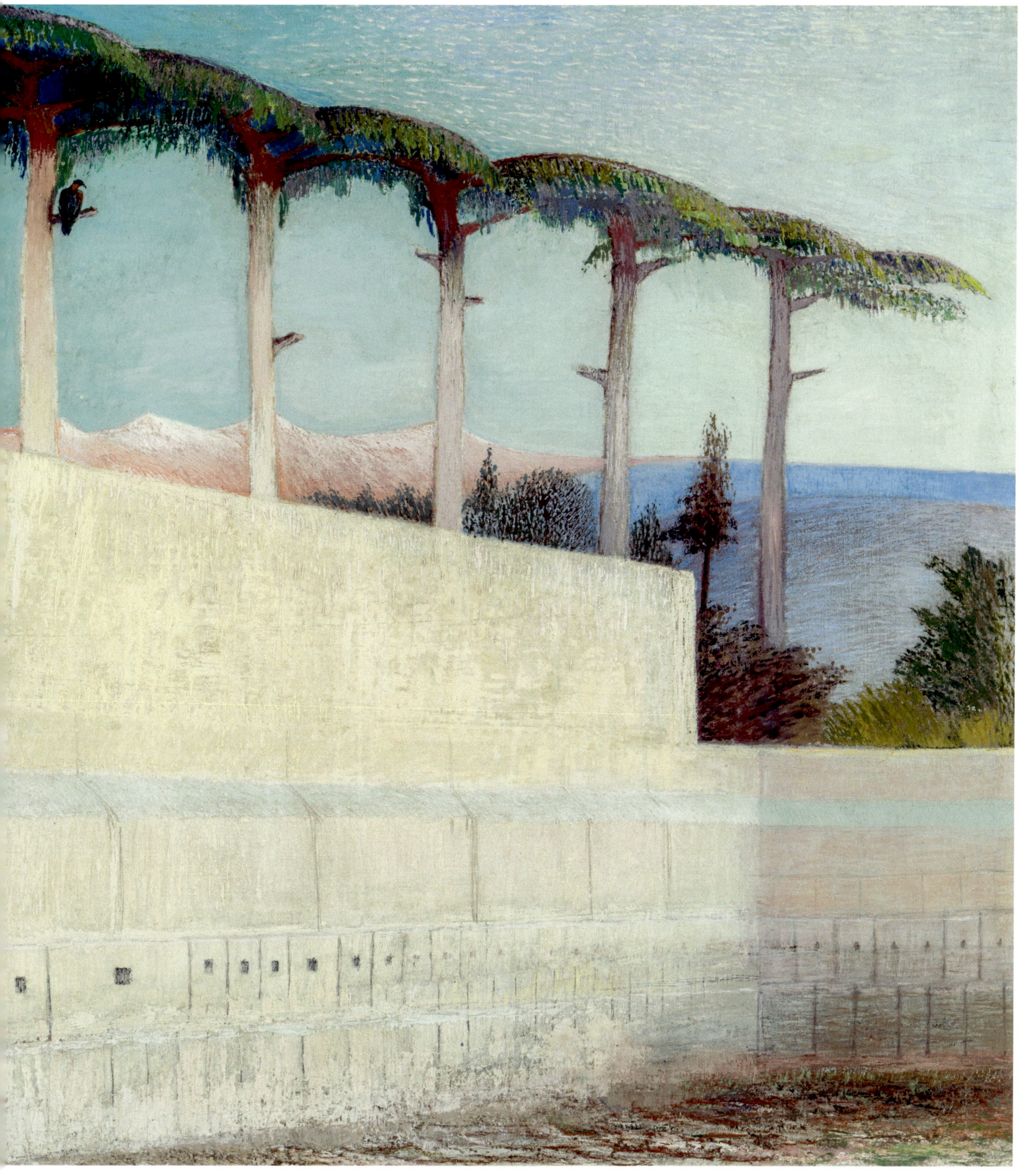

Magányos cédrus, Egy cédrusfa Libanonból |
The Lonely Cedar, Cedar Tree in Lebanon,1907

Szépművészeti Múzeum – Magyar Nemzeti Galéria, Budapest
Museum of Fine Arts – Hungarian National Gallery, Budapest

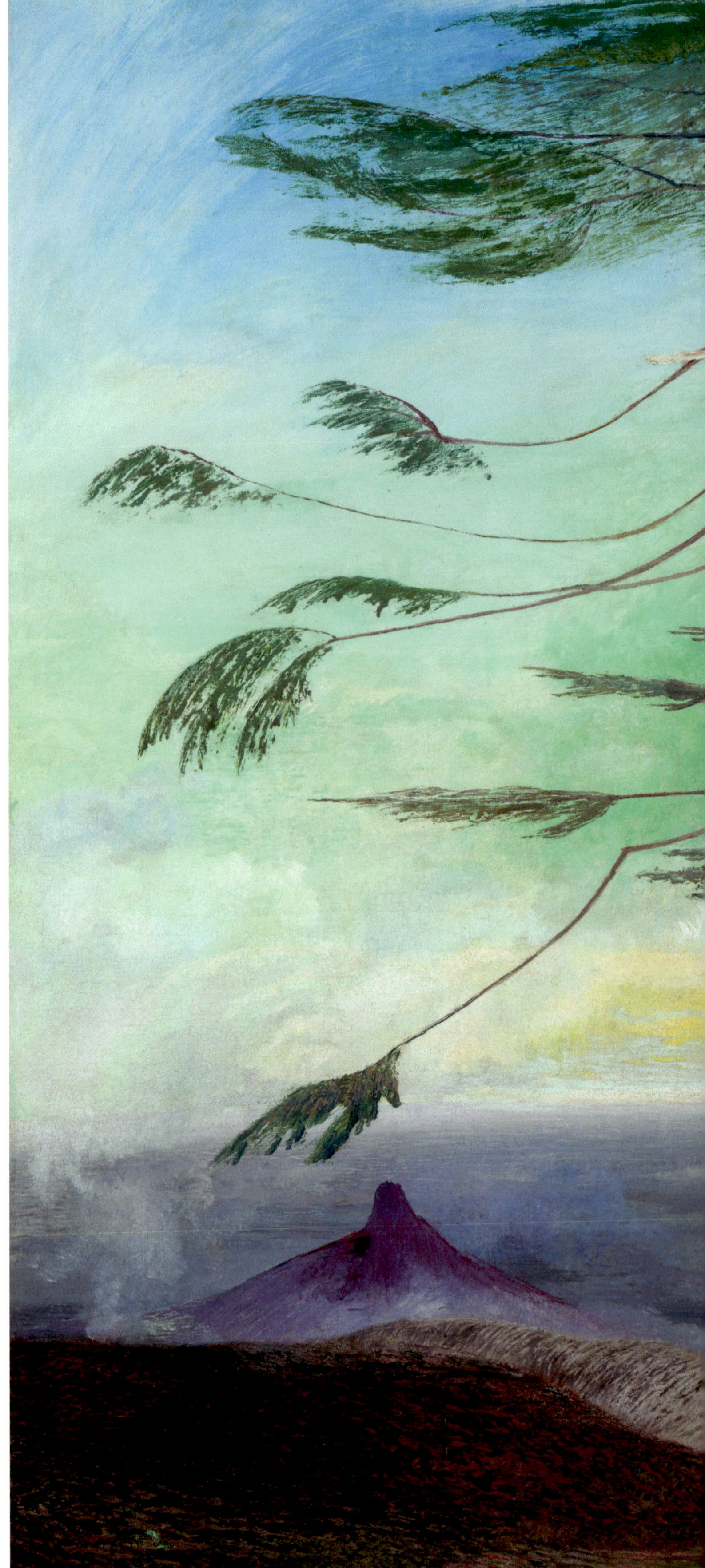

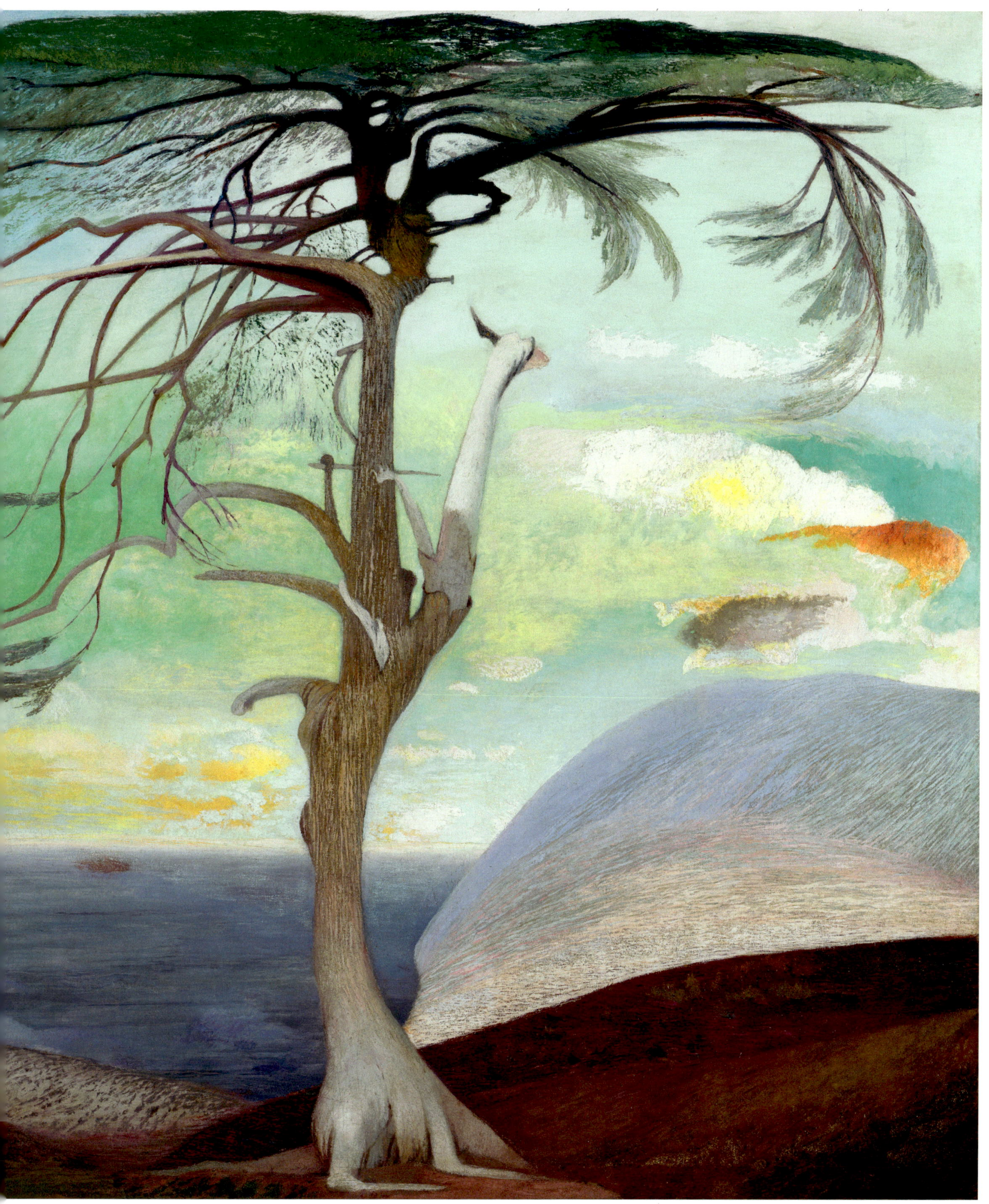

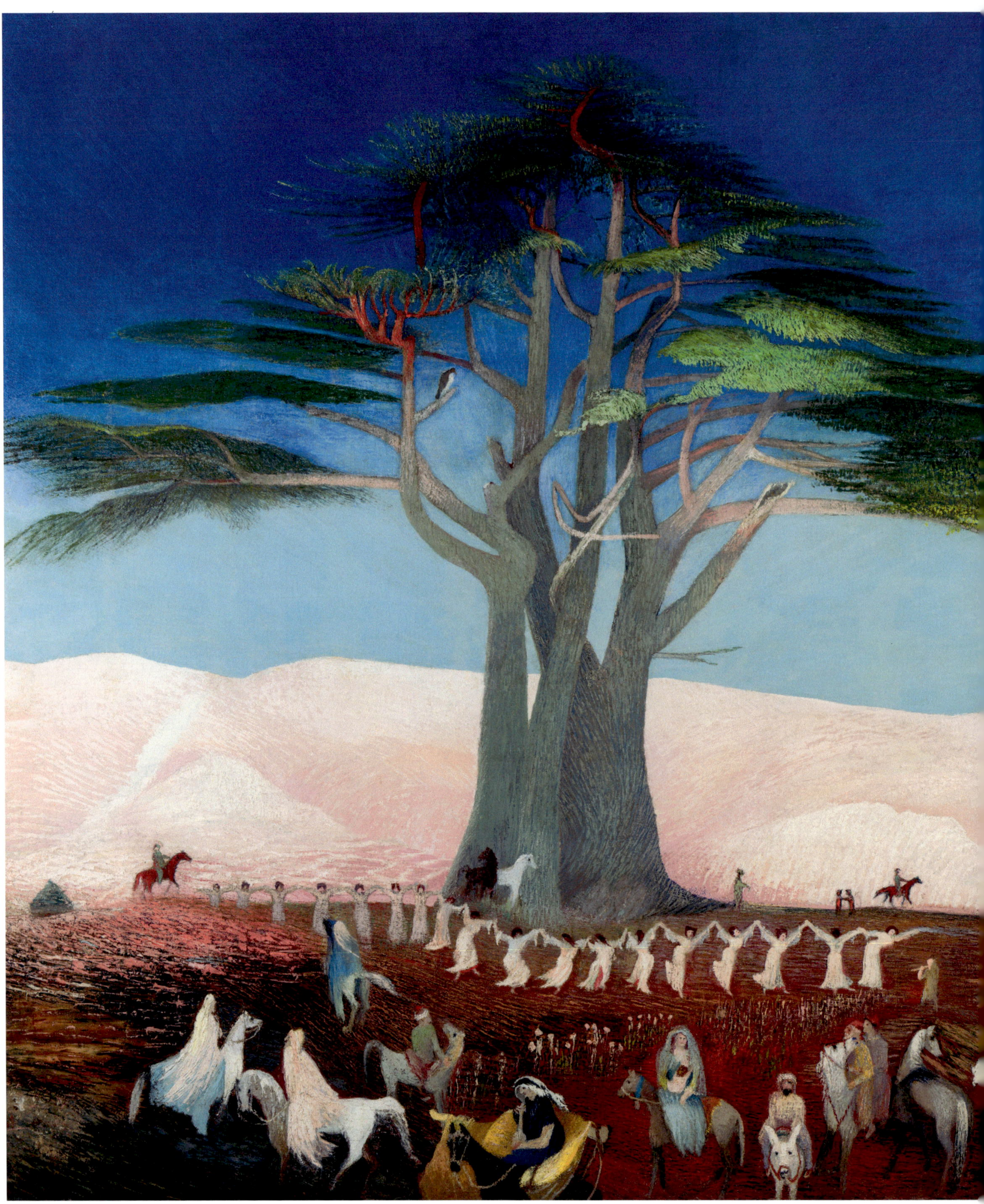

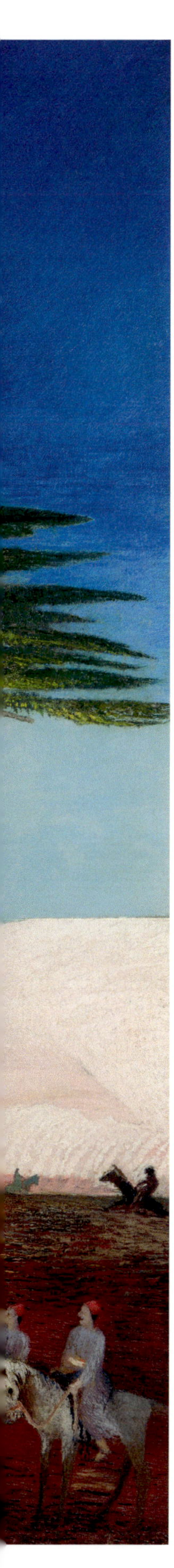

35. KAT. SZ. | CAT. NO. 35

**Zarándoklás a cédrusokhoz Libanonban |
Pilgrimage to the Cedars in Lebanon, 1907**

Szépművészeti Múzeum – Magyar Nemzeti Galéria, Budapest
Museum of Fine Arts – Hungarian National Gallery, Budapest

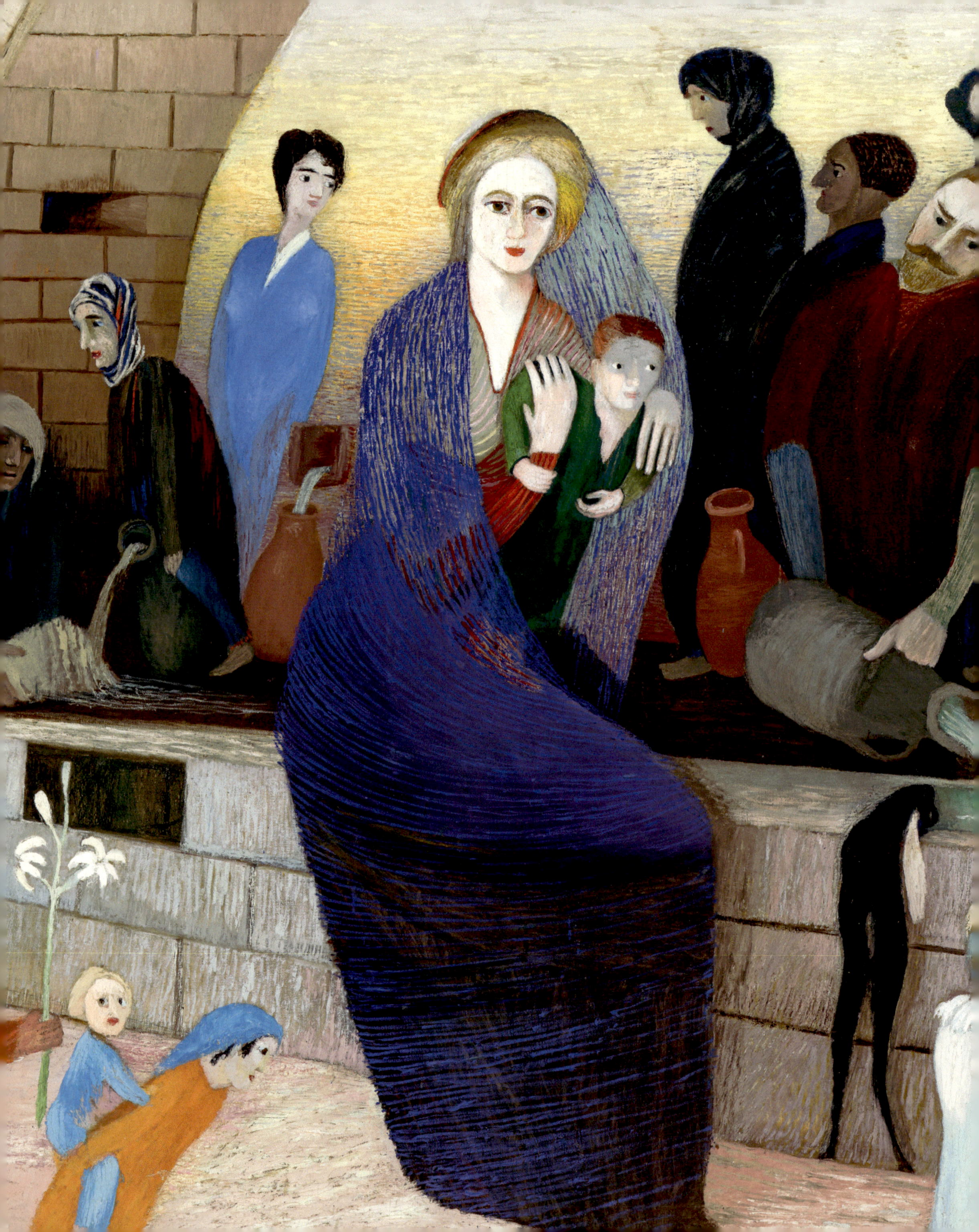

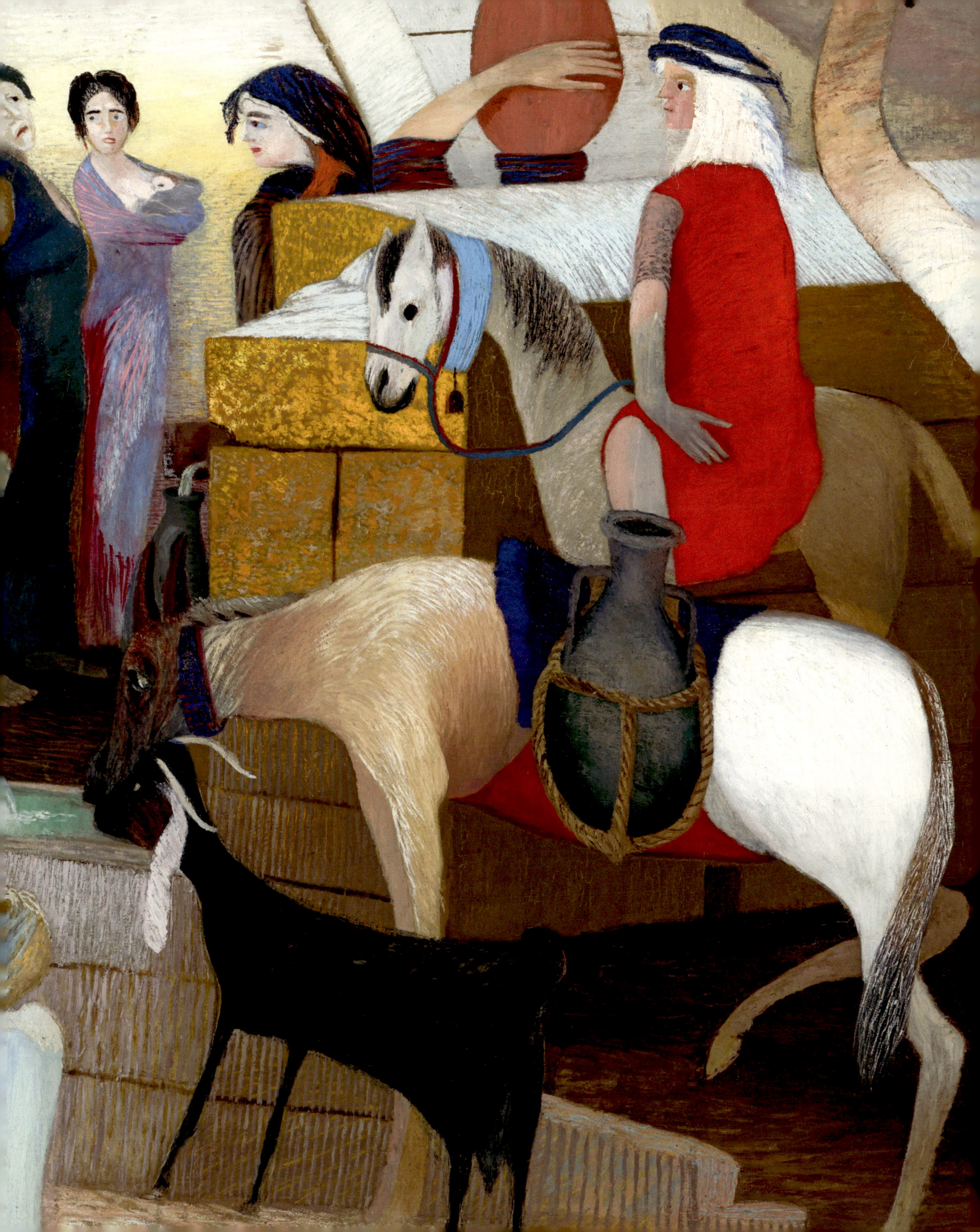

Mária kútja Názáretben | Mary's Well at Nazareth, 1908

Szépművészeti Múzeum – Magyar Nemzeti Galéria, Budapest
Museum of Fine Arts – Hungarian National Gallery, Budapest

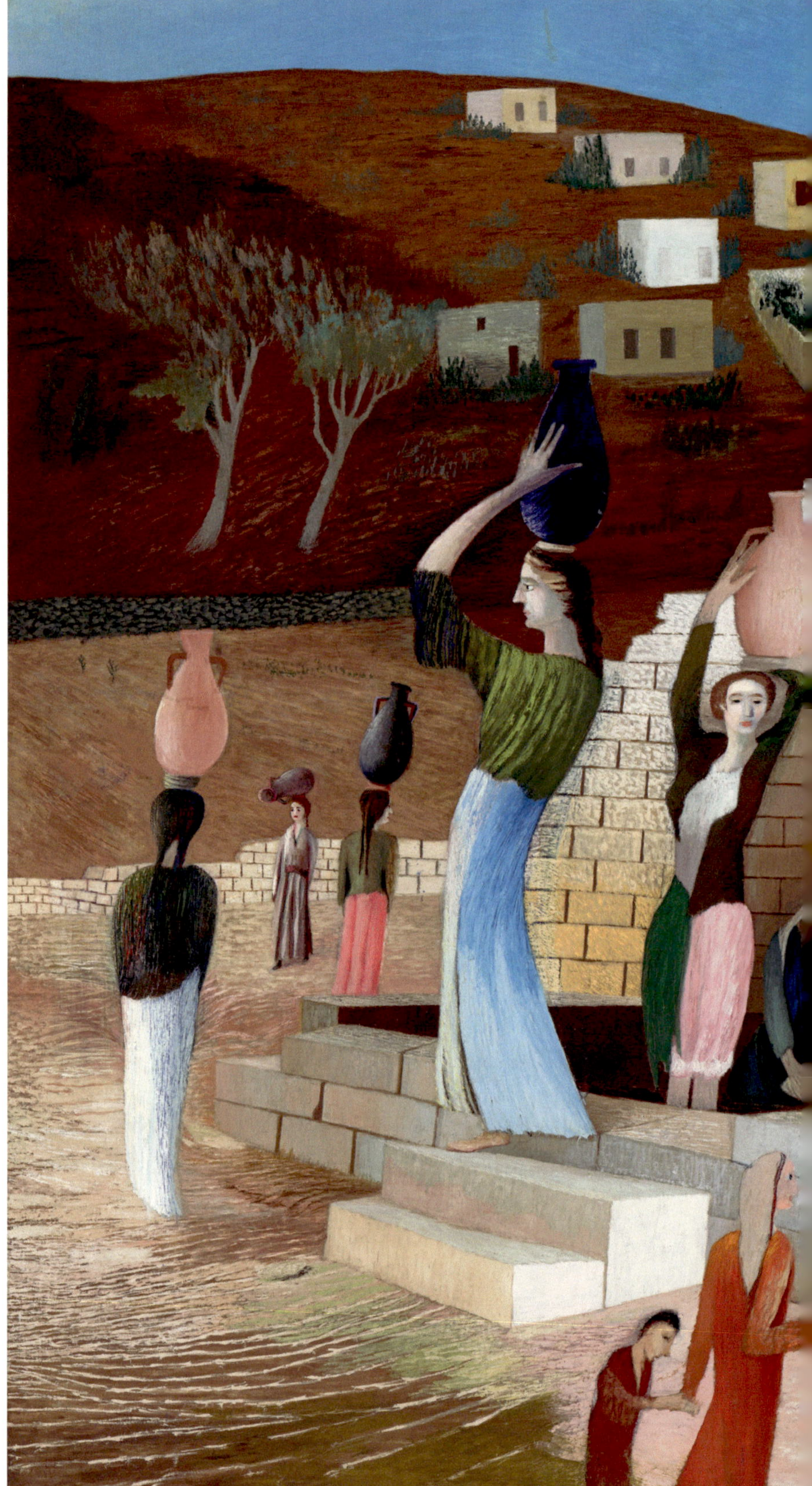

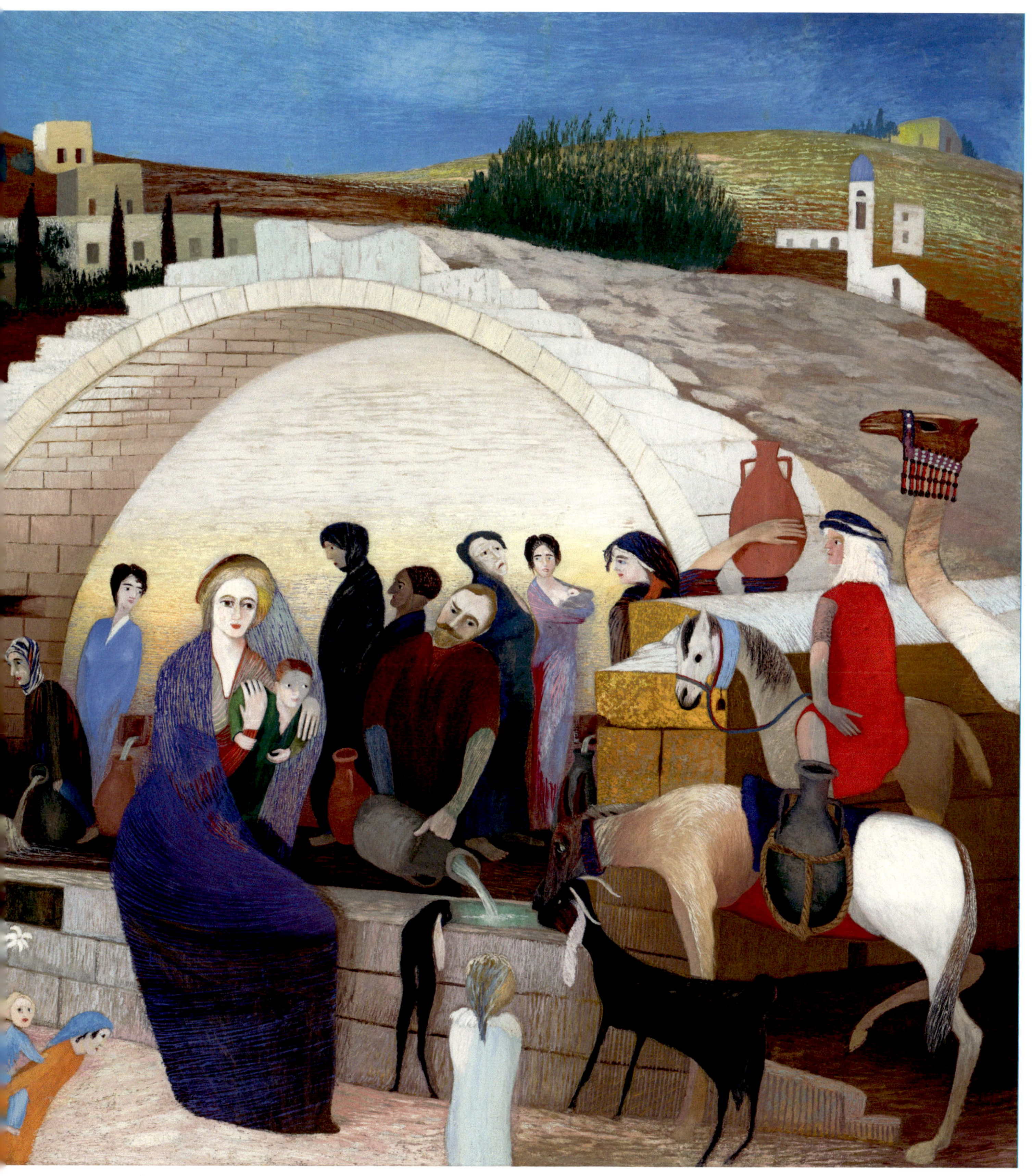

Marokkói tanító, Egy marokkói ember |
Moroccan Teacher, A Moroccan Man, 1908

Szépművészeti Múzeum – Magyar Nemzeti Galéria, Budapest
Museum of Fine Arts – Hungarian National Gallery, Budapest

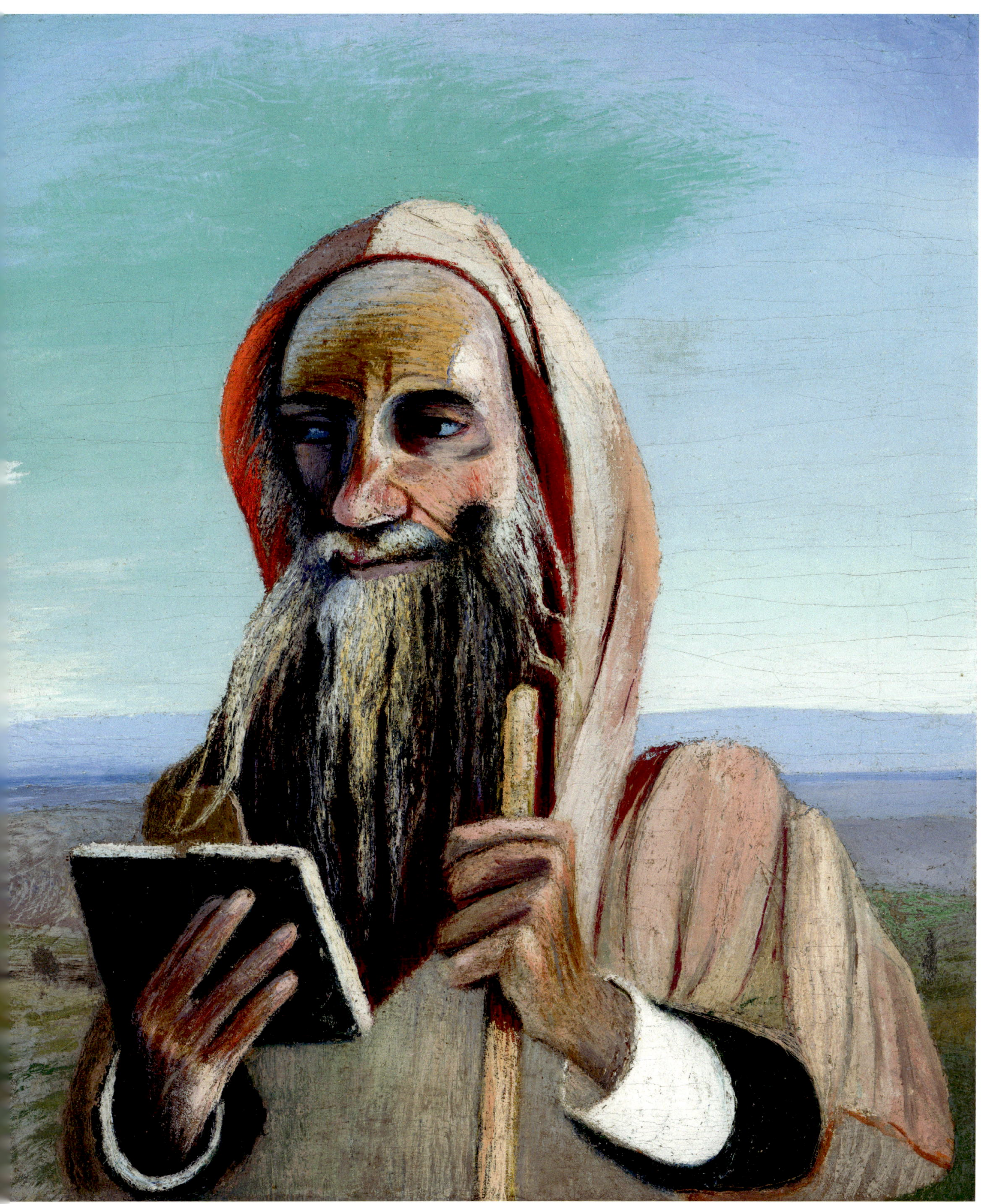

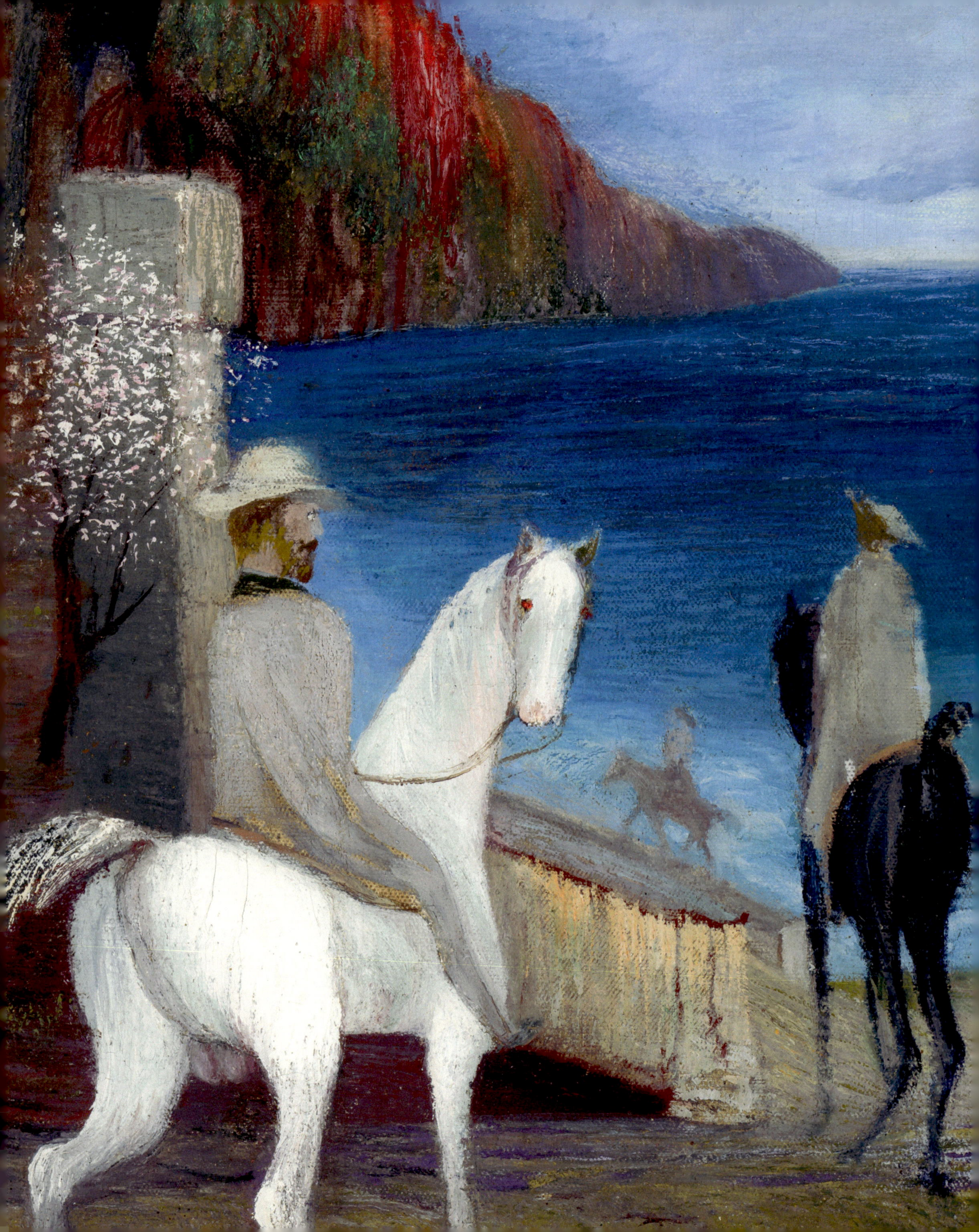

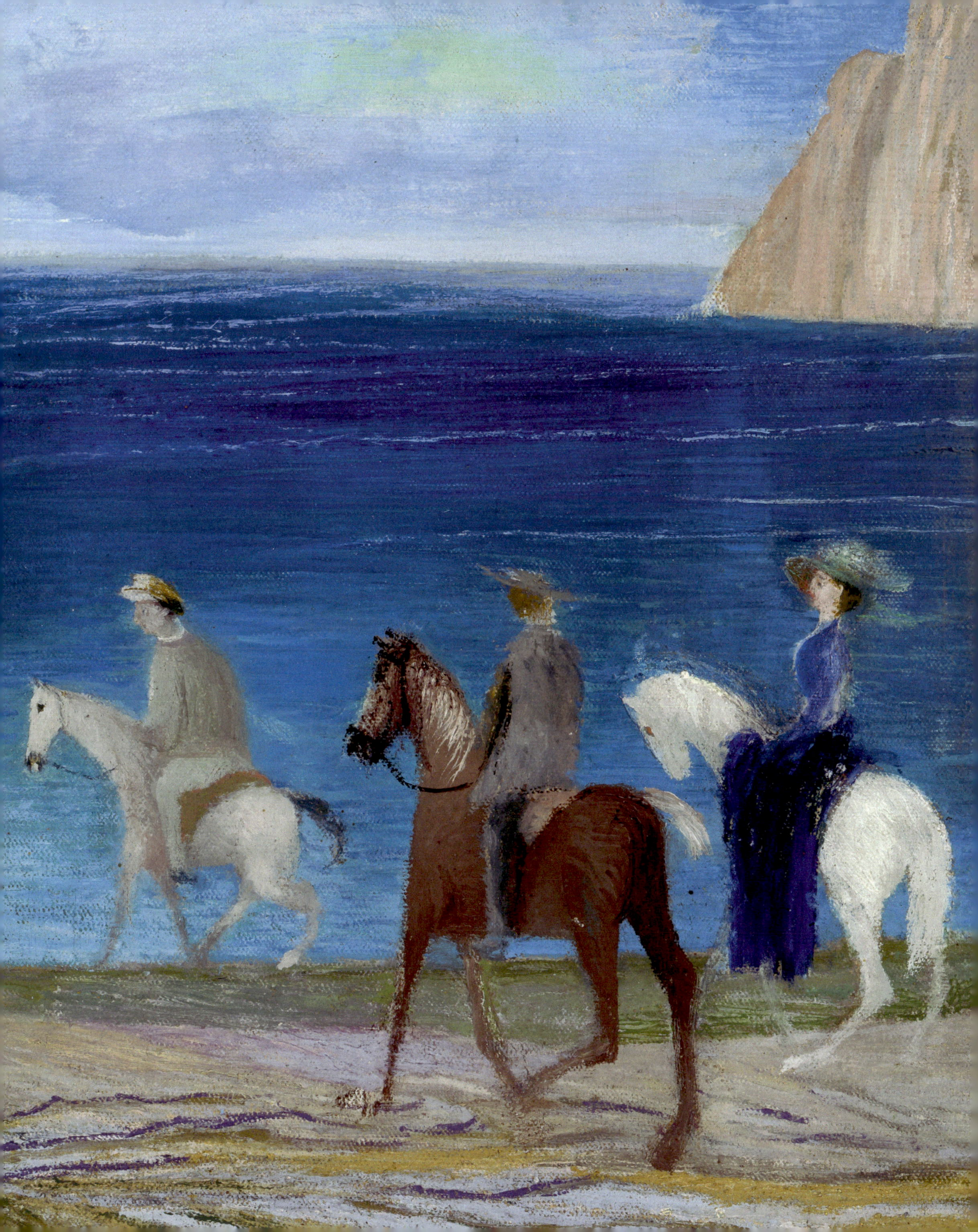

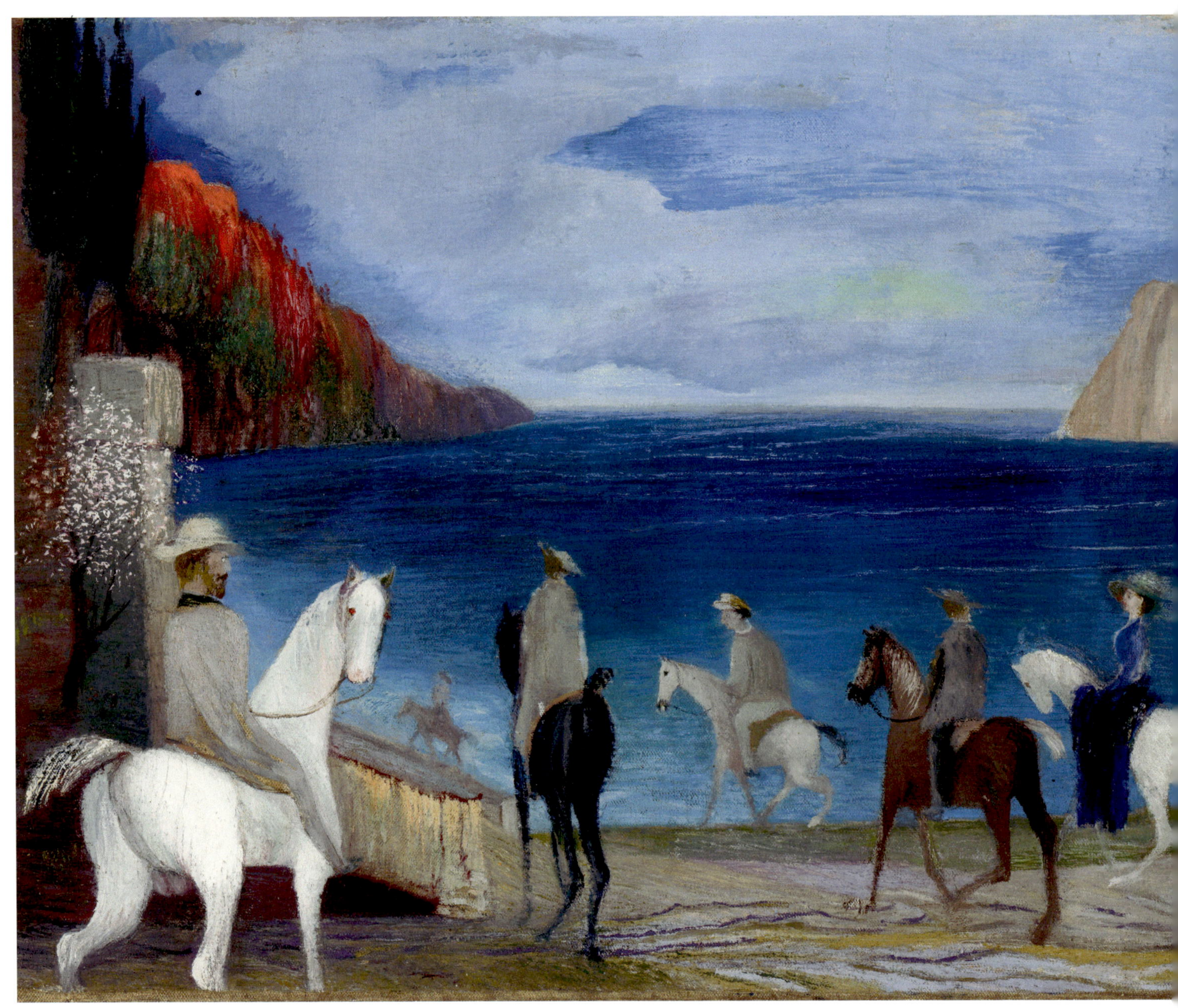

Tengerparti sétalovaglás | Riders on the Seashore, 1909

Szépművészeti Múzeum – Magyar Nemzeti Galéria, Budapest

Museum of Fine Arts – Hungarian National Gallery, Budapest

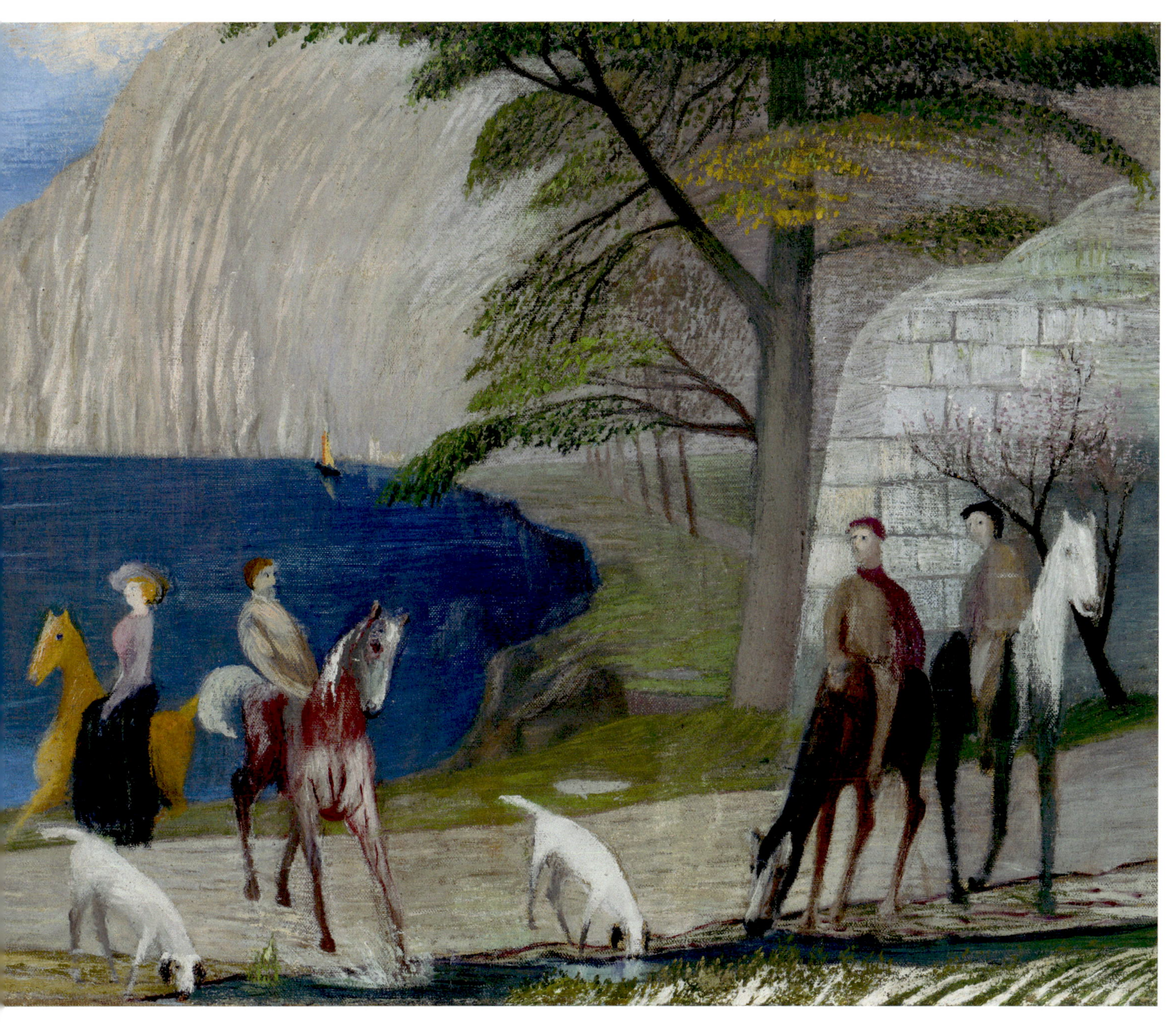

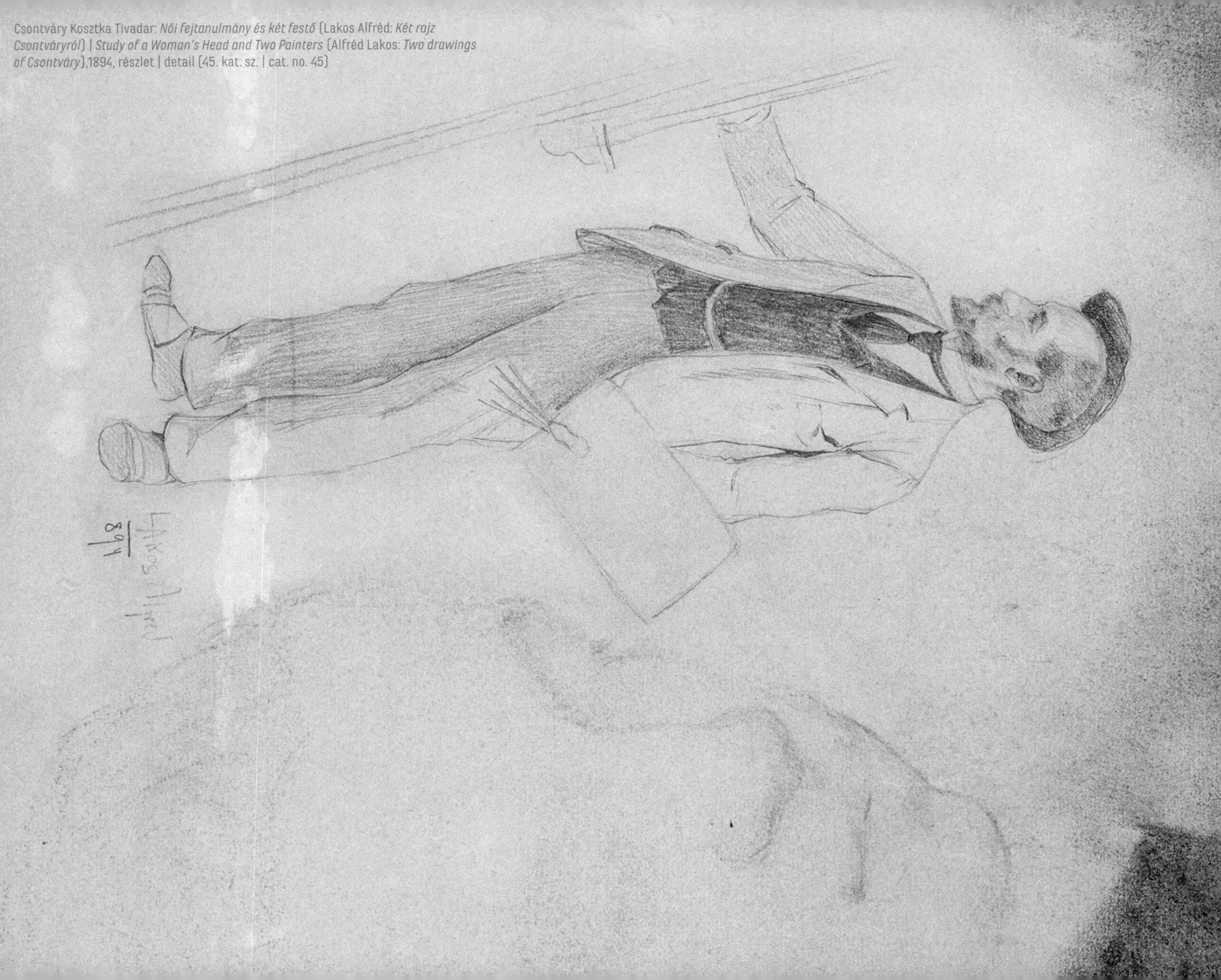

Csontváry Kosztka Tivadar: *Női fejtanulmány és két festő* (Lakos Alfréd: *Két rajz Csontváryról*) | *Study of a Woman's Head and Two Painters* (Alfréd Lakos: *Two drawings of Csontváry*),1894, részlet | detail (45. kat. sz. | cat. no. 45)

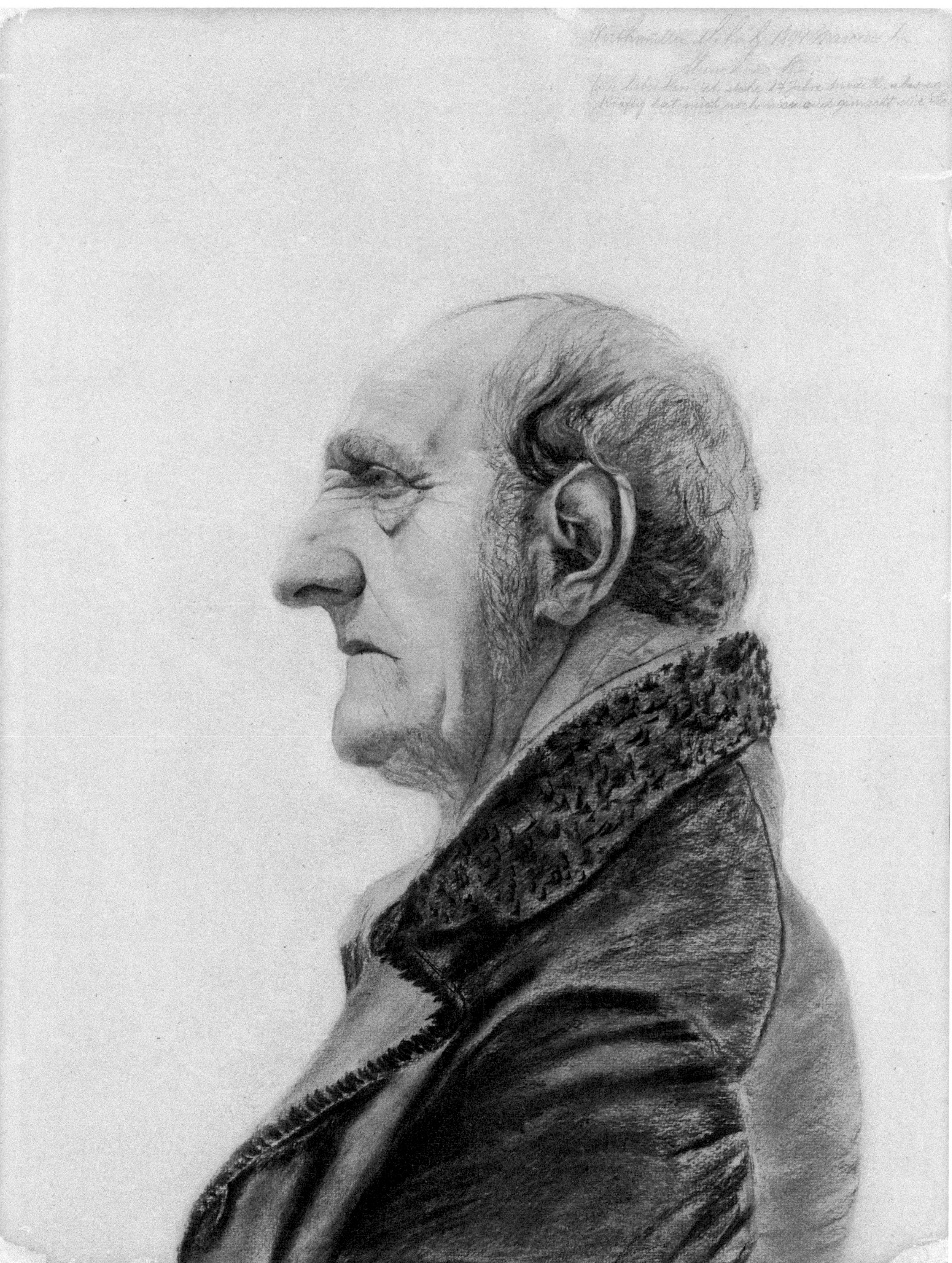

Otto Heinrl | Portrait of Otto Heinrl, 1894

Szépművészeti Múzeum – Magyar Nemzeti Galéria, Budapest

Museum of Fine Arts – Hungarian National Gallery, Budapest

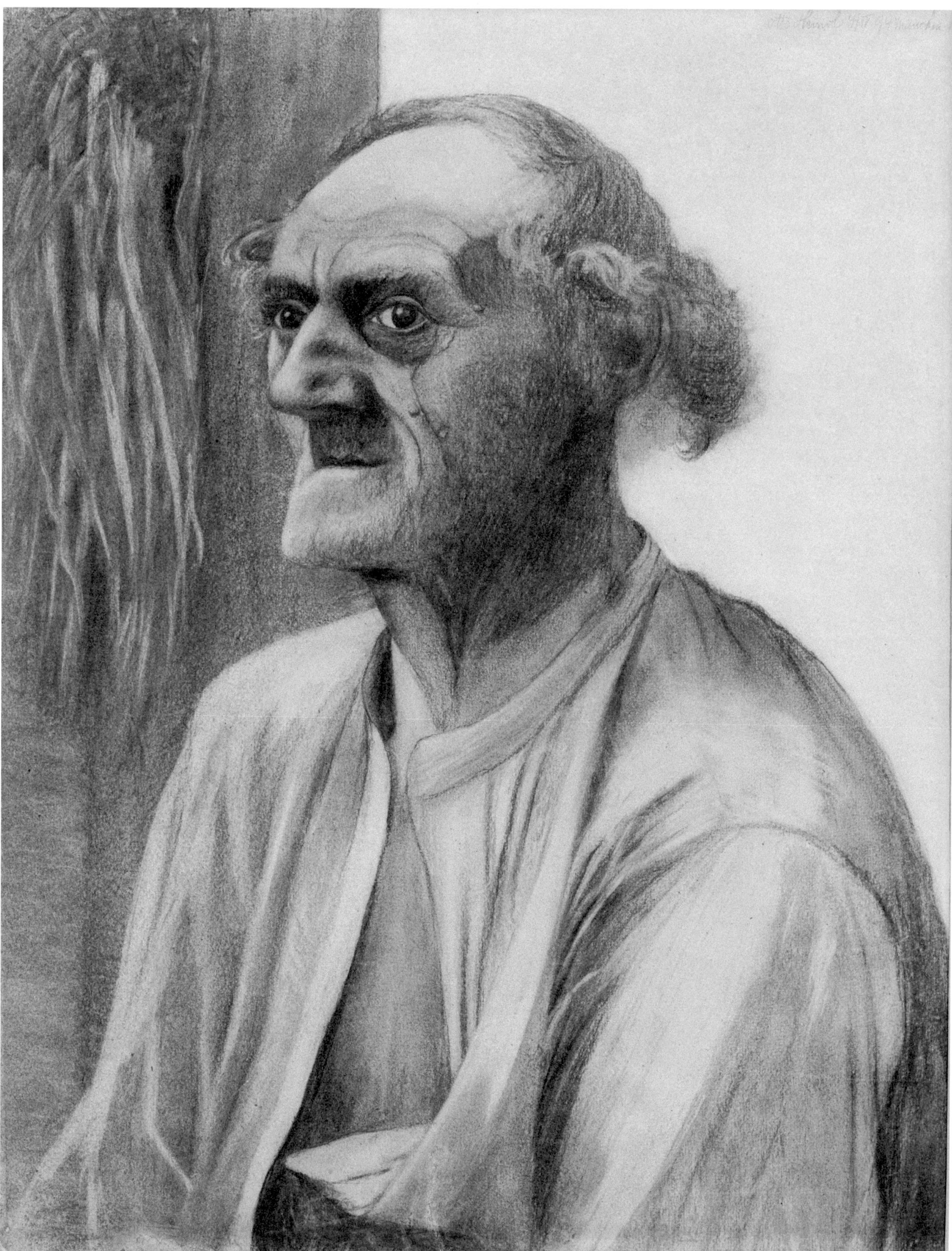

41. KAT. SZ. | CAT. NO. 41

Marie, 1894

Szépművészeti Múzeum – Magyar Nemzeti Galéria, Budapest

Museum of Fine Arts – Hungarian National Gallery, Budapest

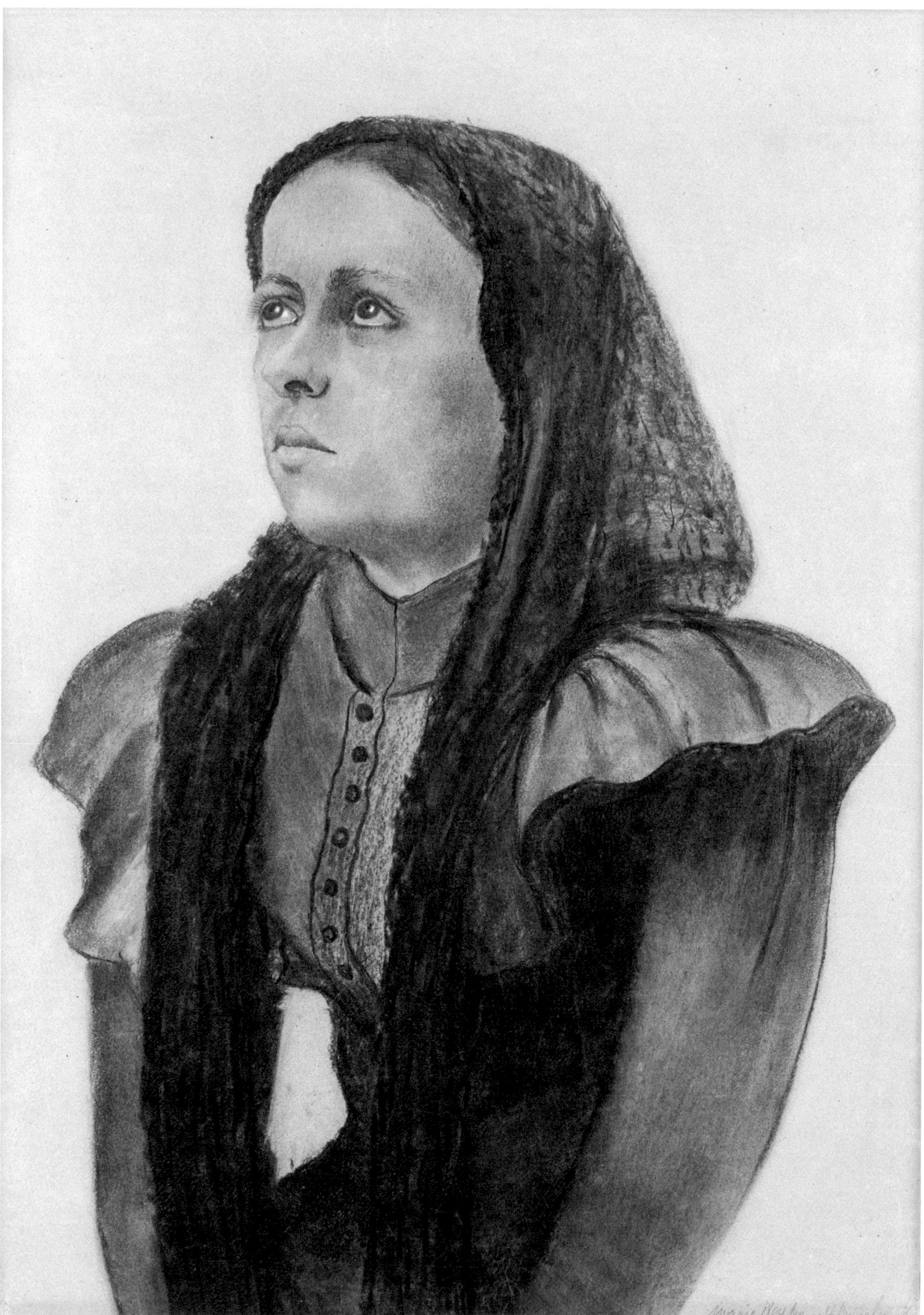

42. KAT. SZ. | CAT. NO. 42

Amalie, 1894

Szépművészeti Múzeum – Magyar Nemzeti Galéria, Budapest
Museum of Fine Arts – Hungarian National Gallery, Budapest

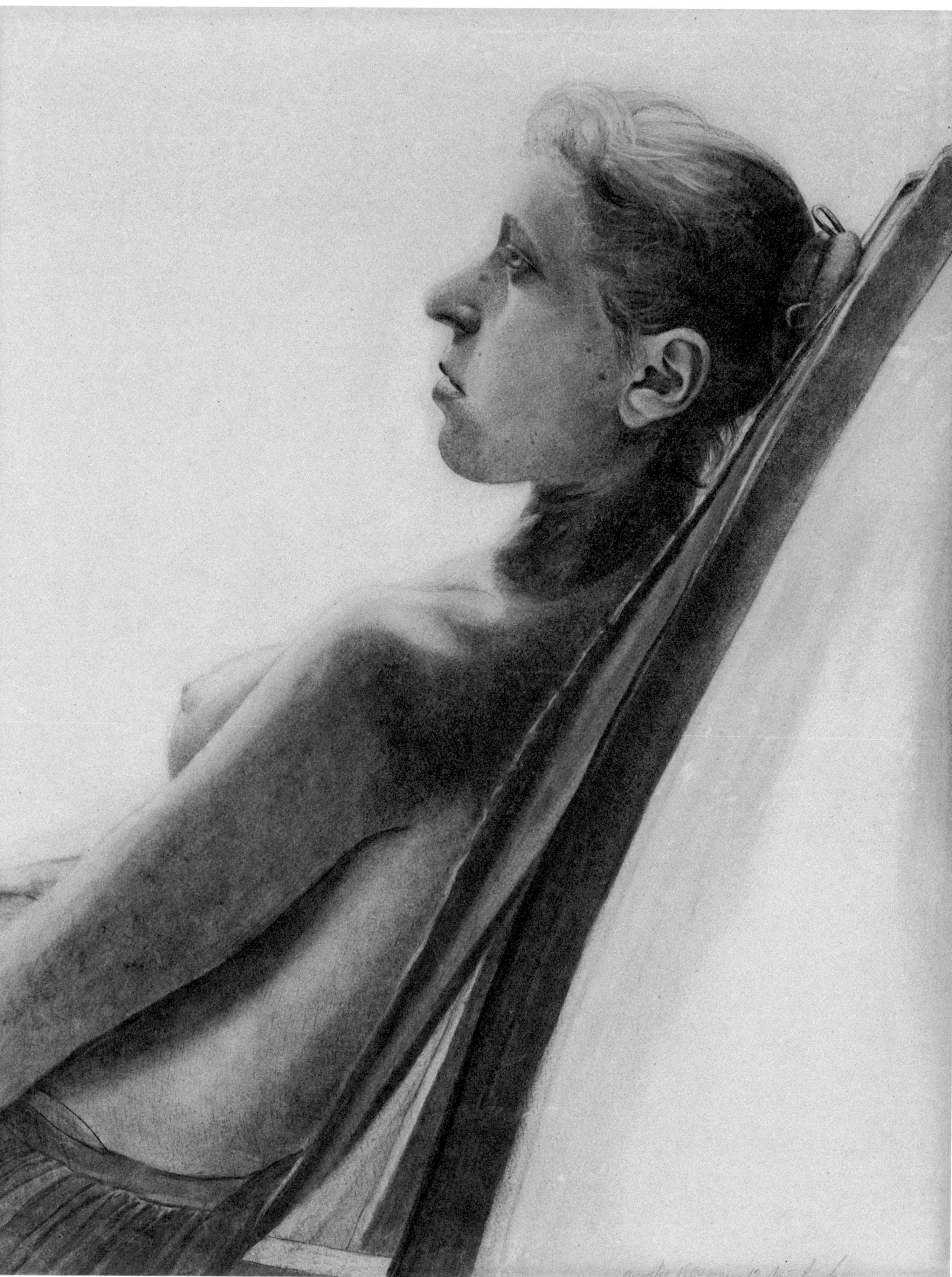

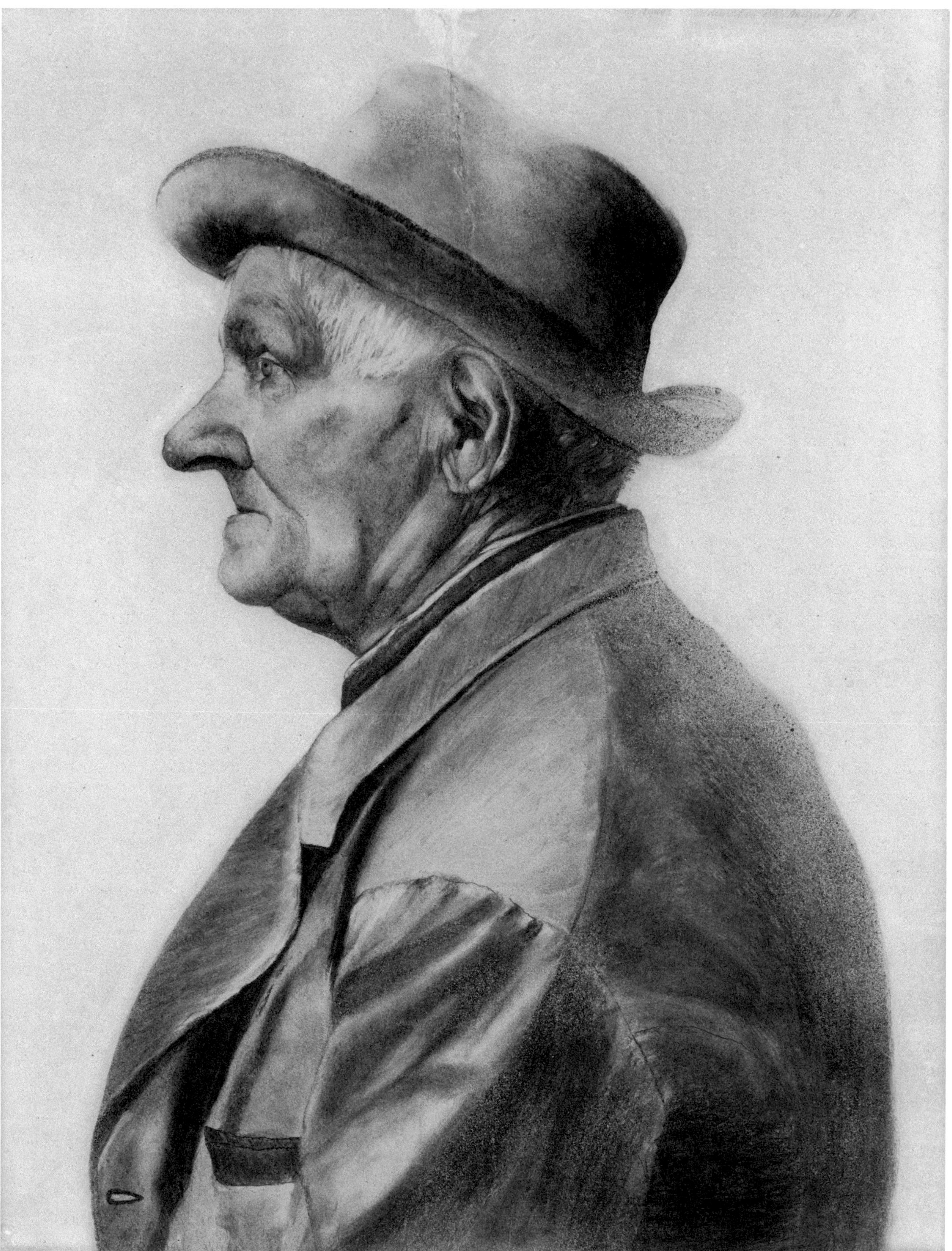

Szakállas férfi | Bearded Man, 1894

Szépművészeti Múzeum – Magyar Nemzeti Galéria, Budapest
Museum of Fine Arts – Hungarian National Gallery, Budapest

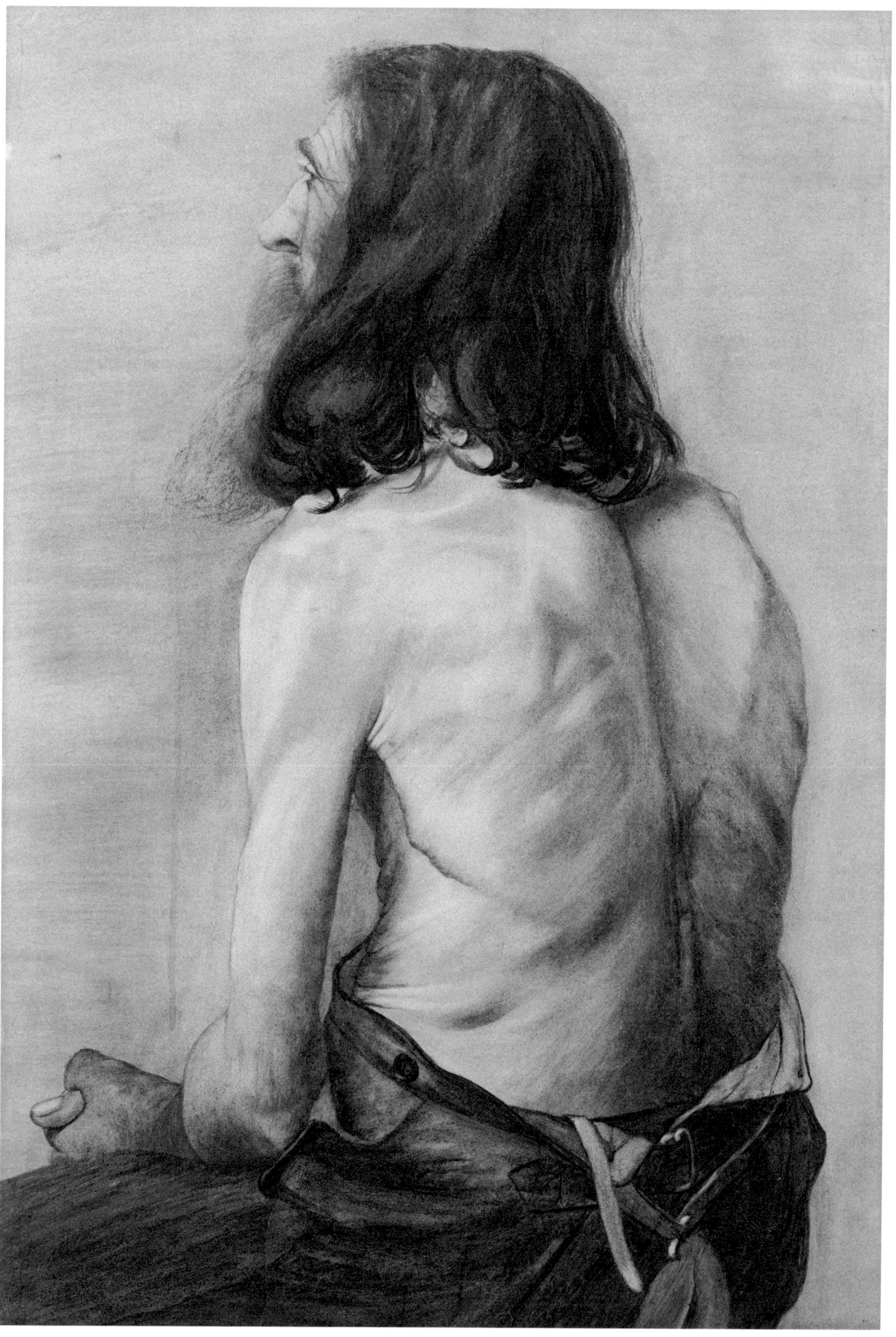

45. KAT. SZ. | CAT. NO. 45

Női fejtanulmány és két festő | Study of a Woman's Head and Two Painters, 1894

(Lakos Alfréd: *Két rajz Csontváryról* | Alfréd Lakos, *Two Drawings of Csontváry*)

Szépművészeti Múzeum – Magyar Nemzeti Galéria, Budapest

Museum of Fine Arts – Hungarian National Gallery, Budapest

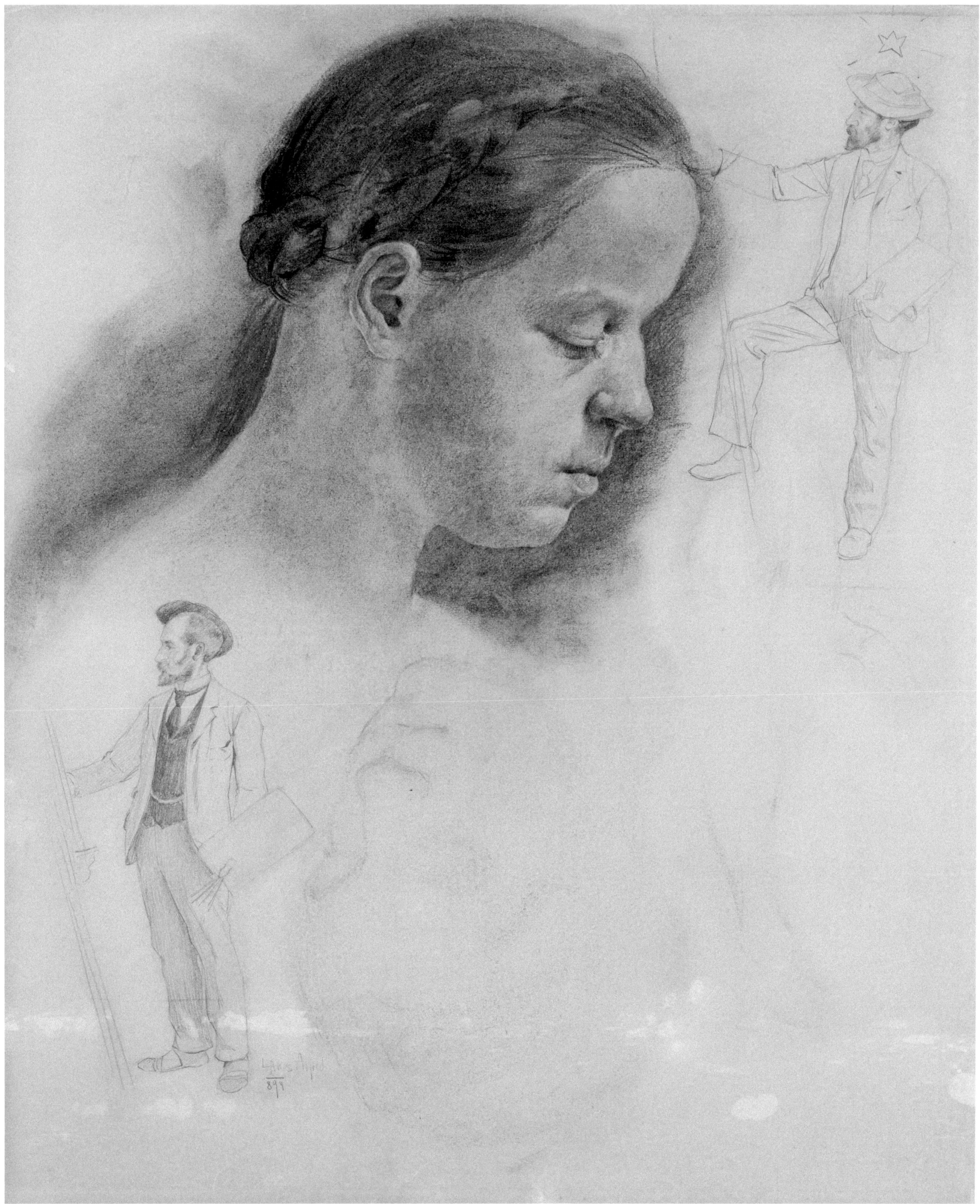

Kosztka Tivadar levele Keleti Gusztávnak, Igló, 1880. november 30. |

Letter from Tivadar Kosztka to Gusztáv Keleti, Igló, 30 November 1880

Egykor Gerlóczy Gedeon gyűjteményében. Magántulajdon, Budapest

Formerly in the collection of Gedeon Gerlóczy. Private property, Budapest

Iglo 1880 november 30án

Nagyságos Úr!

Hogy ezen tiszteletteljes soraimmal Nagyságodhoz fordulni bátorkodtam, ezen vakmerőségem csak is a helyi viszonyok, s a jelen körülményeimnek betudni méltóztassék.

Alázatos kérelmem oda irányul az ide mellékelt rajzok támogatásával, miszerint az alább kérelmezettekre atyai jó indulattal becses nézeteit velem közölni kegyeskednék.

Mindenek előtt megjegyezni szerencsém van azt, hogy életemben múlt hó 13ig a mikor is az első karcolattal a papirost elpis

szem illetve próbára tegyem magamat azaz volt képességet, szükségem van Nagyságod nemes keblére vagyis a magyarázatra. Ha sikerül oly tökélyre jutnom a megszerecsített télikép kifejezését, hogy azt Nagyságodnak is megmutathatom megbirálás végett, a legnagyobb örömmel esetleg személyesen is kilátásba helyezve. Megemlítenének tartom azt is, ha Nagyságod célszerűbbnek véli az ily képhez szükségeltetett szükséges eszközöknek t. i. fehér felese színre finom esetleg tégla finom festék, esetleg s a szinből biztosítékul 2 drb s b efféle [...] izléséhez nyitva, azonnali megszerzését, csak hálás köszönettel lehetek ily rendkívüli jóvességéért a mint is ha esetleg erre kerülne a dolog posta utánvétel mellett címemre elküldetni, méltóztassék.

Fogadja Nagyságos tiszteletemet s esetleg jóvességeért őszinte köszönetemet, legmélyebb tisztelettel
Ruszkai Tivadar

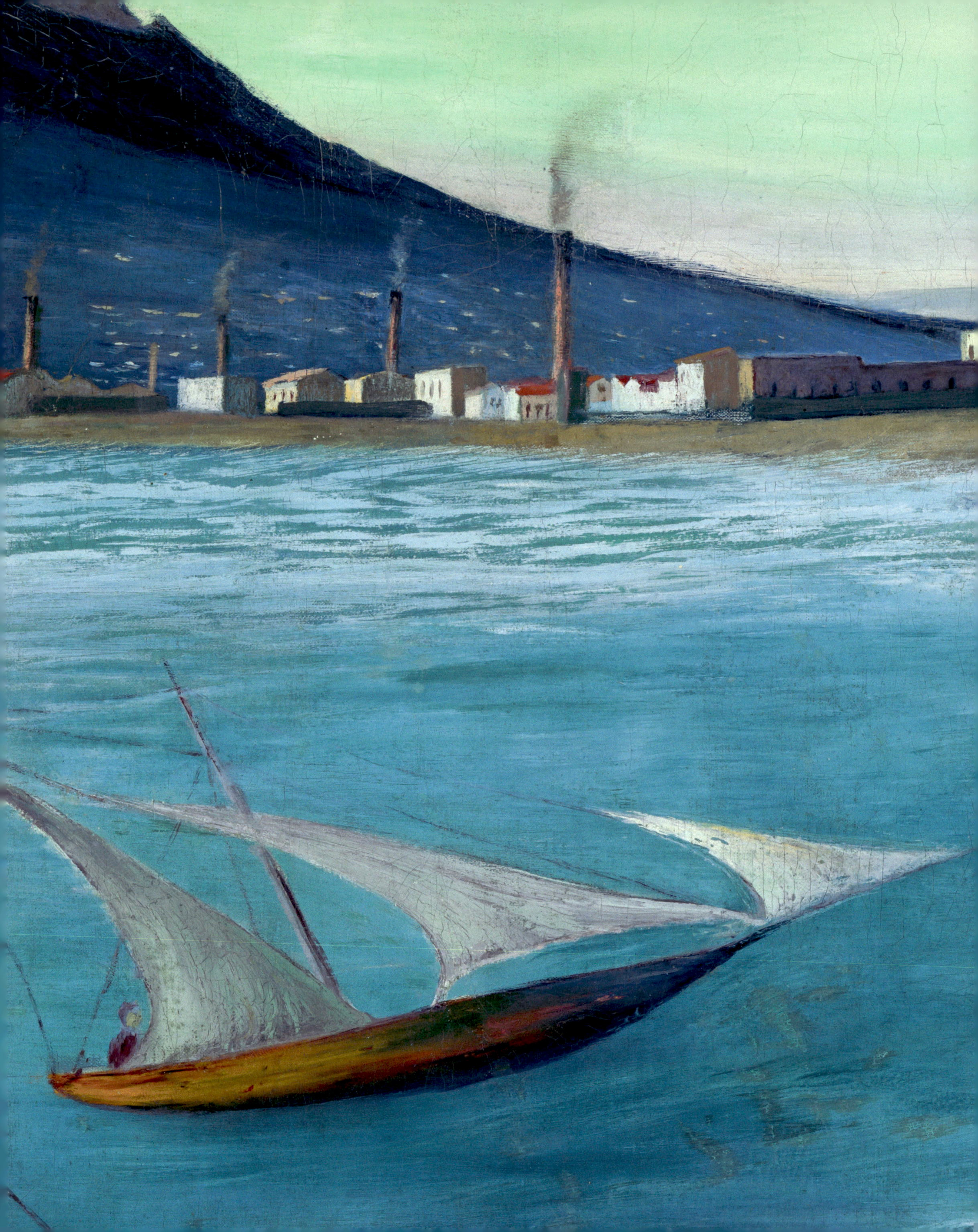

A KIÁLLÍTOTT MŰVEK JEGYZÉKE

1. kat. sz.
Pillangók (Első olajfestményem), 1893
Olaj, fa, 32,5 × 48 cm
Budapest, Szépművészeti Múzeum –
Magyar Nemzeti Galéria, ltsz. 93.15 T

2. kat. sz.
Héja hófajddal, 1893
Olaj, karton, 45 × 45,5 cm
Budapest, Szépművészeti Múzeum –
Magyar Nemzeti Galéria, ltsz. 93.16 T

3. kat. sz.
Tövisszúró gébicsek, 1893
Olaj, vászon, 40,5 × 33 cm
Budapest, Szépművészeti Múzeum –
Magyar Nemzeti Galéria, ltsz. 93.17 T

4. kat. sz.
Süvöltőt leterítő karvaly, 1893
Olaj, karton, 47,5 × 37 cm
Budapest, Szépművészeti Múzeum –
Magyar Nemzeti Galéria, ltsz. 93.18 T

5. kat. sz.
Almát hámozó öregasszony, 1894
Olaj, vászon, 127,5 × 42,5 cm
Pécs, Janus Pannonius Múzeum,
ltsz. 83.46

6. kat. sz.
Önarckép, 1894
Olaj, vászon, 55,5 × 45,5 cm
Budapest, Szépművészeti Múzeum –
Magyar Nemzeti Galéria, ltsz. 6585

7. kat. sz.
Ablaknál ülő nő, 1894
Olaj, vászon, 73,5 × 95,5 cm
Budapest, Szépművészeti Múzeum –
Magyar Nemzeti Galéria, ltsz. 50.435

8. kat. sz.
Önarckép, 1894
Olaj, vászon, 67 × 39,5 cm
Budapest, Szépművészeti Múzeum –
Magyar Nemzeti Galéria, ltsz. 7572

9. kat. sz.
Halászat Castellammarében, 1901
Olaj, vászon, 55 × 95 cm
Pécs, Janus Pannonius Múzeum,
ltsz. 93.1

10. kat. sz.
Naplemente a Nápolyi-öbölben, 1901
Olaj, vászon, 31 × 50 cm
Magántulajdon, Budapest

11. kat. sz.
Castellammare di Stabia, 1902
Olaj, vászon, 107 × 122,5 cm
Pécs, Janus Pannonius Múzeum,
ltsz. 69.162

12. kat. sz.
Mandulavirágzás Taorminában, 1902
Olaj, vászon, 79,5 × 98 cm
Pécs, Janus Pannonius Múzeum,
ltsz. 83.115

13. kat. sz.
**A taorminai görög színház romjai
(A kis Taormina), 1902 körül**
Olaj, vászon, 71 × 99 cm
Budapest, Szépművészeti Múzeum –
Magyar Nemzeti Galéria, ltsz. 6718

14. kat. sz.
Selmecbánya látképe, 1902
Olaj, vászon, 90 × 153 cm
Budapest, Szépművészeti Múzeum –
Magyar Nemzeti Galéria, ltsz. 93.19 T

15. kat. sz.
Tavasznyílás Mosztárban, 1903
Olaj, vászon, 69 × 91 cm
Pécs, Janus Pannonius Múzeum,
ltsz. 79.1

16. kat. sz.
Római híd Mosztárban, 1903
Olaj, vászon, 92 × 185 cm
Pécs, Janus Pannonius Múzeum,
ltsz. 68.49

17. kat. sz.
Jajcei villanymű éjjel, 1903
Olaj, vászon, 82 × 124 cm
Budapest, Szépművészeti Múzeum –
Magyar Nemzeti Galéria, ltsz. 93.20 T

18. kat. sz.
Villanyvilágított fák Jajcében, 1903
Olaj, vászon, 92 × 88 cm
Budapest, Szépművészeti Múzeum –
Magyar Nemzeti Galéria, ltsz. 93.21 T

19. kat. sz.
Jajcei vízesés, 1903
Olaj, vászon, 96 × 152 cm
Budapest, Szépművészeti Múzeum –
Magyar Nemzeti Galéria, ltsz. 93.22 T

20. kat. sz.
Zrínyi kirohanása, 1903
Olaj, vászon, 82 × 131 cm
Pécs, Janus Pannonius Múzeum,
ltsz. 82.284

21. kat. sz.
Vihar a nagy Hortobágyon, 1903
Olaj, vászon, 60 × 116 cm
Budapest, Szépművészeti Múzeum –
Magyar Nemzeti Galéria, ltsz. 93.23 T

22. kat. sz.
Kairói pályaudvar, 1903
Olaj, vászon, 87 × 140 cm
A Kieselbach Galéria közvetítésével

23. kat. sz.
Schaffhauseni vízesés, 1903
Olaj, vászon, 130 × 228 cm
Budapest, Szépművészeti Múzeum –
Magyar Nemzeti Galéria, ltsz. 93.24 T

24. kat. sz.
Fohászkodó üdvözítő, 1903
Olaj, vászon, 100 × 82 cm
Pécs, Janus Pannonius Múzeum,
ltsz. 73.250

25. kat. sz.
**A Jupiter-templom romjai Athénban,
1904**
Olaj, vászon, 67,5 × 138 cm
Pécs, Janus Pannonius Múzeum,
ltsz. 81.166

26. kat. sz.
**Kocsizás újholdnál Athénban,
Sétakocsizás újholdnál Athénban, 1904**
Olaj, vászon, 92 × 72 cm
Budapest, Szépművészeti Múzeum –
Magyar Nemzeti Galéria, ltsz. 95.1 T

27. kat. sz.
**A Panaszfal bejáratánál Jeruzsálemben,
1904**
Olaj, vászon, 205 × 293 cm
Budapest, Szépművészeti Múzeum –
Magyar Nemzeti Galéria, ltsz. 93.28 T

28. kat. sz.
**A Nagy Tarpatak a Tátrában,
1904–1905**
Olaj, vászon, 236 × 520 cm
Budapest, Szépművészeti Múzeum –
Magyar Nemzeti Galéria, ltsz. 93.29 T

29. kat. sz.
**A taorminai görög színház romjai,
1904–1905**
Olaj, vászon, 302 × 570 cm
Budapest, Szépművészeti Múzeum –
Magyar Nemzeti Galéria, ltsz. 93.32 T

30. kat. sz.
**Templomtéri kilátás a Holt-tengerre
Jeruzsálemben, 1905**
Olaj, vászon, 130 × 263 cm
Pécs, Janus Pannonius Múzeum,
ltsz. 73.134

31. kat. sz.
Az Olajfák hegye Jeruzsálemben, 1905
Olaj, vászon, 118 × 115 cm
Pécs, Janus Pannonius Múzeum,
ltsz. 84.331

32. kat. sz.
**Baalbek, A Naptemplom
Baalbekben, 1906**
Olaj, vászon, 386 × 716 cm
Budapest, Szépművészeti Múzeum –
Magyar Nemzeti Galéria, ltsz. 93.30 T

33. kat. sz.
Áldozati kő Baalbekben, 1906
Olaj, vászon, 90 × 130,5 cm
Magántulajdon, Budapest

34. kat. sz.
**Magányos cédrus, Egy cédrusfa
Libanonból, 1907**
Olaj, vászon, 194 × 248 cm
Budapest, Szépművészeti Múzeum –
Magyar Nemzeti Galéria, ltsz. 2005.6 T

35. kat. sz.
**Zarándoklás a cédrusokhoz Libanon-
ban, 1907**
Olaj, vászon, 198 × 192 cm
Budapest, Szépművészeti Múzeum –
Magyar Nemzeti Galéria, ltsz. 93.25 T

36. kat. sz.
Mária kútja Názáretben, 1908
Olaj, vászon, 362 × 516 cm
Budapest, Szépművészeti Múzeum –
Magyar Nemzeti Galéria, ltsz. 93.31 T

37. kat. sz.
**Marokkói tanító, Egy marokkói ember,
1908**
Olaj, vászon, 75 × 66 cm
Budapest, Szépművészeti Múzeum –
Magyar Nemzeti Galéria, ltsz. 93.26 T

38. kat. sz.
Tengerparti sétalovaglás, 1909
Olaj, vászon, 72 × 171,5 cm
Budapest, Szépművészeti Múzeum –
Magyar Nemzeti Galéria, ltsz. 93.27 T

TANULMÁNYRAJZOK
A MÜNCHENI ISKOLÁBÓL

39. kat. sz.
Wirthmüller Mihály, 1894
Szén, papír, 560 × 420 mm
Budapest, Szépművészeti Múzeum –
Magyar Nemzeti Galéria, ltsz. F.93.48

40. kat. sz.
Otto Heinrl, 1894
Ceruza, papír, 605 × 460 mm
Budapest, Szépművészeti Múzeum –
Magyar Nemzeti Galéria, ltsz. F.93.51

41. kat. sz.
Marie, 1894
Szén, papír, 680 × 475 mm
Budapest, Szépművészeti Múzeum –
Magyar Nemzeti Galéria, ltsz. F.93.52

42. kat. sz.
Amalie, 1894
Szén, papír, 690 × 520 mm
Budapest, Szépművészeti Múzeum –
Magyar Nemzeti Galéria, ltsz. F.93.53

43. kat. sz.
Hans, 1894
Szén, papír, 710 × 545 mm
Budapest, Szépművészeti Múzeum –
Magyar Nemzeti Galéria, ltsz. F.93.54

44. kat. sz.
Szakállas férfi, 1894
Szén, papír, 920 × 620 mm
Budapest, Szépművészeti Múzeum –
Magyar Nemzeti Galéria, ltsz. F.93.55

45. kat. sz.
Női fejtanulmány és két festő, 1894
(Lakos Alfréd: *Két rajz Csontváryról*)
Szén, papír, 580 × 470 mm
Budapest, Szépművészeti Múzeum –
Magyar Nemzeti Galéria, ltsz. F.93.57

46. kat. sz.
**Kosztka Tivadar levele Keleti
Gusztávnak, Igló, 1880. november 30.**
Egykor Gerlóczy Gedeon gyűjteményében
Magántulajdon, Budapest

Cat. no. 1
Butterflies (My First Oil Painting), 1893
Oil on wood, 32.5 × 48 cm
Museum of Fine Arts – Hungarian
National Gallery, Budapest, inv. no. 93.15 T

Cat. no. 2
Goshawk with Grouse, 1893
Oil on cardboard, 45 × 45.5 cm
Museum of Fine Arts – Hungarian
National Gallery, Budapest, inv. no. 93.16 T

Cat. no. 3
Red-backed Shrike, 1893
Oil on canvas, 40.5 × 33 cm
Museum of Fine Arts – Hungarian
National Gallery, Budapest, inv. no. 93.17 T

Cat. no. 4
Buzzard Seizing a Bullfinch, 1893
Oil on cardboard, 47.5 × 37 cm
Museum of Fine Arts – Hungarian
National Gallery, Budapest, inv. no. 93.18 T

Cat. no. 5
Old Woman Peeling Apples, 1894
Oil on canvas, 127.5 × 42.5 cm
Janus Pannonius Museum, Pécs,
inv. no. 83.46

Cat. no. 6
Self-Portrait, 1894
Oil on canvas, 55.5 × 45.5 cm
Museum of Fine Arts – Hungarian
National Gallery, Budapest, inv. no. 6585

Cat. no. 7
Woman Sitting by the Window, 1894
Oil on canvas, 73.5 × 95.5 cm
Museum of Fine Arts – Hungarian
National Gallery, Budapest, inv. no. 50.435

Cat. no. 8
Self-Portrait, 1894
Oil on canvas, 67 × 39.5 cm
Museum of Fine Arts – Hungarian
National Gallery, Budapest, inv. no. 7572

Cat. no. 9
Fishing in Castellammare, 1901
Oil on canvas, 55 × 95 cm
Janus Pannonius Museum, Pécs,
inv. no. 93.1

Cat. no. 10
Sunset over the Bay of Naples, 1901
Oil on canvas, 31 × 50 cm
Private collection, Budapest

Cat. no. 11
Castellammare di Stabia, 1902
Oil on canvas, 107 × 122.5 cm
Janus Pannonius Museum, Pécs,
inv. no. 69.162

Cat. no. 12
Almond Blossom in Taormina, 1902
Oil on canvas, 79.5 × 98 cm
Janus Pannonius Museum, Pécs,
inv. no. 83.115

Cat. no. 13
**Ruins of the Ancient Greek Theatre
at Taormina (The Small Taormina),
ca. 1902**
Oil on canvas, 71 × 99 cm
Museum of Fine Arts – Hungarian
National Gallery, Budapest, inv. no. 6718

Cat. no. 14
View of Selmecbánya, 1902
Oil on canvas, 90 × 153 cm
Museum of Fine Arts – Hungarian
National Gallery, Budapest, inv. no. 93.19 T

Cat. no. 15
Spring Blossom in Mostar, 1903
Oil on canvas, 69 × 91 cm
Janus Pannonius Museum, Pécs,
inv. no. 79.1

Cat. no. 16
Roman Bridge in Mostar, 1903
Oil on canvas, 92 × 185 cm
Janus Pannonius Museum, Pécs,
inv. no. 68.49

Cat. no. 17
The Jajce Power Station at Night, 1903
Oil on canvas, 82 × 124 cm
Museum of Fine Arts – Hungarian
National Gallery, Budapest, inv. no. 93.20 T

Cat. no. 18
Illuminated Trees in Jajce, 1903
Oil on canvas, 92 × 88 cm
Museum of Fine Arts – Hungarian
National Gallery, Budapest, inv. no. 93.21 T

Cat. no. 19
Waterfall at Jajce, 1903
Oil on canvas, 96 × 152 cm
Museum of Fine Arts – Hungarian
National Gallery, Budapest, inv. no. 93.22 T

Cat. no. 20
Zrínyi's Assault, 1903
Oil on canvas, 82 × 131 cm
Janus Pannonius Museum, Pécs,
inv. no. 82.284

Cat. no. 21
Storm on the Great Hortobágy, 1903
Oil on canvas, 60 × 116 cm
Museum of Fine Arts – Hungarian
National Gallery, Budapest, inv. no. 93.23 T

Cat. no. 22
Railway Station in Cairo, 1903
Oil on canvas, 87 × 140 cm
Contributed by the Kieselbach Gallery

Cat. no. 23
Schaffhausen Falls, 1903
Oil on canvas, 130 × 228 cm
Museum of Fine Arts – Hungarian
National Gallery, Budapest, inv. no. 93.24 T

Cat. no. 24
Praying Prophet, 1903
Oil on canvas, 100 × 82 cm
Janus Pannonius Museum, Pécs,
inv. no. 73.250

Cat. no. 25
**Ruins of the Temple of Jupiter in
Athens, 1904**
Oil on canvas, 67,5 × 138 cm
Janus Pannonius Museum, Pécs,
inv. no. 81.166

Cat. no. 26
**Carriage Ride in Athens at New Moon,
1904**
Oil on canvas, 92 × 72 cm
Museum of Fine Arts – Hungarian
National Gallery, Budapest, inv. no. 95.1 T

Cat. no. 27
**At the Entrance to the Wailing-Wall
in Jerusalem, 1904**
Oil on canvas, 205 × 293 cm
Museum of Fine Arts – Hungarian
National Gallery, Budapest, inv. no. 93.28 T

Cat. no. 28
**Valley of Great Tarpatak in the High
Tatra, 1904–1905**
Oil on canvas, 236 × 520 cm
Museum of Fine Arts – Hungarian
National Gallery, Budapest, inv. no. 93.29 T

Cat. no. 29
**Ruins of the Ancient Greek Theatre in
Taormina, 1904–1905**
Oil on canvas, 302 × 570 cm
Museum of Fine Arts – Hungarian
National Gallery, Budapest, inv. no. 93.32 T

Cat. no. 30
**View of the Dead Sea from
the Temple Mount in Jerusalem, 1905**
Oil on canvas, 130 × 263 cm
Janus Pannonius Museum, Pécs,
inv. no. 73.134

Cat. no. 31
The Mount of Olives in Jerusalem, 1905
Oil on canvas, 118 × 115 cm
Janus Pannonius Museum, Pécs,
inv. no. 84.331

Cat. no. 32
**Baalbek, The Temple of Sun in Baalbek,
1906**
Oil on canvas, 386 × 716 cm
Museum of Fine Arts – Hungarian
National Gallery, Budapest, inv. no. 93.30 T

Cat. no. 33
Sacrificial Stone in Baalbek, 1906
Oil on canvas, 90 × 130.5 cm
Private collection, Budapest

Cat. no. 34
**The Lonely Cedar, Cedar Tree
in Lebanon, 1907**
Oil on canvas, 194 × 248 cm
Museum of Fine Arts – Hungarian
National Gallery, Budapest,
inv. no. 2005.6 T

Cat. no. 35
**Pilgrimage to the Cedars in Lebanon,
1907**
Oil on canvas, 198 × 192 cm
Museum of Fine Arts – Hungarian
National Gallery, Budapest, inv. no. 93.25 T

Cat. no. 36
Mary's Well at Nazareth, 1908
Oil on canvas, 362 × 516 cm
Museum of Fine Arts – Hungarian
National Gallery, Budapest, inv. no. 93.31 T

Cat. no. 37
**Moroccan Teacher, A Moroccan Man,
1908**
Oil on canvas, 75 × 66 cm
Museum of Fine Arts – Hungarian
National Gallery, Budapest, inv. no. 93.26 T

Cat. no. 38
Riders on the Seashore, 1909
Oil on canvas, 72 × 171.5 cm
Museum of Fine Arts – Hungarian
National Gallery, Budapest, inv. no. 93.27 T

STUDIES FROM THE MUNICH SCHOOL

Cat. no. 39
Portrait of Mihály Wirthmüller, 1894
Charcoal on paper, 560 × 420 mm
Museum of Fine Arts – Hungarian
National Gallery, Budapest, inv. no. F.93.48

Cat. no. 40
Portrait of Otto Heinrl, 1894
Graphite on paper, 605 × 460 mm
Museum of Fine Arts – Hungarian
National Gallery, Budapest, inv. no. F.93.51

Cat. no. 41
Marie, 1894
Charcoal on paper, 680 × 475 mm
Museum of Fine Arts – Hungarian
National Gallery, Budapest, inv. no. F.93.52

Cat. no. 42
Amalie, 1894
Charcoal on paper, 690 × 520 mm
Museum of Fine Arts – Hungarian
National Gallery, Budapest, inv. no. F.93.53

Cat. no. 43
Hans, 1894
Charcoal on paper, 710 × 545 mm
Museum of Fine Arts – Hungarian
National Gallery, Budapest, inv. no. F.93.54

Cat. no. 44
Bearded Man, 1894
Charcoal on paper, 920 × 620 mm
Museum of Fine Arts – Hungarian
National Gallery, Budapest, inv. no. F.93.55

Cat. no. 45
**Study of a Woman's Head
and Two Painters, 1894**
(Alfréd Lakos, *Two drawings
of Csontváry*)
Charcoal on paper, 580 × 470 mm
Museum of Fine Arts – Hungarian
National Gallery, Budapest, inv. no. F.93.57

Cat. no. 46
**Letter from Tivadar Kosztka to Gusztáv
Keleti, Igló, 30 November 1880**
Formerly in the collection of Gedeon
Gerlóczy. Private property, Budapest

Csontváry levele a zseni tenyésztésről. *Világ*, 1912. január 21.

Csontváry: *Energia és művészet. A kultúrember tévedése* (A jövő nemzedéknek ajánlja a szerző). Budapest, 1912. május 19. Felolvasta a Lágymányosi Kelenföldi polgári kör nagytermében.

Csontváry: *A lángész. Ki lehet és ki nem lehet zseni*. Budapest, 1913. február.

Lehel Ferenc: *Csontváry Tivadar a posztimpresszionista festés magyar előfutára*. Amicus, Budapest, 1922.

Lehel Ferenc: *Csontváry Tivadar a posztimpresszionizmus magyar előfutára*. Les Editions de Style (Budapest, Bíró-nyomda Rt.), Paris, 1931.

Ybl Ervin: Csontváry Tivadar kevéssé ismert festményei. *Művészettörténeti Értesítő*, 1960/2. 127–140.

Németh Lajos: *Csontváry*. Képzőművészeti Alap Kiadóvállalata, Budapest, 1964.

Németh Lajos: La vie et l'art de Tivadar Csontváry. *Acta Historiae Artium,* 1964/4. 125–169.

Jászai Géza: *Csontváry. Kritikai jegyzetek*. München, 1965.

Pertorini Rezső: *Csontváry patográfiája*. Akadémiai Kiadó, Budapest, 1966.

Németh Lajos: *Csontváry Kosztka Tivadar*, Corvina, Budapest, 1970.

Pataky Dénes: *Csontváry*. Corvina, Budapest, 1975. (A képzőművészet kiskönyvtára, 22.)

Hann Ferenc: Csontváry gácsi évei. *Ars Hungarica*, 1976/1. 137–146.

Németh Lajos – Gerlóczy Gedeon (szerk., vál.): *Csontváry-emlékkönyv. Válogatás Csontváry Kosztka Tivadar írásaiból és a Csontváry-irodalomból*. Corvina, Budapest, 1976.

Szabó Júlia: Néhány ikonográfiai előzmény Csontváry cédrus festményeihez. *A Janus Pannonius Múzeum Évkönyve 23 (1978)*. Pécs, 1979. 363–388.

Mezei Ottó: Kosztka Tivadar gácsi közművelődési tevékenysége 1884–1891 között. *Művészet,* 1979. január, 2–9.

Németh Lajos: *Baalbek*. Képzőművészeti Alap Kiadóvállalata, Budapest, 1980.

Szabó Júlia: „Cedrus aeternitatis hieroglyphicum". Iconology of a Natural Motif. *Acta Historiae Artium,* 1981/1–2. 1–127.

Mezei Ottó: Csontváry a „Panaszfal Jeruzsálemben" című festményének eszmetörténeti háttere és a belső kép problémája. *Ars Hungarica*, 1986/2. 183–199.

Sinkó Katalin: A Madonna-festő. Művész-szerep és historizálás Csontváry önarcképein. *Művészettörténeti Értesítő*, 1991/3–4. 156–174.

Hamvas Béla: Csontváry nagy cédrusa. In: Uő: *Patmosz. Esszék I. rész (1958–1964)*. Életünk Könyvek, Szombathely, 1992. 65–69.

Pap Gábor: *A Napút festője Csontváry Kosztka Tivadar*. Pódium Műhely Egyesület, Debrecen, 1992.

Németh Lajos: *Csontváry*. Corvina Kiadó, Budapest, 1992.

Szabó Júlia: Csontváry utazásai elődök és kortárs festők utazásai tükrében. *Ars Hungarica*, 1993/1. 91–106.

Perneczky Géza: A rejtőzködő Csontváry. *Holmi*, 1993/3. 332–352.

Tímár Árpád: Hol tart a Csontváry-kutatás? *Új Művészet*, 1993/7. 78–80.

Perneczky Géza: Hol tart a Csontváry-hagyaték keresése? *Új Művészet*, 1993/8. 64–65.

Romváry Ferenc: Csontváryról objektíven. *Új Művészet*, 1993/9. 83–84.

Sinkó Katalin: Az „hommage" Csontváry önarcképein. *Művészettörténeti Értesítő*, 1994/1–2. 155–163.

Lajta Gábor: A látás kegyelme. *Új Művészet*, 1994/12. 4–8.

Molnár Sándor: Szellemi energia és művészet. Csontváry-kiállítás a Nemzeti Galériában. *Új Művészet*, 1994/12. 12–17.

* A jegyzékben külön nem említett egykorú kritikákból, későbbi visszaemlékezésekből bőséges válogatást nyújt az 1976-ban megjelent *Csontváry-emlékkönyv.*

Karátson Gábor: Vigasztalan mélységen át. *Új Művészet,* 1994/12. 17–21.

Romváry Ferenc: Sétalovaglás a napúton. Újabb adalékok Csontváry szénrajzaihoz. *Új Művészet,* 1994/12. 22–25. és 79–82.

Gassner, Hubertus: „Wem die Fähigkeit gegeben ist, in die Sonne zu sehen". Csontváry – ein genialer Dilettant. In: *Csontváry Kosztka Tivadar. (Der Maler des Sonnenwegs Csontváry. Eine Retrospektive des ungarischen Symbolisten und Naiven.)* Kiáll. kat. Haus der Kunst, München, 1994. 189–199.

Mezei Ottó (szerk.): *Csontváry-dokumentumok I. „Tudni akartam az igazságot". Csontváry-írások Gegesi Kiss Pál hagyatékából.* Új Művészet Kiadó, Budapest, é. n. [1995]

Romváry Ferenc (szerk.): *Csontváry-dokumentumok II. A Gerlóczy-féle Csontváry-kézirat Romváry Ferenc olvasatában.* Új Művészet Kiadó, Budapest, é. n. [1995]

Tímár Árpád: Interpretáció vagy legendagyártás. Megjegyzések Csontváry művészetének hatástörténetéhez. I. rész. 1905–1910. *Ars Hungarica,* 1995/1–2. 45–62.

Keserü Katalin: *Rippl-Rónai, Csontváry, Gulácsy.* Noran, Budapest, 1999.

Tímár Árpád: Új Csontváry-reneszánsz? *BUKSZ,* 1999. tavasz, 9–21.

Romváry Ferenc: *Csontváry Kosztka Tivadar 1853–1919.* Alexandra Kiadó, Pécs, 1999.

Szabó Júlia: „A cédrus az örökkévalóság hieroglifája". Egy természeti motívum ikonológiája. In: Uő: *A mitikus és a történeti táj.* Balassi Kiadó – MTA Művészettörténeti Kutatóintézet, Budapest, 2000. 17–111.

Sinkó Katalin: A cédrusok. In: *Történelem-Kép. Szemelvények múlt és történelem kapcsolatából Magyarországon.* Kiáll. kat. Magyar Nemzeti Galéria, Budapest, 2000. 732–735.

Tímár Árpád: Forráskritikai problémák a Csontváry-kutatásban. *Ars Hungarica,* 2000/1. 135–144.

Bellák Gábor: Csontváry Kosztka Tivadar. In: Kieselbach Tamás (szerk.): *Modern magyar festészet 1892–1919.* Kieselbach, Budapest, 2003. 62–63.

Bellák Gábor: Csontváry és Munkácsy. Egy ismeretlen kép azonosítása. *Artmagazin,* 2004/3. 44–46.

Bellák Gábor: Egy ismerős ismeretlen. Csontváry festményéről, a Titokzatos szigetről. *Artmagazin,* 2004/4. 26–27.

Bellák Gábor: Amire hetven éve várunk: A *Teniszező társaság* Csontváry Kosztka Tivadartól. *Artmagazin,* 2005/5. 56–57.

Galavics Géza: Csontváry, a Hortobágy és a fotográfus (Haranghy György emlékezete). *Ars Hungarica,* 2005/1–2. 55–88.

Németh István: *Csontváry Kosztka Tivadar családtörténete.* Pozsony, 2005.

Czakó Ferenc: Új felfedezések Csontváry kései rajzain. Hogyan módosítja egy restaurátor megfigyelése a művek értelmezését? *Műtárgyvédelem.* Magyar Nemzeti Múzeum, Budapest, 2006. 35–44.

Czakó Ferenc: Töredék és egész. Csontváry kései rajzainak új értelmezése. *Műértő,* 2007/2. 12–13.

Zombori Lajos: *Csontváry-közelítések.* Nagykovácsi, 2007.

Szegedy-Maszák Mihály: *Szó, kép, zene. A művészetek összehasonlító vizsgálata.* Kalligram, Pozsony, 2007. 96–116.

Szabó László: *Csontváry Kosztka Tivadar.* Kossuth Kiadó – Magyar Nemzeti Galéria, Budapest, 2009.

Molnos Péter: *Csontváry. Legendák fogságában.* Népszabadság, Budapest, 2009.

Kaszás Gábor: Adalékok Csontváry plein air festményeihez (1899–1905). *Artmagazin,* 2013/8. 52–57.

Szabadi Judit: Csontváry Kosztka Tivadar helye korunk szellemi életében. A közelmúlt Csontváry-kutatásainak rövid áttekintése. *Holmi,* 2013/7. 899–907.

Molnos Péter: A halott festő. Siker és pénz: Csontváry utóélete. In: Uő: *Aranykorok romjain. Tanulmányok a modern magyar festészet és műgyűjtés történetéből a Kieselbach Galéria alapításának huszadik évfordulóján.* Kieselbach, Budapest, 2015. 310–323.

Gulyás Gábor: *Csontváry.* Kiáll. kat. (Egykori) Honvéd Főparancsnokság, Budapest, 2015.

Romváry Ferenc: Csontváry nem lehet senkinek a játékszere. *Magyar Művészet,* 2016/1. 91–99.

Bellák Gábor: *Csontváry 163.* Kiáll. kat. Csíki Székely Múzeum, Csíkszereda, 2016.

Bellák Gábor – Dicső Ágnes: *Az öreg halász. Csontváryról tényszerűen – a talányos mű restaurálása kapcsán.* Herman Ottó Múzeum, Miskolc, 2017.

Romváry Ferenc: *A képtárcsináló.* Kieselbach, Budapest, 2017.

Puntigán József: *Csontváry Nógrádban.* Phoenix Lutetia Polgári Társulás, Losonc, 2019.

Bellák Gábor: Kép a képben, avagy mit fest Csontváry, amikor önarcképet fest? *Napút,* 2019. július–augusztus. 137–142.

Gerlóczy Gábor: *Gerlóczy Gedeon 1895–1975. A képmentő építész.* Holnap Kiadó, Budapest, 2019.

Tímár Árpád: *Csontváry. Interpretáció vagy legendagyártás.* Corvina Kiadó, Budapest, 2021.

SELECTED LITERATURE*

"Csontváry levele a zseni tenyésztésről." *Világ*, 21 January 1912.

Csontváry. *Energia és művészet. A kultúrember tévedése* (A jövő nemzedéknek ajánlja a szerző). Budapest, 19 May 1912. Read in the large hall of the Kelenföld Civic Circle, Lágymányos.

Csontváry. *A lángész. Ki lehet és ki nem lehet zseni.* Budapest, February 1913.

Lehel, Ferenc. *Csontváry Tivadar a posztimpresszionista festés magyar előfutára.* Budapest: Amicus, 1922.

Lehel, Ferenc. *Csontváry Tivadar a posztimpresszionizmus magyar előfutára.* Paris: Les Editions de Style (Budapest: Bíró-nyomda Rt.), 1931.

Ybl, Ervin. "Csontváry Tivadar kevéssé ismert festményei." *Művészettörténeti Értesítő* 2 (1960): 127–40.

Németh, Lajos. *Csontváry*. Budapest: Képzőművészeti Alap Kiadóvállalata, 1964.

Németh, Lajos. "La vie et l'art de Tivadar Csontváry." *Acta Historiae Artium* 4 (1964): 125–69.

Jászai, Géza. *Csontváry. Kritikai jegyzetek.* Munich, 1965.

Pertorini, Rezső. *Csontváry patográfiája.* Budapest: Akadémiai Kiadó, 1966.

Németh, Lajos. *Csontváry Kosztka Tivadar*, Budapest: Corvina, 1970.

Pataky, Dénes. *Csontváry.* A képzőművészet kiskönyvtára, 22. Budapest: Corvina, 1975.

Hann, Ferenc. "Csontváry gácsi évei." *Ars Hungarica* 1 (1976): 137–46.

Németh, Lajos and Gedeon Gerlóczy, ed. and sel. *Csontváry-emlékkönyv. Válogatás Csontváry Kosztka Tivadar írásaiból és a Csontváry-irodalomból.* Budapest: Corvina, 1976.

Szabó, Júlia. "Néhány ikonográfiai előzmény Csontváry cédrus festményeihez." *A Janus Pannonius Múzeum Évkönyve* 23 (1978), 363–88. Pécs, 1979.

Mezei, Ottó. "Kosztka Tivadar gácsi közművelődési tevékenysége 1884–1891 között." *Művészet* (January 1979): 2–9.

Németh, Lajos. *Baalbek.* Budapest: Képzőművészeti Alap Kiadóvállalata, 1980.

Szabó, Júlia. "'Cedrus aeternitatis hieroglyphicum'. Iconology of a Natural Motif." *Acta Historiae Artium* nos. 1–2 (1981): 1–127.

Mezei, Ottó. "Csontváry a 'Panaszfal Jeruzsálemben' című festményének eszmetörténeti háttere és a belső kép problémája." *Ars Hungarica* 2 (1986): 183–99.

Sinkó, Katalin. "A Madonna-festő. Művész-szerep és historizálás Csontváry önarcképein." *Művészettörténeti Értesítő* nos. 3–4 (1991): 156–74.

Hamvas, Béla. "Csontváry nagy cédrusa." In Id., *Patmosz. Esszék I. rész (1958–1964)*, 65–69. Szombathely: Életünk Könyvek, 1992.

Pap, Gábor. *A Napút festője Csontváry Kosztka Tivadar.* Debrecen: Pódium Műhely Egyesület, 1992.

Németh, Lajos. *Csontváry.* Budapest: Corvina Kiadó, 1992.

Szabó, Júlia. "Csontváry utazásai elődök és kortárs festők utazásai tükrében." *Ars Hungarica* no. 1 (1993): 91–106.

Perneczky, Géza. "A rejtőzködő Csontváry." *Holmi* no. 3 (1993): 332–52.

Tímár, Árpád. "Hol tart a Csontváry-kutatás?" *Új Művészet* no. 7 (1993): 78–80.

Perneczky, Géza. "Hol tart a Csontváry-hagyaték keresése?" *Új Művészet* no. 8 (1993): 64–65.

Romváry, Ferenc. "Csontváryról objektíven." *Új Művészet* no. 9 (1993): 83–84.

Sinkó, Katalin. "Az 'hommage' Csontváry önarcképein." *Művészettörténeti Értesítő* nos. 1–2 (1994): 155–63.

Lajta, Gábor. "A látás kegyelme." *Új Művészet* no. 12 (1994): 4–8.

Molnár, Sándor. "Szellemi energia és művészet. Csontváry-kiállítás a Nemzeti Galériában." *Új Művészet* no. 12 (1994): 12–17.

Karátson, Gábor. "Vigasztalan mélységen át." *Új Művészet* no. 12 (1994): 17–21.

---

* The *Csontváry-emlékkönyv* (Csontváry memorial book) published in 1976 provides a rich selection of contemporary reviews and later reminiscences not mentioned in the selected literature.

Romváry, Ferenc. "Sétalovaglás a napúton. Újabb adalékok Csontváry szénrajzaihoz." *Új Művészet* no. 12 (1994), 22–25 and 79–82.

Gassner, Hubertus. "'Wem die Fähigkeit gegeben ist, in die Sonne zu sehen'. Csontváry – ein genialer Dilettant." In *Csontváry Kosztka Tivadar (Der Maler des Sonnenwegs Csontváry. Eine Retrospektive des ungarischen Symbolisten und Naiven)*, 189–99. Exh. cat. Munich: Haus der Kunst, 1994.

Mezei, Ottó ed. *Csontváry-dokumentumok I. „Tudni akartam az igazságot". Csontváry-írások Gegesi Kiss Pál hagyatékából.* Budapest: Új Művészet Kiadó, n. d. [1995]

Romváry, Ferenc ed. *Csontváry-dokumentumok II. A Gerlóczy-féle Csontváry-kézirat Romváry Ferenc olvasatában.* Budapest: Új Művészet Kiadó, n. d. [1995]

Tímár, Árpád. "Interpretáció vagy legendagyártás. Megjegyzések Csontváry művészetének hatástörténetéhez. I. rész. 1905–1910." *Ars Hungarica* nos. 1–2 (1995): 45–62.

Keserü, Katalin. *Rippl-Rónai, Csontváry, Gulácsy.* Budapest: Noran, 1999.

Tímár, Árpád. "Új Csontváry-reneszánsz?" *BUKSZ* (Spring 1999): 9–21.

Romváry, Ferenc. *Csontváry Kosztka Tivadar 1853–1919.* Pécs: Alexandra Kiadó, 1999.

Szabó, Júlia. "'A cédrus az örökkévalóság hieroglifája'. Egy természeti motívum ikonológiája." In Id., *A mitikus és a történeti táj,* 17–111. Budapest: Balassi Kiadó – MTA Művészettörténeti Kutatóintézet, 2000.

Sinkó, Katalin. "A cédrusok." In *Történelem-Kép. Szemelvények múlt és történelem kapcsolatából Magyarországon,* 732–35. Exh. cat. Budapest: Magyar Nemzeti Galéria, 2000.

Tímár, Árpád. "Forráskritikai problémák a Csontváry-kutatásban." *Ars Hungarica* no. 1 (2000): 135–44.

Bellák, Gábor. "Csontváry Kosztka Tivadar." In Tamás Kieselbach ed., *Modern magyar festészet 1892–1919,* 62–63. Budapest: Kieselbach, 2003.

Bellák, Gábor. "Csontváry és Munkácsy. Egy ismeretlen kép azonosítása." *Artmagazin* no. 3 (2004): 44–46.

Bellák, Gábor. "Egy ismerős ismeretlen. Csontváry festményéről, a Titokzatos szigetről." *Artmagazin* no. 4 (2004): 26–27.

Bellák, Gábor. "Amire hetven éve várunk: A *Teniszező társaság* Csontváry Kosztka Tivadartól." *Artmagazin* no. 5 (2005): 56–57.

Galavics, Géza. "Csontváry, a Hortobágy és a fotográfus (Haranghy György emlékezete)." *Ars Hungarica* nos. 1–2 (2005): 55–88.

Németh, István. *Csontváry Kosztka Tivadar családtörténete.* Pozsony, 2005.

Czakó, Ferenc. "Új felfedezések Csontváry kései rajzain. Hogyan módosítja egy restaurátor megfigyelése a művek értelmezését?" *Műtárgyvédelem,* 35–44. Budapest: Magyar Nemzeti Múzeum, 2006.

Czakó, Ferenc. "Töredék és egész. Csontváry kései rajzainak új értelmezése." *Műértő* no. 2 (2007): 12–13.

Zombori, Lajos. *Csontváry-közelítések.* Nagykovácsi, 2007.

Szegedy-Maszák, Mihály. *Szó, kép, zene. A művészetek összehasonlító vizsgálata,* 96–116. Pozsony: Kalligram, 2007.

Szabó, László. *Csontváry Kosztka Tivadar.* Budapest: Kossuth Kiadó – Magyar Nemzeti Galéria, Budapest, 2009.

Molnos, Péter. *Csontváry. Legendák fogságában.* Budapest: Népszabadság, 2009.

Kaszás, Gábor. "Adalékok Csontváry plein air festményeihez (1899–1905)." *Artmagazin* no. 8 (2013): 52–57.

Szabadi, Judit. "Csontváry Kosztka Tivadar helye korunk szellemi életében. A közelmúlt Csontváry-kutatásainak rövid áttekintése." *Holmi* no. 7 (2013): 899–907.

Molnos, Péter. "A halott festő. Siker és pénz: Csontváry utóélete." In Id., *Aranykorok romjain. Tanulmányok a modern magyar festészet és műgyűjtés történetéből a Kieselbach Galéria alapításának huszadik évfordulóján,* 310–23. Budapest: Kieselbach, 2015.

Gulyás, Gábor. *Csontváry.* Exh. cat. Budapest: (Egykori) Honvéd Főparancsnokság, 2015.

Romváry, Ferenc. "Csontváry nem lehet senkinek a játékszere." *Magyar Művészet* no. 1 (2016): 91–99.

Bellák, Gábor. *Csontváry 163.* Exh. cat. Csíkszereda: Csíki Székely Múzeum, 2016.

Bellák, Gábor and Ágnes Dicső. *Az öreg halász. Csontváryról tényszerűen – a talányos mű restaurálása kapcsán.* Miskolc: Herman Ottó Múzeum, 2017.

Romváry, Ferenc. *A képtárcsináló.* Budapest: Kieselbach, 2017.

Puntigán, József. *Csontváry Nógrádban.* Losonc: Phoenix Lutetia Polgári Társulás, 2019.

Bellák, Gábor. "Kép a képben, avagy mit fest Csontváry, amikor önarcképet fest?" *Napút*, July–August (2019): 137–42.

Gerlóczy, Gábor. *Gerlóczy Gedeon 1895–1975. A képmentő építész.* Budapest: Holnap Kiadó, 2019.

Tímár, Árpád. *Csontváry. Interpretáció vagy legendagyártás.* Budapest: Corvina Kiadó, 2021.

1905	*Képbemutató.* Városligeti Iparcsarnok, Budapest
1907	*Exposition Csontváry-Kostka.* Grande Serre de la Ville de Paris, Cours la Reine (Palais de Glace), Párizs
1908	*Csontváry képkiállítása.* Városligeti Iparcsarnok, Budapest
1910	*Csontváry Kosztka Tivadar képkiállítása.* Régi József Műegyetem, Budapest
1930	*Csontváry-Kosztka műveinek gyűjteményes kiállítása.* Az Ernst Múzeum kiállításai CXIII. Ernst Múzeum, Budapest
1936	*Csontváry Tivadar újonnan fölmerült képeinek kiállítása.* Fränkel Szalon, Budapest
1945	*Kiállítás Csontváry Kosztka Tivadar műveiből.* A Magyar Kommunista Párt Fillér utcai helyisége, Budapest
1948	*Képbemutató.* Magyar Nagykövetség, Párizs
1949	*Exposition d'art hongrois contemporain.* Musée National d'Art Moderne, Párizs
1958	*50 ans d'art moderne. Palais International des Beaux-Arts,* EXPO, Brüsszel
1962	*Csontváry retrospective.* Palais des Beaux-Arts, Brüsszel
1963	*Csontváry.* Izlozbeni Paviljon, Belgrád
	Csontváry emlékkiállítás. Csók István Képtár, Székesfehérvár
1963–1964	*Csontváry emlékkiállítás.* Szépművészeti Múzeum, Budapest
1973	Csontváry Múzeum I., Pécs
1983	Csontváry Múzeum II., Pécs
1994–1995	*Csontváry gyűjteményes kiállítás.* Csontváry Múzeum, Pécs; Magyar Nemzeti Galéria, Budapest; Liljevals Konsthall, Stockholm; Kunsthall, Rotterdam; Haus der Kunst, München
2010	*Csontváry.* Pera Múzeum, Isztambul
2011	*Csontváry.* Móra Ferenc Múzeum, Szeged
	Csontváry. Koszta József Múzeum, Szentes
2015	*Csontváry.* (Egykori) Honvéd Főparancsnokság, Budapest
2016	*Csontváry 163.* Csíki Székely Múzeum, Csíkszereda (Miercurea Ciuc, Románia)
2019	*A természet magányos, zseniális vándorai.* Városi Galéria, Mirbach Palota, Pozsony (Bratislava, Szlovákia)

BUDAPEST – PÉCS. CSONTVÁRY 170
Emlékkiállítás a Magyar Nemzeti Galéria
és a pécsi Janus Pannonius Múzeum gyűjteményéből

BUDAPEST – PÉCS. CSONTVÁRY 170
Commemorative Exhibition from the Collections of the Hungarian National Gallery
and the Janus Pannonius Museum in Pécs

Szépművészeti Múzeum, Budapest
2023. április 13. – július 16.
A kiállítás a pécsi Janus Pannonius Múzeum és a budapesti Szépművészeti Múzeum –
Magyar Nemzeti Galéria együttműködésében valósult meg.

Museum of Fine Arts, Budapest
13 April – 16 July 2023
The exhibition was organised in collaboration of the Janus Pannonius Museum, Pécs,
and the Museum of Fine Arts – Hungarian National Gallery, Budapest

KATALÓGUS | CATALOGUE

Szerkesztő | Editor of the catalogue: GERGELY Mariann

Szerző | Author: BELLÁK Gábor
Szöveggondozás | Copy editors:
BORUS Judit, BÖRÖCZKI Noémi, RUTTKAY Helga
Fordítás | Translation: Emma ROPER-EVANS
Kiadói koordináció | Editorial coordination: SZVOBODA Krisztina
Kiadványterv és képfeldolgozás | Graphic design
and image processing: CZEIZEL Balázs
Fotók | Photos: ÁMENT Gellért, FÜZI István, HARASZTOS Áron,
MAKRAI Péter, SOLTÉSZ Vince
Reprodukciós jogok | Image rights: CSEH Sylvia
Nyomdai munkálatok | Printing: Elektroproduct Nyomdaipari Kft.
Felelős kiadó | Published by
Dr. BAÁN László, főigazgató | General Director

© Képek | Images: Szépművészeti Múzeum –
Magyar Nemzeti Galéria | Museum of Fine Arts –
Hungarian National Gallery, Budapest;
Janus Pannonius Múzeum, Pécs
HUNGART © 2023

A kiadó mindent megtett a katalógusban szereplő illusztrációk
tulajdonosainak felkutatásáért; az esetleges hiányosságokat
a beérkezett információknak megfelelően pótoljuk. |
The publisher made the most effort to identify the owners
of the illustrations in the catalogue; missing data will be
added in accordance with the information provided.

ISBN 978-615-6595-03-4

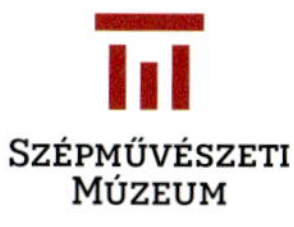
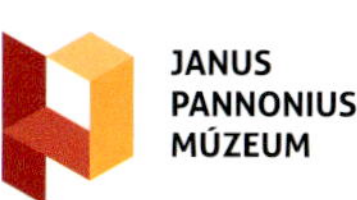

Borító | Cover: Csontváry Kosztka Tivadar: *A taormiani görög
színház romjai* | *Ruins of the Ancient Greek Theatre in Taormina*,
1904–1905
Szépművészeti Múzeum – Magyar Nemzeti Galéria |
Museum of Fine Arts – Hungarian National Gallery, Budapest,
ltsz. | inv. no. 93.32 T © Szépművészeti Múzeum – Magyar
Nemzeti Galéria | Museum of Fine Arts – Hungarian National
Gallery, Budapest, Fotó | Photo: Makrai Péter

Az intézmény fenntartója
Maintainer of the institution

A kiállítás főtámogatója
Exhibition main sponsor

Partner

Kiemelt támogató
Major sponsor

Együttműködő partner
Co-operating partners

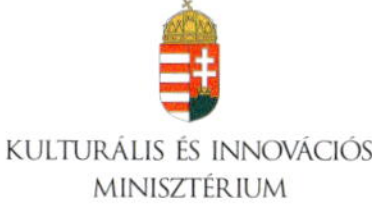
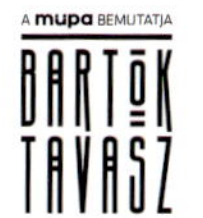
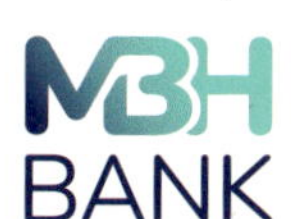
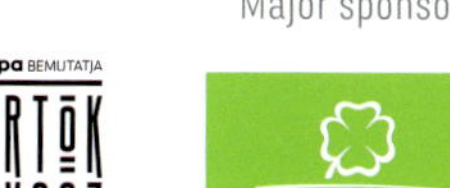
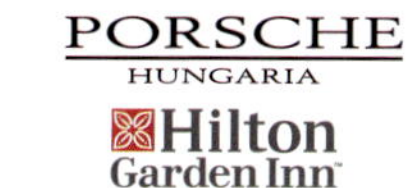

KIÁLLÍTÁS | EXHIBITION

Kurátor | Curator: GERGELY Mariann
Kiállításszervező | Exhibition manager: SZVOBODA Krisztina
Intézményi koordináció | Institutional coordination:
Dr. VÍGH Annamária
Titkárságvezetői feladatok | Head of secretariat: VARGA Noémi
Műtárgykölcsönzési feladatok | Registrars:
BORBÉLY-ROBERTS Katalin, MOLNÁR Zsófia
Jogi feladatok | Legal tasks: GALAMBOS Henriett, GIPPERT Adrienn,
LAPATH Kata, MAROSI János, STEIGER Jusztina
Gazdasági feladatok | Financial tasks: CSER Enikő, ÓNODI Judit
Főmérnök | Chief engineer: KŐSZEGI Antal
Installációtervezés és -kivitelezés | Installation:
Narmer Építészeti Stúdió | Narmer Architectural Studio –
VASÁROS Ákos, VÉNER Ágnes
Kiállítótéri grafika | Exhibition graphic design: TORJAI Laura Zsófia
Világítás | Lighting: BAGI Gergely, MIKUSKA Ádám
Kiállítótéri szövegek | Exhibition texts:
BELLÁK Gábor, GERGELY Mariann
Fordítás | English translation: Emma ROPER-EVANS
Szöveggondozás | Copy editors:
BORUS Judit, BÖRÖCZKI Noémi, RUTTKAY Helga
Multimédiás tartalom | Multimedia content: NOVÁK Emil,
VÁRADI Máté (Szabad Tér – Korona Kft.), TORJAI Laura Zsófia
Múzeumpedagógia | Museum education: ZÁRAY Szilvia
Audio guide: LÁSZLÓ Zsófi
Restaurátorok | Conservation: CSALA Ildikó, CSANDA Fruzsina,
CSANDÁNÉ SZEPESVÁRI Ildikó, FÁY András, FEHÉRVÁRI László,
FEKETE Dóra, FIAM Judit, GANCZAUGH Kinga, GIPPERT László,
GYÖPÖS Viktória, HIDASINÉ KOHÁNYI Orsolya, KISPÁL Sándor,
KISS Botond András, KISS Rita, KOVÁCS Krisztián,
KOVÁCSNÉ GŐGÖS Ágota, LEHOCZKI László, LOWACK Balázs,
MIKÓ Edit, MÓZER Erzsébet, NEMCSICS Imre, ORSZÁGH Borbála,
PANKASZI István, SÁROSI György, TARCSAI Kinga
Diagnosztikai osztály | Diagnosis Department:
HORVÁTH Mátyás, VARGA Tímea
Állományvédelem | Collection care: FÜLEKI Lilla
Műtárgyszállítás | Shipping: HUNGART Logistic Kft.
Kommunikáció és marketing | Communication and marketing:
BARCSIK Tibor, BERGENDY Barbara, KUND Laura, LÁSZLÓ Zsófi,
LÉVAY Zoltán, PÉNZES Boróka, SZABÓ Dávid, VIDÁK-SARKANTYU Anna
Kommunikációs arculatterv | Communication design:
MEZEI Szabolcs
Reprodukciós ügyintézés | Reproduction rights: CSEH Sylvia
Szponzoráció | Corporate partnership: KÉGLI Balázs, HORVÁTH Lili
Baráti Kör-koordináció | Friends of the Museum:
RÉBÉK-SCHAY Krisztina, SZTUPKAI Marcell
Műtárgymozgatás | Art handlers: Műtárgytechnikusi Osztály
Szépművészeti Múzeum – Magyar Nemzeti Galéria | Art handlers
of the Museum of Fine Arts – Hungarian National Gallery Budapest
Közönségszolgálat | Visitor services: RUZSITS Ágnes, SZABÓ Anna,
VIGH Dóra Krisztina, ZIMÁNYI Erika

Biztonsági szakemberek | Security: HOTA Péter, NIX Levente,
SKOTNYÁR Norbert
Technikai munkatársak | Technical team: ÁGOSTON Gábor,
CZAKÓ András, LÁSZLÓ Zulejka, MOLNÁR Szabolcs, NAGYPÁL Sándor,
SÁNDOR Attila, SÜTŐ Zoltán, TOR Lajos, UDREA Károly
Biztosítás | Insurance: Kuhn&Bülow

JANUS PANNONIUS MÚZEUM | JANUS PANNONIUS MUSEUM, PÉCS

BARANYI Tibor műszaki vezető | technical director
BAYER Dzsenifer igazgatási ügyintéző | administrative organiser
BERTÓK Gábor igazgató | director
BODOR Gábor kiállításrendező | exhibition organiser
DEÁK Gábor kommunikációs munkatárs | communication associate
FÜZI István fotós | photographer
GEPHARDT Tímea pénzügyi ügyintéző | financial officer
HORVÁTH Zsombor jogász | lawyer
KŐHALMI Andrea marketing- és kommunikációs vezető |
marketing and communication manager
NAGY András főmuzeológus | chief museologist
PÁPAY Kornélia állományvédelmi felelős | collection protection
VAJDA Tamás restaurátor | conservator
VARGA Judit restaurátor | conservator
TÓTH Bernadett igazgatási ügyintéző | administrative organiser

A Szépművészeti Múzeum köszönetet mond azoknak
az intézményeknek és gyűjtőknek, akik műtárgyaikat
a kiállításra kölcsönözték | The Museum of Fine Arts Budapest
would like to express its thanks to the following collectors
and institutions for lending their artworks:
Janus Panonnius Múzeum | Janus Pannonius Museum, Pécs
Kieselbach Galéria | Kieselbach Gallery, Budapest
és azoknak a magángyűjtőknek, akik meg kívánták őrizni
névtelenségüket | and to those private collectors who wished
to remain anonymous.

A kiállítás létrejöttéhez nyújtott segítségéért fogadja
köszönetünket | We would like to thank for their help:
BAČOVÁ Ildikó, BELLÁK Gábor, BÉKEFI Eszter, CSAPLÁROS Andrea,
FERKAI András, GERÉB Anna, GERLÓCZY Gábor, GŐGÖS Ágota,
KISS Zoltán, ORLIK Erika, PABLÉNYI Ágnes, PÁLINKÁS Réka,
PLESZNIVY Edit, PRÁGAI Adrienn, RADVÁNYI Orsolya, RÖDÖNYI Rita,
SOMLAI Zsuzsa, SZEGEDY-MASZÁK Zsuzsanna, valamint
a Szépművészeti Múzeum – Magyar Nemzeti Galéria
és a kölcsönző intézmény minden munkatársa, aki tanácsaival
és segítségével hozzájárult a kiállítás megvalósításához |
and the staff of the Museum of Fine Arts – Hungarian National
Gallery and the lending institution, who contributed their
advice and help.

HUNGART © 2023